Testando o Leviathan

Coleção Debates
Dirigida por J. Guinsburg

Equipe de realização — Revisão: Geraldo Fernandes; Produção: Plinio Martins Filho.

Esta obra foi publicada
em colaboração
com o Departamento
de Assuntos Científicos
e Educacionais da
IBM do Brasil

Esta obra foi publicada
em colaboração
com o Departamento
de Assuntos Científicos
e Educacionais da
IBM do Brasil

a. fernanda pacca de almeida wright
TESTANDO O LEVIATHAN

A Presença dos Estados Unidos nos Debates Parlamentares de 1828 a 1837

EDITORA PERSPECTIVA

© Editora Perspectiva S.A., 1978

Direitos reservados à
EDITORA PERSPECTIVA S.A.
Av. Brigadeiro Luís Antônio, 3025
01401 — São Paulo — Brasil
Telefone: 288-8388
1978

SUMÁRIO

Prefácio 9

Introdução 13

1. Surge o *Leviathan* 17
2. Universo de Pesquisa: Os Debates Parlamentares 39
3. O Sistema *Leviathan* 55
4. A Chave do Sistema: Os Descritores 75
5. Resultados e Possibilidades para Análise Histórica 89

6. Para a Compreensão do Conteúdo dos *Anais do Parlamento* em Termos Sistêmicos 103

7. Os Estados Unidos e o Progresso Brasileiro na Mentalidade dos Homens da Regência 121

8. Homens da Independência, Estadistas da Regência: os Estados Unidos como seu Mito e Realidade 139

Conclusão: Dimensionando os Resultados 163

Apêndices 179

Bibliografia 233

Nota Final 245

*A meu pai,
o jovem capitão que
só perdeu a batalha
da vida.*

PREFÁCIO

Além de os debates parlamentares apresentarem utilidade para o esclarecimento de uma grande gama de assuntos relativos à política internacional, cremos ser o seu estudo, e o do comportamento de alguns de seus membros, subsídios à análise de problemas internos ventilados naquelas discussões, e passíveis de comparação com inúmeros outros documentos.

Podemos ir mesmo ao ponto de afirmar que os debates parlamentares, sendo *fonte* comum a vários ramos dos estudos históricos, políticos e sociais constituem um repositório documental cuja utilidade chega a ser óbvia. O despertar de inúmeros estudiosos, brasileiros e estrangeiros, para esta realidade, bem como os numerosos estudos de ciências do comportamento aplicados às ciências políticas, históricas e sociais, surgidos mais acentuadamente a partir de 1960, são talvez em parte responsáveis pela vasta produção de trabalhos sobre o comportamento parlamentar, publicados sobretudo daquela década em diante, principalmente na América do Norte.

Historiadores que aderiram ao uso do computador costumam dizer que o campo do comportamento legislativo é ideal para o uso de processamento eletrônico. Dentre os argumentos trazidos à baila com mais freqüência, destacam-se os de que os legisladores, sendo figuras de destaque, ou pelo menos conhecidas, possibilitam que seus dados biográficos sejam encontráveis com facilidade, havendo mesmo alguns que já tenham sido estudados em época anterior. Isto facilita bastante o trabalho de preparação para a programação e o processamento. Outro argumento, decorrente deste, assegura que os objetivos do historiador, ao analisar o material legislativo, cumprem-se perfeitamente com técnicas de processamento, cujos resultados são facilmente reconhecíveis pelo leigo. Incluem-se entre estes a confecção de gráficos, para visualizar "alinhamentos partidários" e conexões várias entre traços biográficos e determinados procedimentos políticos. Estes são apenas alguns exemplos.

Isto é mais verdadeiro, supõe-se, quando o trabalho é feito com informações parlamentares de países cujas regras estão bem definidas, e com um "sistema" cuja montagem tenha sido objeto de estudos, como é o caso da Inglaterra e França. O mesmo poder-se-ia dizer dos Estados Unidos, onde a tradição do *self-governement* colonial serviria de esteio para as tomadas de posições nítidas em matéria legislativa.

Os primeiros trabalhos nesse campo surgiram de estudos parlamentares ingleses e franceses, os quais revelaram surpreendentes dificuldades de sistematização dos dados para seus autores. Os documentos norte-americanos apresentam, entretanto, uma ordenação mais simplificada.

No nosso caso, achamos que se o estudo dos *Anais do Parlamento* fosse iniciado com uma ordenação das informações, pouparíamos duplo serviço. Poderia servir para fins tais como o do nosso caso-estudo, possibilitando ainda comparações e análises de temas norte-americanos nas discussões parlamentares do período regencial e prestar-se-ia, outrossim, como material-teste para o método que elegemos para tratar as informações parlamentares brasileiras. Deste modo, estaríamos em condições de estabelecer dois objetivos, um atingido a partir de nosso caso-estudo e outro por meio de aproveitamento de nosso *banco de dados,* entre os futuros consulentes. Não se trataria apenas de "colocar no computador" os nossos dados para um ou alguns trabalhos, seria, mais que isso, um trabalho solidário e dinâmico, gerador de novas posturas metodológicas.

Nestas circunstâncias, surgiu-nos a idéia de não dispersar energias e *integrar* todos os esforços de um grupo de alunos em nível de pós-graduação ao nosso trabalho pessoal num único programa. As discussões parlamentares prestam-se sobremaneira à sugestão de temas a pesquisar. Portanto, nossa tarefa específica seria a de encontrar métodos comuns para registrar, em computador, os assuntos fundamentais discutidos no Parlamento brasileiro, e neles apoiar os trabalhos planejados. É essa a gênese do *Projeto Leviathan.*

INTRODUÇÃO

> *When a man reasoneth, he does nothing else but conceive a sum total, from* addition *of parcels; or conceive a remainder, from* subtraction *of one sum from another: which, if it be done by words, is conceiving of the consequence of the names of all the parts, to the name of the whole; or from the names of the whole and one part, to the name of the other part. And though in some things, as in numbers, besides adding and subtracting, men name other operations, as* multiplying *and* dividing; *yet they are the same: for multiplication is but adding together of things equal; and division, but subtracting of one thing, as often as we can. These operations are not incident to numbers only, but to all manner of things that can be added together, and taken one out of another.*
>
> (Thomas HOBBES, *Leviathan*, 1651)

Ao lidar com um sem-número de documentos para os quais uma consciente concepção da História exige, como sabemos, menos o relato e muito mais a interpretação, vê-se o historiador diante de hercúlea tarefa.

Da busca de novos procedimentos para a manipulação dos informes históricos que, ao lado de facilitar o trabalho, acenassem com a possibilidade até mesmo de resultados mais profícuos, surgiu a idéia do *Projeto Leviathan*.

Se a palavra em tela sugere, dentre outras, a idéia de testar e arrazoar, e são estas as ferramentas básicas do historiador; se o *Commonwealth* das nações, proposto pelo genial inglês em 1651, identifica-se com algo integrante e integrado, idéia que em sua essência conota profissão de fé, exposta por Thomas Hobbes na obra aqui mencionada, foram estas as razões que nos levaram a batizar de *Leviathan* o nosso projeto.

Neste sentido, mais que uma homenagem, *Leviathan* simboliza um objetivo a ser alcançado, cujas barreiras conhecemos, porém esperamos ao menos comprovar não apenas a possibilidade de transpô-las, mas em quão útil isto poderá resultar para o ensino da História e para o historiador que a tal tarefa se propuser.

Destarte, o presente trabalho pretende, através do caso-teste, fornecer proposições para reflexão sobre todo um método adotado, e, a partir das inferências obtidas, esperamos também contribuir para o esclarecimento de alguns dos ângulos de nosso passado histórico no período estudado.

Para atender a tais objetivos, quatro dos nossos capítulos serão dedicados à exposição da metodologia aplicada e suas peculiaridades; os demais ao caso-teste em si, com a proposição de algumas das conclusões que a adoção do referido método possibilita.

O período eleito para a pesquisa-teste foi o que se estende de 1828 a 1837. Fatos históricos conhecidos, tais como, a assinatura de um tratado de comércio com os Estados Unidos, a perda da Cisplatina e o envolvimento cada vez maior do Imperador nos problemas dinásticos de Portugal, circunstâncias que desgastavam o prestígio do monarca, justificaram a escolha do ano de 1828 para o início do período estudado.

O marco final coincide com a queda do regente Feijó em 1837, momento brasileiro que, em trabalho feito a cinco anos atrás, vislumbramos como sendo a marca do declínio do poderio dos homens que fizeram a Independência ou, pelo menos, detinham o poder de mando quando ela aconteceu.

Dentre estes homens havia um grupo coeso de interessados acima de tudo no progresso material do país. Em seu meio, independentemente de predileções políticas ou condição econômica, evidencia-se um pendor no sentido de promover o desenvolvimento da pátria.

Esta tendência, oriunda do final do século XVIII, e que de há muito cuidávamos haver sido recapturada com redobrado ímpeto na Regência, sugeria talvez uma vinculação a uma classe intermediária incipiente, que já no período regencial força as portas do Poder.

Levantar os primeiros elementos para subsidiar com maior consistência a análise acima delineada foi um dos objetivos deste trabalho, ao lado da tarefa de perscrutar se aquelas tendências de progresso, em sendo significativas para justificar um estudo histórico mais eleborado, prendiam-se ou não à adoção de modelos europeus e/ou americanos, ponto que entendíamos não apenas interessante para investigação, mas até mesmo imprescindível.

Uma vez que a Câmara dos Deputados é nosso plano de observação, justamente por constituir-se no período o centro do Poder, um estudo dos debates parlamentares, captando autores do pronunciamento, assuntos debatidos e menções a países estrangeiros, forneceria, no mínimo, elementos indispensáveis para um enfoque de todo o sistema parlamentar do período, bem como para análise do comportamento individual dos parlamentares.

Aliás, esta análise comportamental é sugestiva à medida que a atuação do parlamentar da Regência é muitas vezes apontada como canhestra, mal avisada e não raro estigmatizada como sendo medíocre, em que pese o fato de que algumas das figuras projetadas e consagradas por historiadores do passado, ainda ligados talvez ao conceito de que o processo histórico pode ser analisado independentemente do sistema total.

Não pretendemos com este caso-teste ditar análises e soluções definitivas, ainda que estejamos convencidos de que nem sempre um universo talvez pequeno possa obstar conclusões consistentes, já que a intensidade da observação pode suprir, em certa medida, sua pequena extensão.

Pretendemos contribuir para que, a partir de uma metodologia que parece encorajar este tipo de raciocínio, novas correlações sejam sugeridas e testadas. Pretendemos também evidenciar o papel do historiador como analista, que pode, caso queira, contar com recursos da moderna tecnologia para a manipulação de dados, como vem ocorrendo com os profissionais dos mais diferentes setores da atividade humana com resultados indiscutíveis.

1. SURGE O *LEVIATHAN*

O nome *Leviathan* foi praticamente um achado natural para denominar esse projeto, cuja ênfase maior tem sido, desde o início, a idéia de implementar uma ação conjunta e estimular a coordenação de esforços para um fim único: o de guardar informações históricas para posterior uso em um sistema conjugado de pesquisa, experiência e criação científica como opção para o exercício de nossa atividade intelectual.

O nome ajustou-se ao projeto como uma luva, mas este achado não surgiu ato contínuo à sua criação como uma experiência de pós-graduação, a qual pretendíamos então realizar[1]. Na verdade, desde que ini-

---

1. A *Revista do Instituto Histórico e Geográfico Brasileiro* publicou um artigo nosso, em conjunto com duas alunas, que

ciamos o trabalho sistemático com este fim específico, em princípio de 1973, fomos acrescentando ou depurando objetivos que se apresentavam, conforme prosseguíamos a experiência. Agíamos com o fito de "ordenar" um trabalho em comum, do qual resultasse um curso de Pós-graduação à altura das tradições da Universidade de São Paulo, naqueles primeiros e difíceis dias. Não fora, pois, a conturbação dos tempos em que viveu Hobbes (1588-1679) o estímulo último por ele alegado[2] para propor em seu arrojado *Leviathan* a formação de um *Commonwealth* de nações em pleno 1651?

Portanto, se outro mérito não possuísse àquela altura o então recém-batizado *Projeto Leviathan,* diríamos que ele foi responsável pelo fácil encontro de um consenso metodológico em torno de um objetivo comum de trabalho para o grupo desproporcionadamente grande de orientandos, que aceitamos tão logo os cursos de Pós-graduação foram instalados na Universidade brasileira. Além de nossos próprios alunos — dentre os quais nem todos faziam parte do *Projeto* como até hoje não o fazem —, passamos a contar com alunos de outros colegas, interessados no método que usávamos quando acorreram a nosso curso, escolhendo-o para "área de estudos complementares[3]".

Antes de transcrevermos o *Projeto* em sua íntegra, cumpre ressaltar que os passos iniciais para o seu planejamento foram estabelecidos, *em princípio,* partindo da identificação dos problemas que devíamos enfrentar. Em função deles, equacionaríamos as dificuldades — ou mesmo "deficiências" — e demais

é uma verdadeira nota prévia para o estudo ora apresentado. O trabalho foi entregue para publicação em maio de 1973, mas as mudanças das instalações do Instituto provocaram um atraso na publicação desse número da revista, que saiu em 1974. Nessa data, o *Projeto Leviathan* não era mais uma experiência, estava em franco andamento. O que considerávamos "um sonho" em nosso artigo já não o era mais, pois começava a ser montado o banco de dados. Cf. Antoniu Fernanda Pacca de A. WHIGHT, Maria Regina de M. C. MELLO, Heloisa Liberalli BELLOTO. Computador e História política: uma experiência em nível de Pós-graduação, *Revista do Instituto Histórico Geográfico Brasileiro,* Rio de Janeiro, Imprensa Nacional, 1974, pp. 33-47.

2. "And this I have brought an end to my discourse of civil and ecclesiastical government ocasioned by the disorders of the present time." HOBBES, Thomas. *Leviathan* (conclusão), William BENTON (org.), *Great Books of the Western World,* Chicago, Encyclopedia Britânica, 1952, vol. 23, p. 283.

3. Estes alunos limitam-se atualmente a 27, número que poderá parecer muito grande, e o é, para fins de orientação individual. Por motivos óbvios, entre os quais conta a grande pressão exercida por uma massa de bons alunos que aguardam um lugar nos cursos de Pós-graduação recém-criados no país, muitos de nós, professores, fomos levados a aceitar números elevadíssimos de alunos.

aspectos questionáveis nos métodos de trabalho e técnicas de pesquisa, com os quais depararíamos para desempenhar a tarefa, tal como ela se apresentava.

Logo de imediato, problemas sentidos por um vasto número de colegas brasileiros afloraram. Dentre eles, alguns como o caso da urgência em subsidiar o trabalho do pós-graduando, dignificando sua contribuição, sobretudo preparando-o para se integrar num ambiente social ou mercado de trabalho em constante redimensionamento, como sói acontecer com países em desenvolvimento acelerado.

Assim sendo, pareceu-nos que a providência mais sensata seria a de procurar incentivar o gosto pela busca sistemática da informação em quantidade e qualidade suficientes para justificar novas proposições e novas abordagens metodológicas. Estas seriam efetuadas tomando por base um acervo comum a ser tratado através de um conjunto de trabalhos integrados, da mesma maneira que a pesquisa, isto é, a partir de um tema central, em nosso caso, os debates parlamentares.

Tal procedimento nos conduziu à vereda da história dita quantitativa, já abraçada por vários colegas brasileiros[4], e em prol da qual fazia verdadeiras "cruzadas" o professor Frédéric Mauro nas suas sempre proveitosas conferências, quando de sua visita à Universidade de São Paulo. Como o digno mestre gaulês citasse com freqüência volumes em língua inglesa, passamos logo a adquiri-los. Não desconhecíamos que se a recém-adquirida bibliografia levasse-nos a optar pelo seu conteúdo, levando-nos a ingressar em um dos setores da historiografia onde a polêmica vem sendo tanto mais dura quanto menos explicável em termos lógicos.

Note-se que não tomamos aqui uma posição defensiva, senão uma posição que se nos afigura equânime, sobretudo por acharmos perfeitamente justificável cada historiador ter a liberdade de escolher o seu método preferido, desde a simples narração até o emprego de quantas técnicas julgar úteis à comprovação do seu trabalho; mesmo porque não se pode confundir os *fins* e os *meios*.

---

4. Entre outros, Cecilia Westphalen e Altiva Pillati são nomes pioneiros nesta lide, à qual vêm se somando elementos mais jovens, como é o caso de Gadiel Perucci, em Pernambuco.

Não concordamos com aquelas argumentações e tipologações de pouco espírito que rotulam *a priori* a produção de um historiador com base no tipo de método empregado, pois isso sim, constituir-se-ia numa postura da chamada história quantitativa, e de muito má qualidade.

O senso histórico é um poderoso agente para a análise destinada a extrair de um texto as suas *linhas mestras,* e a reconhecer os argumentos ou as informações adicionais ao texto principal.

Esse dom natural do historiador era tudo que precisávamos para iniciar o treinamento de um grupo de alunos, oriundo em sua maioria dos cursos de História. Esse grupo foi motivado no sentido de ir o mais longe possível no desvendamento das técnicas de computação, justamente naquilo que pudesse servir de instrumento à execução de estudo do porte do nosso[5].

Percebemos logo de início que a técnica de processamento de dados não era tão misteriosa nem demandava tanto conhecimento de Matemática quanto a princípio supusemos. Na realidade, conseguimos sobreviver, alguns de nós, sem Matemática alguma. Também havíamos selado o compromisso tácito de que, no tocante ao desvendamento dos métodos de utilização daquela "máquina", cada um pararia exatamente onde sentisse necessidade de parar.

Quando as aulas de Introdução ao Processamento de Dados foram providenciadas[6], a nossa primeira descoberta foi de que é estritamente necessário ao historiador saber qual a "função" ou finalidade dos diversos passos utilizados, para que ele possa fornecer informações ao computador; o mecanismo, ainda que *grosso modo,* pelo qual essas informações são armazenadas; como é que a informação chega aos terminais-vídeo e impressora; e como se deve proceder para consultar um banco de dados para dele obter respostas (v. Fig. 1).

---

5. Embora a máquina em si não nos fosse desconhecida, só concebemos a idéia de usá-la em estudos históricos através das palestras realizadas na Semana da Pátria do Sesquicentenário, por Cecília Westphalen e Altiva Pillati Balhana, da Universidade do Paraná, que se dedicam há anos à história portuária e econômica em geral, usando o recurso do computador, tendo publicado já alguns resultado. Ultimamente trabalhos de Demografia vêm sendo lá publicados com sucesso.

6. Esses tipos de aula estão sendo agora oferecidos pelo Departamento de Matemática às Ciências Humanas pela primeira vez. Pretendemos usar os préstimos de nossos colegas daquele Departamento para as novas turmas de interessados.

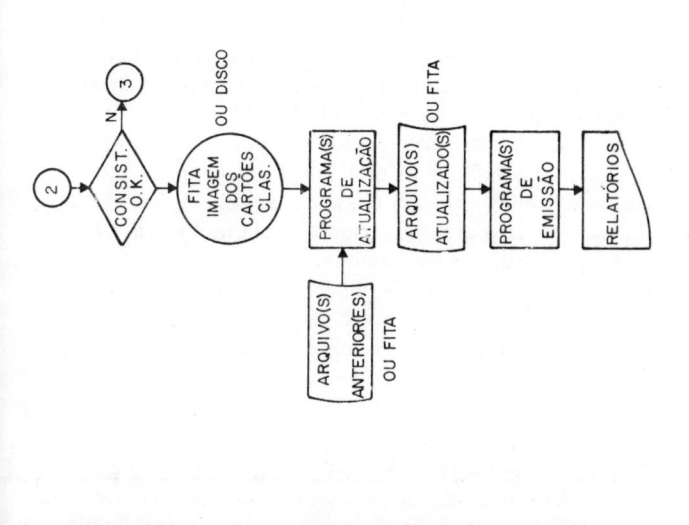

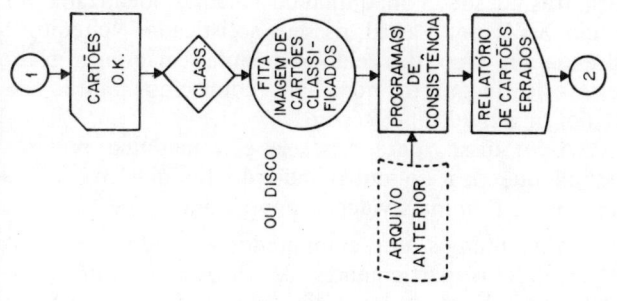

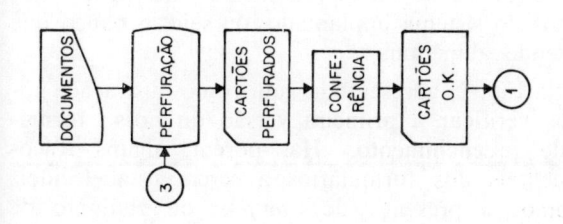

FIG. 1 — Fluxo de sistema para processamento de dados.

Apenas com o fim de esclarecer aos interessados, de preferência historiadores como nós, tomaremos a iniciativa de rapidamente descrever tais procedimentos.

Os formulários, códigos, cartões, programas e demais providências constituem, por assim dizer, os "meios" de comunicação entre a documentação bruta e a tarefa a ser desempenhada por um computador. A "comunicação", à qual nos referimos, segue um caminho onde existem passos a serem eliminados gradativamente, para que seja implantado um sistema com o uso de processamento de dados. A realização de tal objetivo depende de várias etapas que medeiam entre a documentação a ser pesquisada e o computador.

Para nossos fins, o computador é um engenho do qual basta assinalarmos apenas as peculiaridades que o nosso interesse fixou da leitura de manuais simples, ou seja, que ele, apesar de recente, aplica conhecimentos adquiridos durante a Revolução Industrial, inclusive a têxtil. Embora sua origem possa ser traçada bem mais para trás, desde a máquina de calcular idealizada no século XVII por Pascal, os seus sofisticados "circuitos" aprenderam algo das elaboradíssimas máquinas tecedeiras de Jacquard, nome do conhecido padrão de tecido, inventado no século XVIII.

Além disso, para nós, ele é a máquina poderosíssima que fica do outro lado do fio que o conecta aos nossos terminais-vídeo e impressora.

Alimentamos um computador — tido como insaciável pelos participantes do *Projeto Leviathan* — fornecendo-lhe dados que são anotados em uma folha quadriculada com dizeres especiais denominada *Formulário de Preenchimento*. O formulário a que nos referimos foi idealizado especialmente para atender aos requisitos do sistema implantado, ou seja, o banco que se pretende alimentar.

Pela Fig. 2, apresentada aqui como ilustração, poderemos verificar a primeira versão do nosso formulário de preenchimento. Há, porém, alguns traços fundamentais dos formulários a serem estabelecidos, tais como: a presença de *Campos,* ou conjunto de "casas quadriculadas", que têm um significado específico para a máquina, dependendo de onde se localizem. Os formulários possuem um "cabeçalho", o qual permite identificar a aplicação a que se destinam.

O historiador que pretende ter seus achados processados por computador, verá neste momento seus dados transformados em códigos, usando, por exemplo,

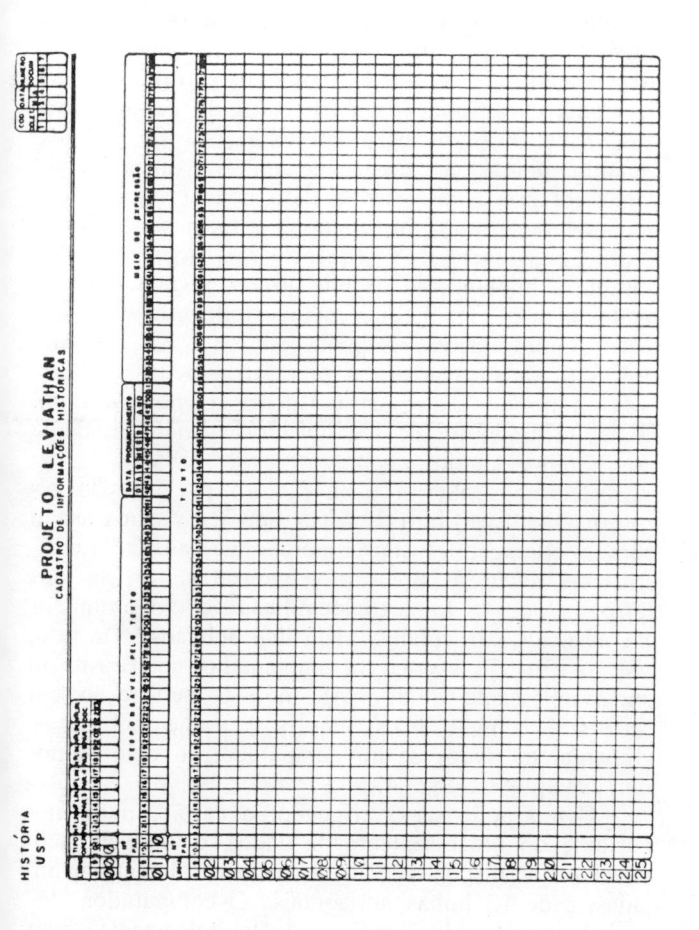

FIG. 2 —. Versão do primeiro formulário de preenchimento do *Projeto Leviathan*.

números e letras combinadas para convencionar nomes e acontecimentos. Edward Shorter refere-se a tal momento como sendo o de maior tensão para o historiador, uma vez que o diálogo com o "especialista" (o analista ou o programador), nesta hora poderá ser difícil[7]. Decerto, um lutará pelo que supõe ser a preservação da "identidade" dos fatos e o outro lutará pela padronização de acontecimentos da mesma natureza e pela sua inclusão em uma lista de códigos. Quando, porém, o convívio de ambos é mais amplo, como em nosso caso, ou quando houver uma verdadeira interação entre historiadores e técnicos, as coisas ficarão mais fáceis. A seqüência dos acontecimentos durante a implantação de um sistema pode ser acompanhada pela Fig. 3, que envolve todo este processo.

As informações, coligidas da fonte em formulários, são transformadas em perfurações feitas em cartões conhecidos entre os brasileiros como *Hollerith*, nome inspirado no de seu inventor alemão, residente nos Estados Unidos.

Herman Hollerith ficou famoso no final do século passado pelo fato de haver sido seu sistema usado para a apuração censitária norte-americana. Circunscrito de início às áreas governamentais, o uso dos cartões *Hollerith* foi logo identificado como promissor em negócios particulares, além dos públicos. De fato, esse sistema já se achava implantado no Brasil no início do século atual[8]. Até hoje a perfuração em cartões é o meio mais simples e tradicional de se alimentarem dados a um computador, e dele damos um exemplo na Fig. 4.

Como pode ser averiguado, o cartão, parte importante do processamento de dados, é um velho conhecido que dispõe de 80 colunas, verticalmente arranjadas, e de 12 linhas horizontais. O computador "lê" o cartão perfurado, verificando eletronicamente quais as posições onde se encontram as pequenas fendas quadrangulares.

Embora não desejemos nos aprofundar em demasia nos "mistérios" da perfuração — uma tarefa

---

7. A explicação de SHORTER encontra-se em seu já citado trabalho: *The Historian and the Computer*, Nova Jersey, Prentice Hall, 1971, p. 27. A nossa solução para o preenchimento do formulário será logo esclarecida sob o título de "O formulário de dados no sistema adotado."
8. A IBM do Brasil vem prestando sua colaboração científica ao *Projeto Leviathan* desde o seu início. Esta firma opera no país desde 1917, quando se chamava *Computing Tabulating Recording Company*, cuja autorização para funcionar no Brasil foi decretada em 31 de dezembro de 1924, assinada pelo presidente Artur Bernardes, pelo que já completou cinqüenta anos de operação em nosso País.

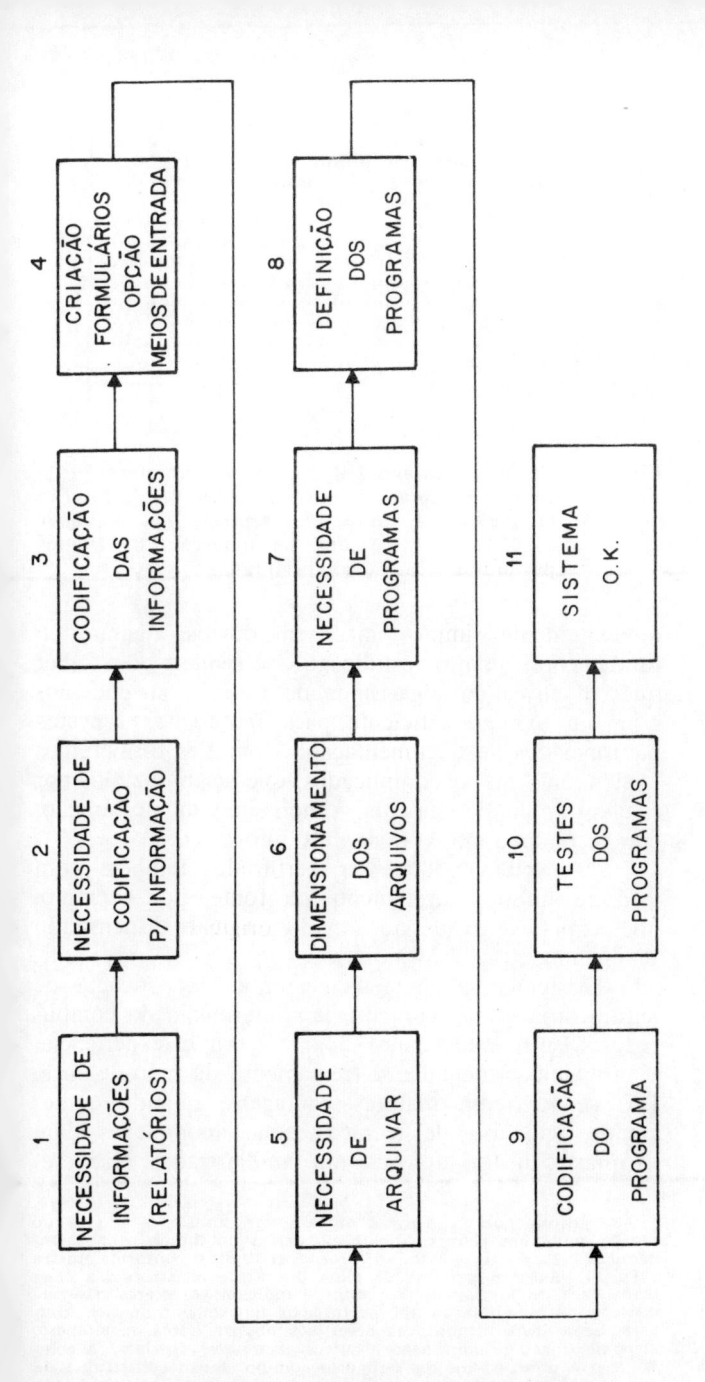

```
┌─────────────┐    ┌─────────────┐    ┌─────────────┐    ┌─────────────┐
│      1      │    │      2      │    │      3      │    │      4      │
│ NECESSIDADE │    │ NECESSIDADE │    │ CODIFICAÇÃO │    │   CRIAÇÃO   │
│     DE      │───▶│     DE      │───▶│     DAS     │───▶│ FORMULÁRIOS │
│ INFORMAÇÕES │    │ CODIFICAÇÃO │    │ INFORMAÇÕES │    │    OPÇÃO    │
│(RELATÓRIOS) │    │ P/INFORMAÇÃO│    │             │    │MEIOS DE ENTR│
└─────────────┘    └─────────────┘    └─────────────┘    └─────────────┘
                                                                │
       ┌────────────────────────────────────────────────────────┘
       ▼
┌─────────────┐    ┌─────────────┐    ┌─────────────┐    ┌─────────────┐
│      5      │    │      6      │    │      7      │    │      8      │
│ NECESSIDADE │    │DIMENSIONAM. │    │ NECESSIDADE │    │  DEFINIÇÃO  │
│     DE      │───▶│     DOS     │───▶│     DE      │───▶│     DOS     │
│  ARQUIVAR   │    │   ARQUIVOS  │    │  PROGRAMAS  │    │  PROGRAMAS  │
└─────────────┘    └─────────────┘    └─────────────┘    └─────────────┘
                                                                │
       ┌────────────────────────────────────────────────────────┘
       ▼
┌─────────────┐    ┌─────────────┐    ┌─────────────┐
│      9      │    │     10      │    │     11      │
│ CODIFICAÇÃO │───▶│    TESTES   │───▶│   SISTEMA   │
│     DO      │    │     DOS     │    │    O.K.     │
│  PROGRAMA   │    │  PROGRAMAS  │    │             │
└─────────────┘    └─────────────┘    └─────────────┘
```

FIG. 3 — Etapas para a implantação de um sistema baseado no uso de processamento de dados.

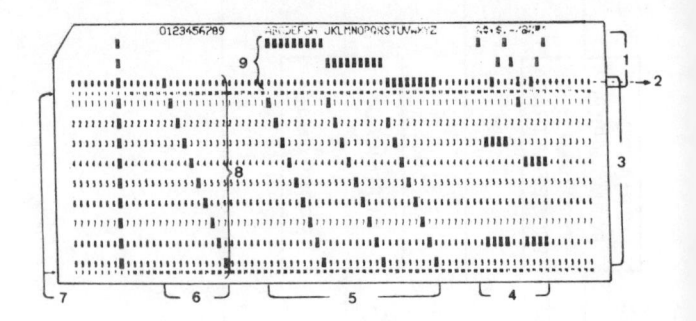

FIG. 4 — Cartão perfurado IBM: 1. Área de perfuração de zonas. 2. Zona do zero. 3. Área de perfuração de dígitos. 4. Caracteres especiais. 5. Alfabeto. 6. Dígitos. 7. Coluna de números. 8. Dígitos perfurados. 9. Zonas perfuradas[9].

aparentemente simples, mas sem dúvida alguma tão fundamental quanto fastidiosa — é sempre bom saber que, manuseando algarismos de 0 a 9, já podemos criar um código suficiente para representar aspectos padronizados da documentação. Com eles formaremos códigos não muito complicados, que se traduzirão, por sua vez, num desempenho simplíssimo da perfuração, com economia no volume das informações.

Os cartões podem ser perfurados também com informes tirados diretamente da fonte, por exemplo, uma cópia, xerox de documento original, dispensando preenchimento do formulário.

Existem atualmente técnicas muito sofisticadas de leitura direta do documento por intermédio do computador. Entretanto, como nos mostrou a experiência, o problema principal é o treinamento da mão-de-obra. Isto se faz com maiores vantagens, quando começamos pelo uso de técnicas pouco complexas com as quais o historiador se sinta familiarizado. Não cre-

---

9. Informações numéricas entram nas linhas de 0 a 9 do cartão, onde um pequeno quadrado perfurado indica os números desejados. Esta é a *área de perfuração de dígitos*, conforme ilustra a Fig. 4. As três carreiras de cima do cartão constituem a chamada *área de perfuração de zonas* e indicam caracteres não-numéricos. A combinação de perfuração na zona numérica com perfuração nesta última área descrita simboliza *letras* do alfabeto, além de sinais de pontuação e outros caracteres especiais. A *zona do zero* é uma espécie de território comum, tanto constituído de uma área de perfuração de dígitos, como área de perfuração de zonas. É através da combinação destas possibilidades que símbolos, ora numéricos, ora alfabéticos ou "especiais", podem ser usados em cada uma das 80 colunas dos cartões.

mos que em estágio como o nosso justifique-se o uso de técnicas de entrada de informações que requeiram novos treinamentos, os quais poderão ser implementados com mais vantagens no futuro. Sabemos das maravilhas já anunciadas pela eletrônica, tais como a possibilidade de falar-se ao computador e dele receber respostas audíveis. Tudo isso facilitará, sem dúvida, o uso da computação eletrônica de dados para qualquer interessado, independente da sua formação técnica, facilitando-lhe a tarefa de treinamento. Até lá, porém, o cartão prestará inestimáveis serviços, sendo este o motivo que nos levou a descrever as formas mais comuns de seu uso.

Uma vez prontos, os cartões irão gerar arquivos em novos *cartões, fita* ou *disco magnético,* as três principais alternativas para proceder à armazenagem das informações. O estágio seguinte é a produção de um *relatório,* nada mais sendo este do que uma representação, parcial ou total, analítica ou sintética, do conteúdo dos *arquivos,* também podendo refletir as operações efetuadas nesses mesmos arquivos.

Para se chegar a um tal estágio, são passados um ou mais programas, cujas funções são: testar a validade das informações que entram através de cartões, montar ou atualizar arquivos por meio destas mesmas informações e emitir os relatórios.

Estes relatórios são compostos, em geral, não só pelas informações entradas e, por vezes, pelas versões anteriores e atuais dos arquivos. Vê-se que os programas desempenham importantes funções no processamento dos dados. Programar as atividades do computador em uma linguagem que "ele" possa entender significa ordenar e criar procedimentos a serem seguidos. O computador procederá como se fora um viajante, em cujo caminho acontecesse alguma coisa a cada passo, e aí houvesse uma encruzilhada, demandando sempre uma decisão a ser tomada. O final da viagem é o fim do programa. Para detalhar apresentamos, na Fig. 5, um simples exemplo de *fluxograma,* diagrama segundo o qual "flui" um programa. Como se pode verificar, esse é um bom argumento para o historiador recorrer ao programador profissional[10].

Esta tarefa pode, eventualmente, ser feita pelo próprio historiador com o necessário treino. *Packages,*

---

10. Agradecemos a Anita Leoni, analista de sistemas da IBM, arquiteta, formada pela Faculdade de Arquitetura e Urbanismo da USP, por desenvolver os mais complexos programas do *Projeto Leviathan.*

ou conjunto de programas já prontos, também podem ser usados, após identificados como úteis.

Shorter, por exemplo, dedica alentados parágrafos à lamentação de que não mais esteja em uso um *package* IBM de nome *Data-Text*[11], segundo ele, "ideal para historiadores". Originalmente era o mesmo destinado a trabalhar no computador IBM/7094, cuja fabricação foi interrompida. Usam-se agora os IBM/360 e 370, máquinas mais recentes e potentes.

No entanto, o tão louvado *Data-Text* foi revivido, pois um grupo de pesquisadores da Harvard adaptou-o aos computadores atuais, por ser capaz de associar características da "linguagem" FORTRAN com outras da COBOL, desempenhando galhardamente seu papel na tão ambicionada e dificílima análise de conteúdo. Sabemos inclusive que este *package* está no comércio, à disposição dos interessados, e estamos estudando a possibilidade de usá-lo em nosso sistema.

Enquanto isso não acontece, podemos lembrar alguns outros destes chamados "instrumentos de trabalho", tal como o SPSS (Statistical Package for the Social Sciences), que foi criado pelo Centro de Computação da Universidade de Stanford.

Outro *package* aplicável à História é o OSIRIS, produto do importante Consórcio Interuniversitário de Pesquisa Política, com sede na Universidade de Michigan.

O preparo das informações para o OSIRIS é bastante laborioso, além de não permitir ao estudioso de Ciências Humanas a flexibilidade e o detalhamento do SPSS, para dar um exemplo.

Como pode ser facilmente notado, uma vez entendidas as características lógicas essenciais de um programa, o historiador pode perfeitamente *decidir,* de preferência em conjunto com o seu analista, quanto à modalidade (ou modalidades) de programação a ser favorecida. Quando chegar a esse ponto, já deverá ter existido suficiente entendimento entre técnicos e não-técnicos (no caso historiadores), para que seja feito um equacionamento das necessidades e possibilidades de ambos os lados. É nesse momento que a

---

11. Cf. referências ao *Data-Text* em SHORTER, *The Historian...*, pp. 76-81. Sobre o *Data-Text* foram feitos vários trabalhos, entre os quais citamos o de Arthur S. COUCH, *The Data-text System: a Computer Language for Social Science Research*, manual preliminar, Harvard, junho, 1969; e ainda Judith E. SELVIAGE e Theodore KAPLAN, "Data Text: a Simple and Flexible Programming System for Historians, Linguists and other Social Scientist", em *Computer Studies in the Humanities and Verbal Behaviour,* 1969, pp. 10-114.

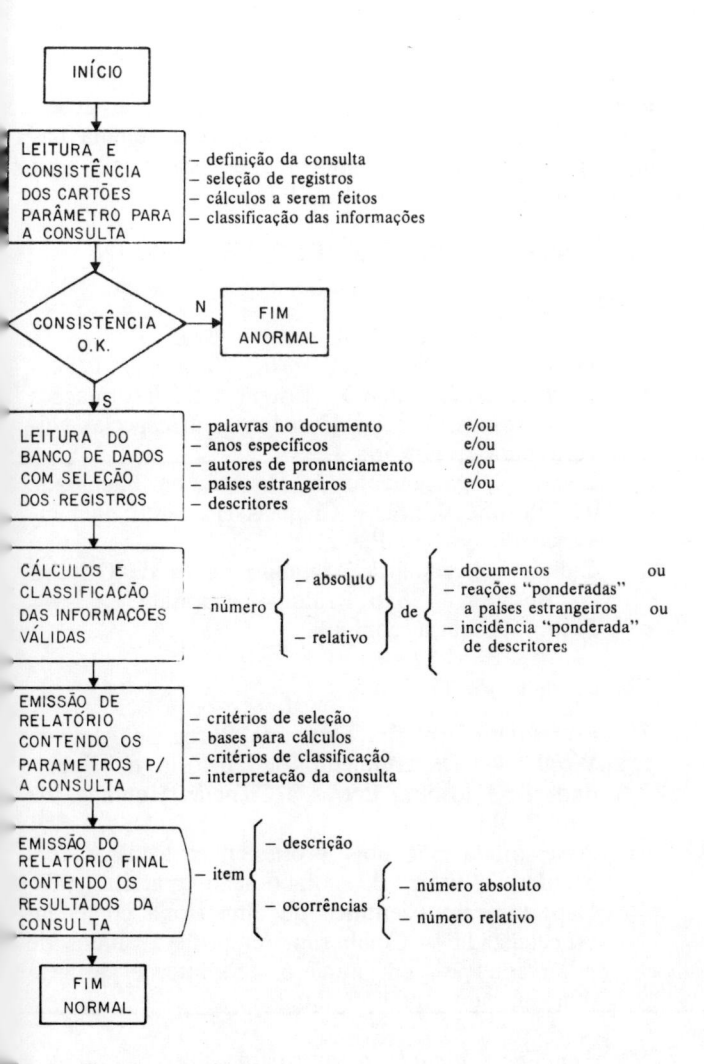

```
┌─────────┐
│ INÍCIO  │
└────┬────┘
     ▼
┌──────────────────┐
│ LEITURA E        │   – definição da consulta
│ CONSISTÊNCIA     │   – seleção de registros
│ DOS CARTÕES      │   – cálculos a serem feitos
│ PARÂMETRO PARA   │   – classificação das informações
│ A CONSULTA       │
└────────┬─────────┘
         ▼
    ╱ CONSISTÊNCIA ╲   N    ┌──────────┐
    ╲    O.K.     ╱───────▶│   FIM    │
         │                  │ ANORMAL  │
         │ S                └──────────┘
         ▼
┌──────────────────┐   – palavras no documento      e/ou
│ LEITURA DO       │   – anos específicos           e/ou
│ BANCO DE DADOS   │   – autores de pronunciamento  e/ou
│ COM SELEÇÃO      │   – países estrangeiros        e/ou
│ DOS REGISTROS    │   – descritores
└────────┬─────────┘
         ▼
┌──────────────────┐                                    – documentos                    ou
│ CÁLCULOS E       │                – absoluto          – reações "ponderadas"
│ CLASSIFICAÇÃO    │   – número  {             } de {     a países estrangeiros          ou
│ DAS INFORMAÇÕES  │                – relativo          – incidência "ponderada"
│ VÁLIDAS          │                                      de descritores
└────────┬─────────┘
         ▼
┌──────────────────┐
│ EMISSÃO DE       │   – critérios de seleção
│ RELATÓRIO        │   – bases para cálculos
│ CONTENDO OS      │   – critérios de classificação
│ PARÂMETROS P/    │   – interpretação da consulta
│ A CONSULTA       │
└────────┬─────────┘
         ▼
┌──────────────────┐             – descrição
│ EMISSÃO DO       │                                    – número absoluto
│ RELATÓRIO FINAL  │   – item {                 
│ CONTENDO OS      │             – ocorrências {        – número relativo
│ RESULTADOS DA    │
│ CONSULTA         │
└────────┬─────────┘
         ▼
    ┌─────────┐
    │   FIM   │
    │ NORMAL  │
    └─────────┘
```

FIG. 5 — Fluxograma simplificado.

decisão de usar um *package* poderá significar enorme economia de tempo.

A maturidade para a análise cresce no grupo de trabalho conjunto, em direta proporção com a liberdade de expressão dos membros menos graduados. A idéia de só tomar como válido tudo o que o grupo não conseguiu refutar, sem a mínima preocupação de distinção hierárquica, é um traço do *Projeto Leviathan*. A hierarquia é de funções, não de ações, conforme constataremos no projeto, cuja súmula damos agora, tal qual foi concebido em seu início aqui convencionado como sendo 1975.

INTEGRA DO *PROJETO LEVIATHAN*

Identificação do Projeto

a) Nome do projeto: *Projeto Leviathan*.
b) Duração estimada: de 01/01/75 a 01/01/81.
c) Área de conhecimento: Sistemas de informações no setor das Ciências Humanas, em especial voltado para a História.
d) Local: Departamento de História da Faculdade de Filosofia, Letras e Ciências Humanas da Universidade de São Paulo.
   Cidade Universitária Armando Salles de Oliveira — Butantã — São Paulo — Capital.
e) Tipo: Pesquisa conjunta.

Coordenação do Projeto

a) Profa. Dra. Antonia Fernanda Pacca de Almeida Wright — Departamento de História da Faculdade de Filosofia, Letras e Ciências Humanas de São Paulo.
b) Assessorada por dois profissionais técnicos fornecidos a título de colaboração gratuita, pelo Departamento Científico de uma firma comercial especializada[12]. Colaboram no projeto alunos de pós-graduação, em número de vinte, e de graduação, num total de quatro.

Meio ambiente afetado pelo Projeto

Na área das Ciências, ditas Humanas, a História constitui um ponto de partida ideal para qualquer

---

12. Além do engenheiro Carlo Bavagnoli, nosso analista de sistemas, contamos, no início dos trabalhos, com a colaboração interessada de Eduardo Camargo de Abreu, engenheiro formado pelo ITA.

projeto, visando levantar informações para processamento, uma vez que os arquivos, os relatos históricos e a literatura do passado, em geral, são naturais repositórios de informações.

No entanto, tem-se observado, no meio ambiente brasileiro, uma tendência acentuada para a aplicação de certos modelos teóricos para interpretar o passado, sem correspondente preocupação com o levantamento de um número de informações suficientemente expressivo para justificar tal atitude.

É possível que a clivagem existente entre homem e técnica, tão aparente em meios científicos e tema muito discutido ultimamente, seja em parte responsável pela ausência de aplicação de metodologias, até agora mais usadas nas ditas Ciências Exatas, para pesquisa e levantamento de dados históricos.

Se isto é verdade quanto à pesquisa, é realidade quase que indiscutível no tocante à possibilidade de o estudante de Ciências Humanas mostrar interesse em analisar proposituras feitas por outras ciências.

Daí a grande dificuldade em que poderá constituir-se qualquer tentativa de transpor fronteiras científicas, quiçá eliminando-as, objetivo de parcela expressiva da ciência mundial, ao qual deverá estar atento o nosso meio universitário.

A sociedade brasileira em geral e, em particular, os meios empresariais acostumaram-se até o momento a aceitar uma projeção deste estado de coisas, embora ele seja inerente aos meios universitários, na medida em que se verifica o subemprego do graduado em Ciências Humanas, cujo potencial de trabalho, por exemplo, em grupos de planejamento, não foi ainda suficientemente equacionado.

Caberia às Universidades a tarefa de ensaiar novas proposituras e divisar novos rumos a partir de estudos multidisciplinares, do tratamento sistêmico de problemas, reformulando, se necessário, seus parâmetros, mas acima de tudo objetivando uma adequação efetiva do homem que forma o meio ambiente brasileiro.

O *Projeto Leviathan,* desenvolvido na Universidade, partiu destas constatações, relativas ao meio ambiente, para o estabelecimento de seus objetivos.

Origem e desenvolvimento

O *Projeto Leviathan* originou-se de uma experiência de Pós-graduação esquematizada em suas linhas gerais desde dezembro de 1972 e ensaiada a partir de 1973, concomitantemente aos currículos de Pós-graduação da área de Ciências Humanas da Universidade de São Paulo.

A manipulação de documentos e demais dados de arquivos históricos constituirá o primeiro passo para a formação de um futuro banco de dados. Em princípio serão analisados, para fins de coleta de informações, os *Anais do Parlamento Brasileiro,* prosseguindo-se com a investigação de outras fontes, tais como jornais, revistas, relatórios diplomáticos, *Anais das Câmaras Municipais e Provinciais* e livros diversos. Paralelamente, serão desenvolvidas técnicas de análise específicas e adequadas às informações não-numéricas no campo da História. A filosofia inicial do projeto é a construção de um banco de dados criado em *batch* e com consultas gerenciadas pelo *package CICS/STAIRS*[13].

Será necessário, como primeiro passo, adotar critérios de identificação dos componentes das informações históricas, permitindo respostas às seguintes perguntas:

— O que individualiza uma informação histórica?
— Quais os seus componentes principais?
— Sob que condições podemos dizer que uma informação histórica é completa?

O ponto de partida para esta análise será identificar, como unidade de informação histórica, cada um dos pronunciamentos registrados nos *Anais do Parlamento Brasileiro.* Cada um deles desdobrar-se-á em uma série de unidades lógicas destinadas a expressar os diversos componentes do texto. Exemplificando, cada texto deverá conter alguns componentes básicos, tais como: autor do pronunciamento, data, extratos do texto e referência bibliográfica; dados estes de natureza marcadamente objetiva. Novos componentes com algumas características subjetivas deverão ser incluídos, visando obter maior detalhamento das informações.

A etapa seguinte será a ordenação dos textos coletados, a fim de que estes sejam acessíveis através

---

13. *Batch* é um processamento sem comunicação imediata. STAIRS (Storage and Informations Retrieval System) é um conjunto de programas, cuja função primordial é armazenar e recuperar informações não numéricas. Explicações mais detalhadas encontram-se no Cap. 3.

CICS (Customer Information and Control System) é um conjunto de programas que gerencia diversas linhas de comunicação entre o computador e terminais.

das *idéias* neles contidas, e não só por meio de palavras.

Os critérios e normas, até então explorados, constarão de manuais de instruções para coleta de informações, bem como formulários de dados específicos para a coleta. Pretende-se, com este material, compatibilizar parâmetros de análise histórica com as características do programa usado (*package CICS/STAIRS.*)

O crescimento previsto quanto à filosofia do sistema inclui consultas não planejadas, que registrarão aspectos quantitativos e estatísticos de fenômenos políticos, econômicos e sócio-culturais do passado e do presente brasileiro. Permitirá outrossim uma análise qualitativa mais solidamente fundamentada.

Do ponto de vista das características da informação, o crescimento deverá registrar-se através do enriquecimento propiciado pela criação de novos bancos de dados.

Objetivos

Os principais objetivos científicos e acadêmicos futuros podem ser alcançados por meio de novas aplicações que utilizem as informações já coligidas, as quais serão manipuladas em *batch,* ou em modalidades capazes de permitir tratamento mais completo das informações, com vistas a melhor fundamentar conclusões qualitativas.

O grupo experimental do *Projeto Leviathan,* que se compõe de vinte pessoas, trabalhou em caráter voluntário e recebeu treinamento básico em processamento de dados nos seus vários aspectos. Objetiva-se, no planejamento ora apresentado, testar a validez dos pontos-chaves sugeridos pelo grupo.

Ligado ao objetivo exposto, pretende-se, da mesma forma, estar em condições de, em princípios de 1979, fornecer parâmetros ainda mais exatos para as novas aplicações que deverão, então, ser iniciadas (v. Fig. 6).

Outro objetivo é o de combinar o trabalho de mestrado, tal como se encontra previsto nos regulamentos atuais da Universidade de São Paulo, com as atividades do *Projeto Leviathan,* durante um período mais que suficiente para que seja demonstrada a validade de se fazerem experiências integradas, antes de se criarem novas áreas de Pós-graduação (v. Fig. 7).

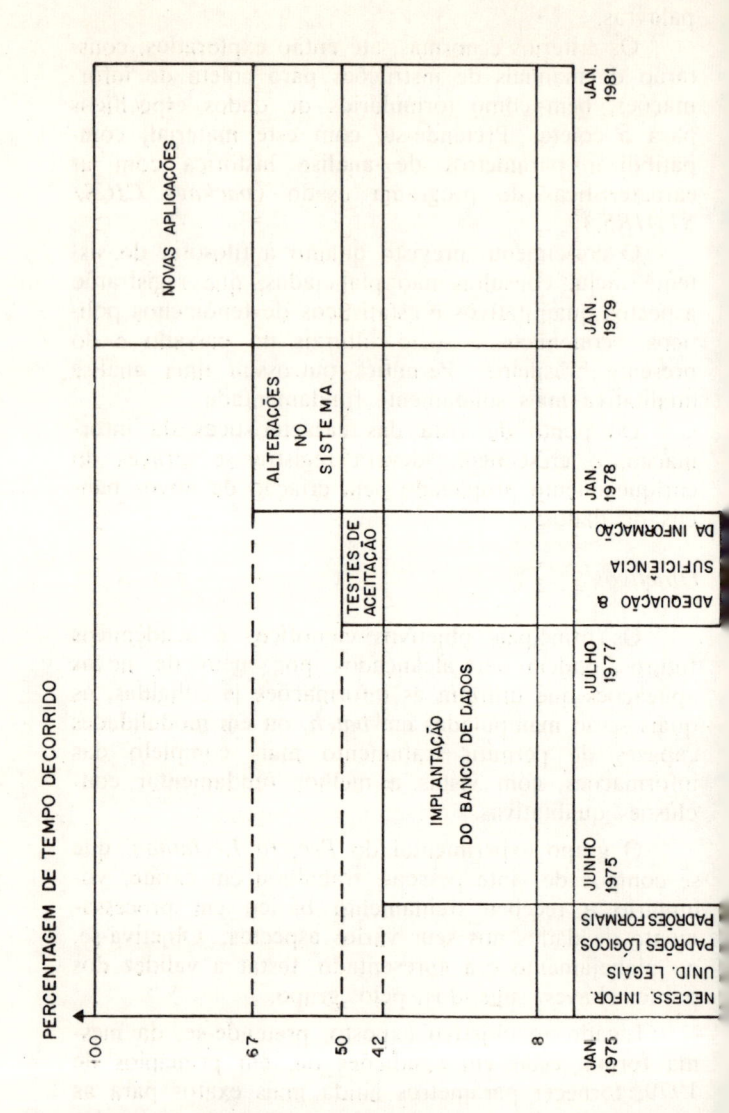

Fig. 6 — Gráfico de Planejamento do *Projeto Leviathan*, do ponto de vista de sistemas.

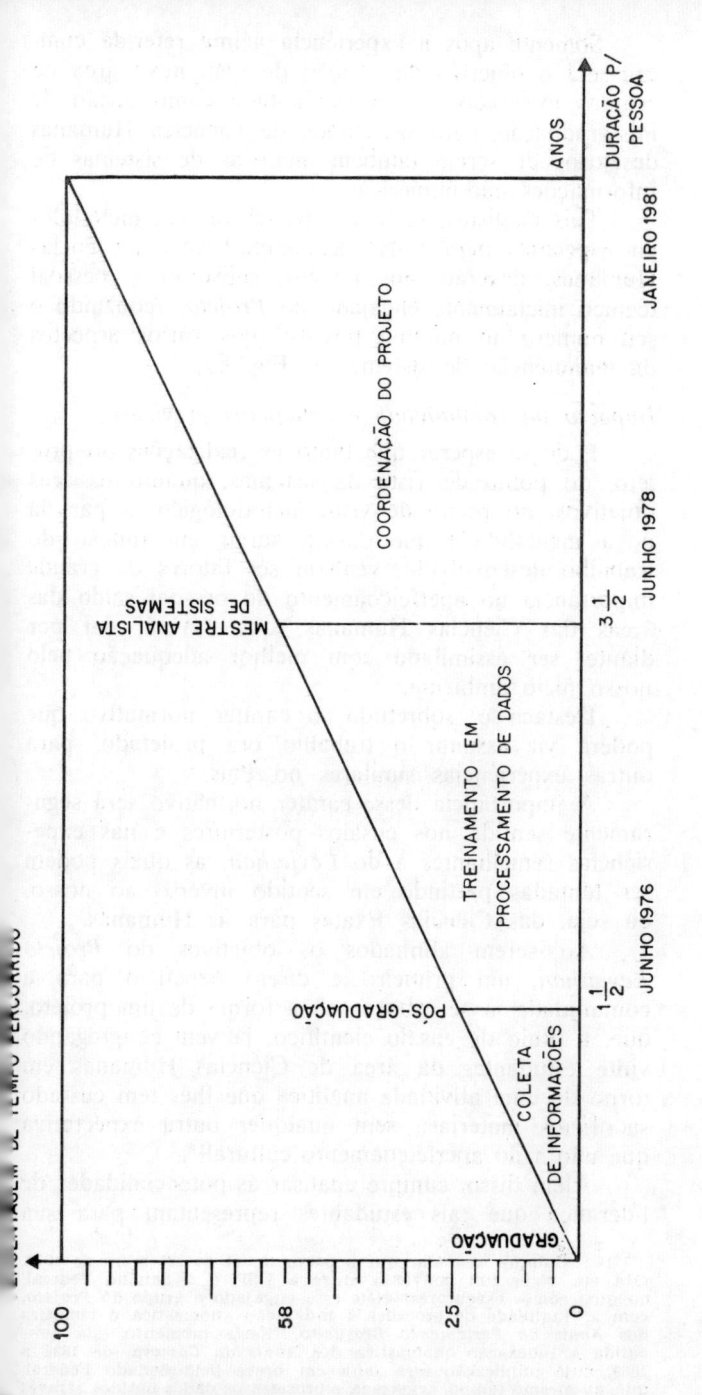

FIG. 7 — Desenvolvimento do treinamento individual no *Projeto Leviathan*.

Somente após a experiência acima referida cumprir-se-á o objetivo da criação de uma nova área de estudos integrados, a ser implantada como opção de Pós-graduação para os alunos de Ciências Humanas desejosos de serem também analistas de sistemas de informações não-numéricas.

Tais analistas, junto a especialistas em metodologia específica para o uso de computação em Ciências Humanas, deverão, aos poucos, substituir o pessoal técnico inicialmente engajado no *Projeto,* reduzindo o seu número ao mínimo possível nos vários aspectos da manutenção do sistema (v. Fig. 8).

Impacto na comunidade e benefícios previstos

É de se esperar que tanto as realizações do projeto, do ponto de vista de sistemas, quanto os seus objetivos, do ponto de vista metodológico, a par da nova mentalidade que deverá surgir em função do trabalho desenvolvido, venham ser fatores de grande importância no aperfeiçoamento do pessoal saído das áreas das Ciências Humanas, que deverá, daí por diante, ser assimilado com melhor adequação pelo nosso meio ambiente.

Destaca-se, sobretudo, o caráter normativo que poderá vir assumir o trabalho ora projetado, para outras experiências similares no País.

A importância desse caráter normativo será seguramente sentida nos ensaios posteriores e nas experiências semelhantes à do *Leviathan,* as quais podem ser tentadas partindo em sentido inverso ao nosso, ou seja, das Ciências Exatas para as Humanas.

Ao serem alinhados os objetivos do *Projeto Leviathan,* um primeiro e direto benefício para a comunidade já se esboça sob a forma de um projeto, que, a título de ensaio científico, já vem congregando vinte estudantes da área de Ciências Humanas em torno de uma atividade analítica que lhes tem custado sacrifícios materiais, sem qualquer outra expectativa que não a do aperfeiçoamento cultural[14].

Além disso, cumpre analisar as potencialidades de liderança que tais estudantes representam para sua

14. Cumpre assinalar que a partir de 14 de setembro de 1977, está em vigor um convênio entre a USP e o Senado Federal, no qual somos executores. Nele está engajado o grupo do *Projeto,* com a finalidade de proceder à indexação anomástica e temática dos *Anais do Parlamento Brasileiro.* Neste momento está concluída a indexação onomástica dos *Anais da Câmara,* de 1826 a 1889, cuja publicação será feita em breve pelo Senado Federal, que, ao mesmo tempo, armazena e processa os dados obtidos através do PRODASEN (Serviço de Processamento de Dados do Senado). O custeio deste convênio é todo feito pelo Senado Federal.

FIG. 8 — Desenvolvimento da metodologia no *Projeto Leviathan*.

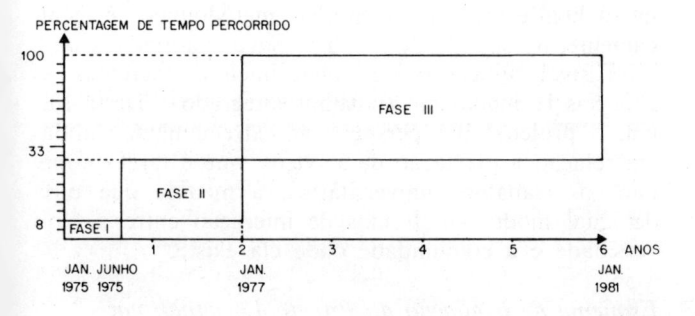

PERCENTAGEM DE TEMPO PERCORRIDO

```
100 ┌────────────────────────────────┐
    │          FASE III              │
 33 ├──────────┬─────────────────────┤
    │  FASE II │
  8 ├──┬───────┤
    │FASE I│
    └──┴───┴───┴───┴───┴───┴───┴ ANOS
       1   2   3   4   5   6
    JAN. JUNHO  JAN.           JAN.
    1975 1975   1977           1981
```

FASE I

a) Conceituação, coleta e padronização de informações destinadas ao processamento.
b) Seleção e uso de informações do banco de dados com relatórios contínuos plano desempenho.

FASE II

a) Temas com projeção na comunidade e sua metologia de seleção.
b) Métodos para pametrização de trabalhos acadêmicos com estudo de viabilidade de programações paralelas à alimentação do banco de dados.
c) Métodos de coleta para fontes brutas de informações projetadas.
d) Relatórios contínuos plano desempenho.

FASE III

a) Depuração de métodos de coleta e uso de informações coligidas.
b) Planejamento de novas proposições didáticas para o trabalho histórico.
c) Estudos para construção de modelos gerados pelas informações.
d) Análise metodológica para estudos de simulação comportamento de grupos humanos no Brasil.
e) Relatórios contínuos plano desempenho.

comunidade, ao constituírem-se ponto de início de um projeto tão arrojado quanto cuidadosamente planejado e seriamente esquematizado, permanecendo sem vantagens pecuniárias durante cerca de 18 meses.

É conhecido o fato de que o elemento humano qualificado em Análise de Sistemas é insuficiente para suprir a demanda dos vários Centros de Processamento do País, os quais também carecem de forma extrema do concurso de elementos capacitados para análise de processamento de informações não-numéricas.

Por fim, o *Projeto Leviathan* constitui uma tentativa bem estruturada científica, metodológica e tecnicamente, no sentido de procurar novos parâmetros para a possível aplicação de conhecimentos inerentes às Ciências Humanas em trabalhos integrados. Desta forma, o projeto abre perspectivas extremamente válidas em relação à prestação de serviços, que é tarefa nobre para os trabalhos universitários, à medida que o é, de igual modo, em termos de interação entre a Universidade e a comunidade onde ela existe.

Esquema de avaliação do Projeto Leviathan em 1975-1976 (Check Points)[15]

a) Identificação das unidades lógicas de informações.
Relatórios, plano/desempenho.
(1.º de abril 1975.)

b) Preparação dos formulários e manuais. Início da coleta de dados.
Relatórios, plano/desempenho.
(1.º de julho 1975.)

c) Criação do banco de dados, baseada em amostragem com cerca de 1.000 documentos.
Relatórios, plano/desempenho.
(1.º de outubro 1975.)

d) Expansão do banco de dados para cerca de 2.000 documentos. Estudos para implantação do mesmo em caráter definitivo.
Relatórios, plano/desempenho.
(1.º de janeiro de 1976.)[16]

15. Nos *check points* aqui indicados, está subentendida uma primeira experiência já realizada com o grupo, em que foi montado um banco de dados de cerca de 209 documentos, com o qual foi inaugurado o *Projeto Leviathan*, em cerimônia presidida pelo vice-reitor da Universidade de São Paulo, dr. Josué Camargo Mendes, em 20 de dezembro de 1974.

16. Obviamente este esquema de avaliação vem sendo readaptado e retomado anualmente desde 1976 até o presente. Serviu como o modelo a partir do qual as demais etapas foram planejadas.

2. UNIVERSO DE PESQUISA: OS DEBATES PARLAMENTARES COMO DOCUMENTO

Em centros culturais avançados, quando um historiador se dispõe a dar tratamento analítico a determinado manancial de informações, este, ao encontrar-se diante de massa vultosa de documentação, normalmente já possui meios de coletá-la, baseando-se em critérios arquivísticos que incluem um mínimo de padronização das informações referentes aos documentos.

No caso dos *Anais do Parlamento Brasileiro,* "universo" principal de nossas considerações, não há rol, nem tampouco catálogos das edições que os transcresveram, elaborados no Brasil de forma a permitir um levantamento rápido e geral de assuntos tratados ao longo dos volumes componentes do conjunto. Das muitas investigações feitas para familiarização das dificuldades inerentes à própria fonte a ser utilizada por nós, constatamos, via de regra, não existirem dados repetindo-se com o desejável grau de uniformidade. Notamos ainda que, nos vários volumes, os nomes dos parlamentares aparecem incompletos nas primeiras sessões legislativas após as eleições.

Um mesmo parlamentar pode aparecer com várias designações. Em geral, enquanto figura menos comentada, como acontece com Evaristo da Veiga, é chamado pelo nome de família e seus debates são anotados como pronunciamentos do *sr. Evaristo Ferreira da Veiga*. Em outras ocasiões, entretanto, chamam-no sr. *Evaristo da Veiga* e, por vezes, quiçá por conta da sua notoriedade, apenas *Evaristo*. A presença de vários membros de uma família numa mesma legislatura, motiva, por vezes, variações na forma de grafar o nome do parlamentar e de seu parente ou homônimo.

O taquígrafo ou o secretário e, talvez, a própria mesa diretora dos trabalhos também nos oferecem, na maneira com que anotam tais nomes, insinuações, sugestões e testemunhos da época. Os debates, por exemplo, de Luís Augusto May (o sr. May), são em certos momentos suprimidos com uma freqüência suspeita, e apenas detectamos seu conteúdo pelo repto do opositor. Em outras ocasiões, os pronunciamentos de Abrantes e Rebouças, transladados com minudência e esmero, projetam ora a marca do burocrata da situação política anterior, ora a insinuação do taquígrafo partidário da política vigente, até na forma com que anota o nome do tribuno que fala.

O sr. *du Pin* é o mesmo sr. Calmon, ou ainda o *sr. Marquês* ou o *sr. Ministro*. Todas estas versões da grafia do nome de Miguel Calmon du Pin e Almeida, Marquês de Abrantes, homem público que exerceu muitos cargos no Império, podem, na realidade, revelar "sinais dos tempos", como também decorrer de mera coincidência. Todavia, para nosso intento, é preciso identificar o documento, dando-lhe tratamento uniforme que prevê condições para anotarem-se tais sutilezas.

Os erros de impressão e os dos taquígrafos, como sempre aconteceram e acontecerão, tanto podem ser reais quanto podem servir de tábua de salvação para que o dito fique por não dito, hoje como outrora. O próprio Holanda Cavalcanti, concorrente de Feijó na eleição para regente único, faz, em 5 de maio de

1830, um pronunciamento na Câmara dos Deputados sobre os erros de impressão saídos nos *Diários* dos trabalhos parlamentares, no qual diz: "As províncias estão à mira sobre o nosso comportamento e não devem julgar dele pelos *Diários*." Esclarecendo, logo após, que as Câmaras Provinciais e Municipais são obrigadas a assinar estes *Diários,* Holanda Cavalcanti nos informa ainda ser o seu redator o magistrado José Antônio da Silva Maia, português de nascimento e juiz da Comarca de Sabará, além de senador por Goiás.

Notamos, por vezes, que os "acusados" vão à forra, como no caso que passamos a relatar. Segundo os *Anais do Parlamento Brasileiro,* Câmara dos Senhores Deputados, referente ao 3.º ano da 3.ª legislatura, cujos dados foram compilados por Jorge João Dodsworth, ao editá-los. A tipografia da viúva Pinto e Filho, em 1887, dá nota ao pé da página 208, advertindo de que, na sessão de 23 de agosto de 1836, omitiu-se o pronunciamento do sr. visconde de Goyanna. Nesta nota, lê-se: "O *Jornal do Comércio,* em longo artigo nesta mesma data, declara que deixa de publicar o discurso do sr. visconde de Goyanna, por lhe haver o mesmo sr. visconde argüido da tribuna da Câmara o propósito de mutilar e truncar todos os seus discursos, não por culpa dos taquígrafos, nem do curto espaço de tempo, mas por ter ele, sr. visconde, votado para que não passasse o Código do Comércio. E que assim procedia o *Jornal do Comércio* guiado por aquela potência invisível citada, pelo sr. deputado, em outra ocasião (o dinheiro)." Termina o artigo dizendo: "De resto, tal é o receio de incorrer no desagrado do nobre visconde, que nunca mais nos daremos ao trabalho de reproduzir seus discursos. Não: nossa mão sacrílega jamais irá poluir os atavios dessas peças de eloqüência, cuja virgindade deve permanecer intacta."

Outros aspectos dos *Anais,* como documentos da época, revelam pormenores que vão igualmente do sublime ao ridículo. É o caso, por exemplo, de um debate no dia 8 de junho de 1836, quando Calmon discutia o assunto da distribuição das forças de terra ou, mais precisamente, da fixação de uma divisão de pedestres a ser incluída nas forças regulares encarregada da defesa contra índios hostis. Rebatendo a alegação de que os homens em questão não dispunham sequer de trajes corretos para o desempenho da missão militar, replicou o orador em discurso, cuja essência aproxima-se do seguinte: se no glorioso Exército da Inglaterra existe um corpo de escoceses de saiotes e pernas nuas, por que não podem nossos homens ser incluídos nas milícias por usarem calças de couro?

De um lado, os documentos em questão retratam passagens pitorescas, como esta última, que revela através da hilariedade importantes aspectos do comportamento mental daqueles homens; de outro, mostram que a face temível da verdade histórica não-documentada pode ou não estar oculta nos *Anais do Parlamento*. Seja quando, ao invés de reproduzir o discurso do parlamentar, o taquígrafo ou compilador resume, ou deixa de resumir, o discurso a seu modo; seja ainda quando documenta o não andamento de um processo como o fez ao pé da página 218 do volume II dos *Anais* de 1836, o criterioso compilador Jorge Dodsworth: "Este projeto ficou sobre a mesa para ser lido, conforme consta da nota lançada no manuscrito, que se acha na Câmara dos Deputados, e não consta que houve andamento algum ou fosse impresso (Corte, 3 de agosto de 1887)." O projeto em questão foi apresentado na sessão de 29 de agosto do ano de 1835. Seu autor, sendo A. L. P. da Silva Manso, e o assunto tratado o *serviço econômico doméstico em todo o Império* (grifos nossos), é tudo o que dele consta.

Enfim, dispensaríamos desproporcional parcela de tempo para enumerar as variações dos diversos aspectos que caracterizam os *Anais*, as quais surgirão naturalmente ao longo de nosso trabalho. Basta, por agora, lembrar que o registro feito através dos *Anais* reflete a atividade parlamentar, deixando de lado a atuação de elementos que agem, porém não se manifestam em plenário. Ainda assim constitui nossa fonte documental precioso acervo para o estudo da época.

Um dos levantamentos mais completos, não só destes como de outros documentos oficiais brasileiros, é o do norte-americano John de Noia[1], editado pela Biblioteca do Congresso. Nesta publicação, além das referências daquilo que existe, encontram-se indicados os volumes raros ou inexistentes, objetivando fornecer uma contribuição às bibliotecas e aos estudiosos de assuntos brasileiros.

---

1. NOIA, John de. *A Guide to the Official Publications of the Other American Republics*, Washington, The Library of Congress, 1948.

Levando em conta serem tais publicações melhor consultadas a partir do conhecimento da organização da repartição governamental que a originou, o compilador John de Noia elaborou seu "guia" de acordo com a estrutura dos diversos setores do Governo brasileiro, conforme se apresentavam quando fez seu trabalho (1948). Este estudo revela-nos fatos como a existência na Biblioteca do Congresso de volumes dos *Anais* não encontráveis no Brasil, como é o caso de alguns exemplares de 1845. Isto serve como advertência para a necessidade de obras de referência básica no Brasil.

José Honório Rodrigues[2] vem publicando, desde 1972, volumes contendo considerações e estudos sobre os *Anais do Parlamento,* porém seu plano de trabalho não se assemelha ao desenvolvido pelo grupo do *Projeto Leviathan.* No entanto, mesmo com métodos diferentes, haverá possibilidades de um vir complementar o outro.

Em seu primeiro volume, José Honório Rodrigues iniciou uma história do Parlamento e, nos tomos seguintes, passou a tratar de temas específicos, tais como: a construção legislativa, a evolução política e os Poderes do Estado, as reformas constitucionais e outros tantos tópicos. Apresenta seleções de textos parlamentares e não uma edição dos mesmos, desaconselhando-a por custosa, entre outras razões. Contudo, abre seu "Prefácio" informando que a *Irish University Press,* considerando a importância dos debates parlamentares para a formação universitária em História e em Ciência Política, decidiu publicar mais de mil volumes da *British Parlamentary Papers,* iniciativa que louva.

Muitos estudiosos notaram, como nós também, diversidades nas edições dos *Anais.* O *Jornal do Comércio* abrigou translados dos discursos parlamentares que foram posteriormente compilados e editados por outros.

Há uma edição de Villeneuve & Company, datada de 1871 e arrolada por John de Noia no trabalho a que nos referimos atrás, encontrada na Biblioteca do Congresso, nos Estados Unidos. As edições de Hipólito J. Pinto, publicadas de 1870 a 1880 de forma irregular, foram continuadas mais tarde por sua viúva

---

2. RODRIGUES, José Honório. *O Parlamento e a evolução nacional: introdução histórica — 1826-1840,* (obra comemorativa do sesquicentenário da independência), Brasília, 1972.

que, em 1881, editava, como viúva Pinto e Filho, volumes hoje ainda existentes em bibliotecas do Brasil.

Afirma José Honório Rodrigues que, antes destas edições surgirem, os debates parlamentares eram divulgados em parte no *Diário da Câmara dos Deputados*, no *Diário da Assembléia-Geral Legislativa do Império do Brasil* e no *Diário da Câmara dos Senadores do Império do Brasil*. Lembra ainda que muitos destes debates foram publicados em jornais como o *Diário Fluminense, Jornal do Comércio, Aurora Fluminense*, o *Analysta*, o *Astro de Minas*, o *Pharol Paulistano*, a *Revista Semanária dos Trabalhos Legislativos da Câmara dos Senhores Deputados*, o *Correio da Bahia*, o *Diário de Pernambuco* e o *Pharol Maranhense*. Menciona também o jornal *O Despertador* (1830-1841), de onde Eugênio Egas retirou copiosa documentação parlamentar para sua obra *A Declaração da Maioridade de sua Majestade Imperial o Senhor D. Pedro II desde o momento em que essa idéia foi aventurada até o ato de sua realização*, publicada em São Paulo, em 1916[3].

Nos Estados Unidos os jornais transcreviam os debates do Congresso, sendo que os editores Gales & Seaton especializaram-se no registro destes debates, fazendo posteriormente a publicação dos chamados *Register of Debates of Congress*. Igualmente o *Niles Weekly Register* de Baltimore, o *Richmond* Enquirer e o *Raleigh Register* desempenharam papel semelhante.

Na Inglaterra, Luke Hansard iniciou a publicação dos debates parlamentares no século XVIII, tornando-se mais tarde o impressor oficial da Câmara dos Comuns, cujos debates denominou *Journals of The House of Commons*. A família Hansard ficou de tal maneira ligada à história da publicação dos debates parlamentares, que estes são lá denominados simplesmente de *Hansard*.

---

3. A extensão do pomposo título desta obra lembra-nos a extensão de um outro problema, a nosso ver seríssimo, pois estamos certos de que, se nos dispuséssemos a levantar todos os demais trabalhos, onde se usram ou foram reproduzidos fartamente trechos dos *Anais do Parlamento*, acabaríamos por escrever não um capítulo, mas um tratado. Um bom título para tal obra seria, talvez, "O tratado da inutilidade..." É que mal abrimos um livro de História do Brasil e já deparamos com trechos dos *Anais*, translados simplesmente aqui, resumidos acolá: mil vezes porém repetidos, repisados, usados e até abusados.

Para selecioná-los, quantos outros tantos não leu o autor, quantas anotações não rascunhou e delas se desfez. Não sabemos de melhor estímulo para que um dia alguém se resolvesse a fazer o que fazemos agora: ordenar esta documentação, usando-a, mas guardando-a para que outros a usem para consulta ou para crítica. De qualquer forma, um bom e rápido ponto de partida.

Assim, enquanto na Inglaterra a edição dos debates parlamentares foi, desde cedo, sistematizada por estar nas mãos da família Hansard, nos Estados Unidos imperaram diversidade e dispersão de publicações dos debates na imprensa, como ocorreu no Brasil até quase o final do século passado.

A seleção de uma seqüência de assuntos nos *Anais do Parlamento Brasileiro* constitui tarefa tão penosa e árdua que a motivação para fazê-la, em moldes a permitir sua utilização por outros estudiosos, sobretudo de forma rápida e eficiente, é na verdade desafio irresistível. Portanto, o estudo ora apresentado precisa "começar pelo começo", ou seja, ocupar-se da preparação até da própria fonte onde estão os dados de nosso trabalho, demonstrando, ao mesmo tempo, como fomos levados ao único tipo de levantamento plausível diante de tão monumental massa de informações.

Estamos nos referindo à opção de usar um computador e estruturar concomitantemente um banco de dados referentes aos *Anais do Parlamento,* os quais constituem ponto de partida para um sem-número de trabalhos científicos. Trata-se, outrossim, de um processo que pode ser utilizado com economia de tempo e proveito em várias áreas de estudo, através de consultas projetadas e respondidas em terminal-vídeo[4], de forma suficientemente elucidativa, ainda que sumária.

Imaginamos também ser útil dispor da opção de obter os dados impressos, a fim de analisá-los mais tarde, pois as perguntas e respostas endereçadas ao computador ali estarão registradas, com maiores ou menores detalhes, de acordo com as consultas feitas. Deste modo, o consulente poderá trabalhar sobre tais dados recolhidos em folhas impressas e, se o preferir, poderá ir ao detalhe minúsculo, por vezes importante, pois o terminal-vídeo e a impressora o remeterão sempre à fonte da informação, isto é, ao pronunciamento original, conforme registrado nas páginas dos *Anais*[5].

---

4. O tempo necessário para que as informações apareçam em um terminal-vídeo n.º 3.277, em resposta às consultas feitas ao banco de dados, corresponde a média de 5 segundos. No entanto, é preciso considerar a existência de alguns fatores que influem nesta transmissão, tais como: linha, números de terminais ocupados no momento e a complexidade da resposta efetuada. Uma impressora leva cerca de 60 caracteres por segundo para imprimir as respostas desejadas. Porém, como no caso anterior, há uma intervenção direta de fatores de desempenho físico e técnico, cuja tendência é melhorar progressivamente. De qualquer forma, tal velocidade até supera nossos requisitos.

5. Esses pronunciamentos são por vezes efetuados de forma mais ou menos prolixa, dependendo da linguagem da época, o

Para nós está bem claro que a opção de montar um banco de dados decorreu da necessidade de ordenar a pesquisa, mormente quando percebemos que essa ordenação, para ser válida, demandava um labor fenomenal, escapando ao âmbito de qualquer técnica por nós desenvolvida[6], como para o caso de um Código de Assuntos e Cores, que usávamos como recurso para correlacionar "visualmente" assuntos retirados dos debates parlamentares e fichados em cartões tarjados com determinadas cores. É sem dúvida uma espécie de introdução ao nosso interesse pela ordenação sistêmica de acervos documentais.

Naquela ocasião, com base nos *Anais do Parlamento,* fizemos também um trabalho estatístico incipiente, mas útil, que resultou num gráfico demonstrativo da presença do tema norte-americano nos debates parlamentares, sem maiores detalhes. Tudo isso serviu para demonstrar que fazia-se necessária desde logo uma ordenação dos temas contidos nos *Anais do Parlamento,* combinada com uma metodologia de consulta rápida e eficiente para economia de tempo e obtenção de respostas dentro de determinado padrão de uniformidade.

A tarefa a ser desenvolvida com os *Anais do Parlamento* justifica o máximo rigor e a maior justeza em seu tratamento, o que sugere desde logo a idéia do uso de técnicas de computação.

Hoje em dia, quando nossos historiadores vêm de há muito deparando aqui e acolá, ao longo dos últimos 10 anos, com argumentações favoráveis e contrárias às experiências novas em matéria de tratamento das informações históricas, torna-se dispensável recorrer a velhos argumentos em defesa do uso de computadores. Exceto para enfatizar que deixando de ter o auxílio de máquinas simples ou complexas, estas irão sempre,

---

que demanda grande poder analítico por parte do leitor. A análise feita para decompor o texto, coletá-lo e recompô-lo através da coleta, embora possa apresentar falhas, como todo trabalho executado pelo homem, oferecerá por certo algumas sugestões para novas teses e análises.

6. Criamos um código de assuntos e cores devido à necessidade em que nos vimos, há cinco anos atrás, de proporcionar tratamento analítico "manual" a um número enorme de "variáveis", detida com o exame dos "Diplomatic Despatches" do Arquivo Nacional de Washington, os quais documentaram o nosso livro *Desafio americano à preponderância britânica no Brasil — 1808-1850*, 1.ª ed., Rio de Janeiro, Imp. Nacional, 1972; 2.ª ed., São Paulo, Ed. Nacional, prelo. Este "código" foi adotado pelo Centro de Documentação Histórica da Universidade de São Paulo, a partir do ano de 1974, o que muito nos honra.

em qualquer situação, tal qual a nossa conhecidíssima máquina de escrever, reproduzir exatamente o que teclamos ou mandamos perfurar.

Assim, em defesa do uso de computadores, fique desde logo a afirmação de que o sistema por nós eleito para tratar as informações contidas nos *Anais do Parlamento* refletirá tanto nossas virtudes como nossas falhas de análise. Contudo, do ponto de vista técnico, dispomos dos recursos de um poderoso IBM/370 e de um conjunto de programas de altíssimo nível para processar as informações retiradas do nosso manancial de documentos, que são os já mencionados *Anais do Parlamento Brasileiro*.

Os problemas enfrentados pelo historiador diante de acervo documental tão imenso levam-no a fazer uma opção sobre uma dúvida a ser dirimida logo de início: ou pesquisa verticalmente, procurando esclarecer e esmiuçar um tópico monográfico sugerido pela documentação, esgotando-o na medida do possível e, com isso, considerando-se desencumbido de uma contribuição individual para a História; ou tenta meios de encontrar filões, alamedas e estradas, realizando um trabalho de "longa duração", que fatalmente constituirá experiência de pesquisa de todo um grupo, colaborando deste modo, para o esclarecimento de um fenômeno mais amplo no campo da História.

É óbvio que o historiador que executa uma experiência em grupo, com uma grande quantidade de documentos, como a efetuada aqui, poderá empolgar-se diante da possibilidade de análise de documentação em grande escala, perder-se nos meandros para onde poderão levá-lo o capricho e a curiosidade desordenadas. No entanto, o prazer advindo de sua pesquisa será intensificado se o historiador estiver assegurado de que, assim procedendo, diminuirão os perigos de escapar-lhe o fenômeno histórico mais amplo.

Quer decida-se por uma ou outra forma de trabalho, o historiador poderá ou não usar o computador para auxiliá-lo. A diferença maior estará no tempo a ser gasto na tarefa de coleta e no número de operações a serem realizadas sobre os dados brutos antes que ele possa dedicar-se à análise dos resultados obtidos.

Concentremo-nos, porém, em algumas considerações sobre o tipo de História a ser feito com base em uma grande quantidade de informações, muitas vezes taxada de *história quantitativa*[7], sugerindo "quantidade" como o oposto de qualidade.

Edward Shorter menciona alguns argumentos para defender a história quantitativa, mas chama atenção especial para sua utilidade na questão das biografias, nelas observando dimensões muito mais significativas para esta modalidade da pesquisa histórica, que constituiria praticamente a única solução para problemas cruciais dos estudos biográficos. Ao possiblitar o exame das características de um grupo de indivíduos submetido às solicitações do mesmo ambiente e momento, está pondo em relevo aquilo que advém do próprio indivíduo, ou é pertinente aos fatores ambientais[8].

Não nos convém alongar uma querela, a nosso ver ultrapassada, sobretudo porque, enquanto Shorter escrevia seu livro, Aydelotte, pioneiro do uso de métodos quantitativos e computadores em História parlamentar, publicava um livro magistral sobre o assunto, refutando galhardamente a maioria das objeções ao uso de tais métodos. Recomendamos aos interessados a leitura de seu livro[9].

A história quantitativa comporta-se ainda de forma triunfal em história urbana, onde separa, através da comparação de grandes massas documentais, a "curiosidade local" do verdadeiramente típico, esclarecendo o que poderá ser uma característica urbana em determinado período. Ora, não há nada mais "qualitativo" do que ensejar a possibilidade de uma tal separação e de um tal esclarecimento.

De igual modo, a análise do comportamento das elites ou das classes médias é tópico de estudos sociológicos e também históricos, onde claramente se revela a utilidade de uma pesquisa que vá além do "diário deste ou daquele cidadão", a fim de se obter um contexto amplo no qual o documento inserido será mais elucidativo.

Poder-se-ia afirmar ainda que há situações para o historiador em que o computador pode tornar-se

---

7. Argumentos que praticamente estabeleceram a importância de "quantidade" de documentos estão expostos em um artigo de William O. Aydelotte, na *American Historical Review*, 71, pp. 803-43.
8. SHORTER, Edward. *The Historian and The Computer*, Nova Jersey, Prentice Hall, 1971. Ao descrevermos nosso projeto de trabalho como parte de um maior (o *Leviathan*), as biografias de grupos parlamentares ou estadistas serão objetos de um novo banco, a ser projetado, com vista a favorecer historiadores interessados em usar tal método em estudos sobre o comportamento dos grupos parlamentares.
9. AYDELOTTE, William O. *Quantification in History*, Massachusetts, Addison-Wesley Publisher, 1971.

indispensável. A propósito, cumpre-nos ressaltar a atitude de *scholar* assumida por Merle Curti ao usar métodos quantitativos em companhia de seus discípulos, nos fins dos anos 50, aplicando um programa de computação a resultados censitários norte-americanos. Curti visava com este procedimento testar (note-se bem a palavra) a teoria de Frederick Jackson Turner sobre mobilidade social nas áreas de fronteira. Ele que até então se dedicara com êxito à análise histórica do tipo convencional, consagrado como autoridade no estudo da evolução do pensamento norte-americano[10].

Na obra em que fez uso de computadores, Curti recorreu a uma das mais "tradicionais" aplicações desta máquina e dos métodos estatísticos: a história demográfica[11]. Usou-a, porém, para esmiuçar uma das discutidíssimas teses da História norte-americana: a tese da fronteira, de F. J. Turner[12], na qual vê mais virtudes do que erros, baseando-se nos resultados obtidos com o computador.

No que se refere aos estudos políticos, o comportamento eleitoral tem sido, quase sempre, o tópico mais freqüentemente escolhido por sociólogos, cientistas políticos e, ultimamente por historiadores.

O universo deste comportamento pode ser investigado através de uma micro ou macroabordagem, cujo embasamento teórico variará com o passar do tempo e com a voga de determinadas correntes filosóficas.

O comportamento conflitante, que se apresenta nas várias modalidades da ação humana, tem sido, em épocas mais recentes, objeto de inúmeras reinterpretações não só de parte dos historiadores, como também dos especialistas em relações internacionais. Dois dentre estes últimos, J. E. Dougherty e Robert L.

---

10. Frederick Jackson TURNER é também patrono da cátedra da qual Merle CURTI era professor emérito. O livro resultante do estudo feito em computadores intitula-se *The Making of an American Community: A case Study of a Democracy in a Frontier Country*, Stanford, Stanford University Press, 1959. Seu livro clássico chama-se *The Growth of American Thought*, 3.ª ed., Nova York, Harper & Row, 1964.

11. Não nos esqueçamos que o uso de computadores para fins estatísticos consagrou-se após o censo americano de 1890, quando os resultados foram apurados em termos de dias ao invés de meses como acontecia antes. Cf. nosso artigo em *Folha de São Paulo*, 11.03.1973.

12. LUZ, N. Vilela. "F. J. Turner e a tese da fronteira". In: *Revista de História*, 52, pp. 524-34. A controvérsia desta teoria, exposta em fins do século passado, atribuía, em síntese, às agruras da "fronteira" o caráter dúctil da sociedade norte-americana.

Pfaltzgraff Jr.[13], questionam se a origem do conflito humano estaria na própria natureza do homem ou nas suas instituições.

Encontram-se mais próximos do primeiro alvitre os partidários da chamada *teoria de decisão*, que, tomando como ponto de partida o comportamento individual, inferem deste o modo de agir de toda uma espécie. Por sua vez, os que defendem a segunda alternativa (cientistas políticos, sociólogos antropólogos, geógrafos e partidários da teoria sistêmica), analisam os acontecimentos ao nível dos grupos, das coletividades, das instituições sociais, dos grandes movimentos políticos, dos sistemas nacionais e culturais.

Concordamos com a opinião de Abrham Kardiner quando afirma que o conflito entre estas duas tendências resume-se no que já explicitava há tempo Émile Durkheim, ao dizer que toda vez que um fenômeno social é diretamente explicado como um fenômeno psíquico, poderemos estar seguros de que a explicação é falsa[14].

Partindo da idéia de que um fato histórico dificilmente revela apenas uma face do comportamento humano, os estudos feitos com o auxílio de um computador, processando grande número de variáveis, podem mostrar-se essenciais na identificação de *linhas mestras* em um processo histórico, assim como suas particularidades.

Para a História, quantitativa ou não, esta constatação é de muita utilidade. Existem, no entanto, perigos seríssimos que normalmente se fazem presentes em qualquer trabalho onde o historiador pode desincumbir-se sem esforço do peso da tabulação na análise de um total imenso de informações. Este é o caso, por exemplo, do estudioso que de repente se apercebe do potencial do computador e deseja programá-lo para obter o mais depressa possível "tudo que possa ser extraído" da massa enorme de dados processados, entre outras razões, simplesmente por ter-lhe "sobrado" tempo. Os resultados poderiam vir até a atemorizá-lo, ao invés de ajudá-lo, se ele está ainda no estágio de "mandar rodar tudo para ver no que dá".

Livrar-se desta duríssima tentação, sobretudo diante de um banco de dados cheio de informações

---

13. DOUGHERTY, James E. & PFALTZGRAFF Jr., Robert L. *Contending Theories of International Relations*, Filadélfia, J. B. Lippincott, 1971.
14. KARDINER, Abrham & PREBLE, Edward. *The Studied Man*, Nova York, New American Library, 1963.

e apto a receber muitas mais, é ato heróico que o historiador tem de enfrentar, planejando o uso dos dados e dimensionando as perguntas dentro deste plano.

Achar assuntos fundamentais em um conjunto de informações e formular perguntas viáveis sobre tais assuntos são questões que se prendem intimamente à decisão de condicionar a análise dos resultados alcançados aos mesmos esquemas iniciais rígidos a que se propôs o investigador. Terá ele que prosseguir com o mesmo rigor que o permitiu chegar até a gradação de seus dados, para a formulação das hipóteses que facilitará a futura análise dos resultados obtidos.

Como em outras fases do trabalho, nesta também aparecerão "corpos estranhos", ou seja, dados que "ressurgem" misteriosamente no final do processamento, resultantes de alguma pequena distração que necessita ser corrigida quantas vezes for preciso. Procedendo assim, estará ao menos tranqüila a consciência do historiador, ao saber que os seus resultados podem não ser infalíveis, representando *toda* a realidade histórica em um determinado período, mas que pelo menos constituirão o melhor reflexo possível da documentação disponível.

Coloca-se aqui, já agora, a objeção tantas vezes repetida de que a realidade histórica não pode ser expressa por intermédio de "números frios" impressos pela máquina nos enormes *Formulários Contínuos*[15], argumento predileto dos que atacam o uso de computadores, e, deve-se dizer, outras quaisquer experiências novas na metodologia histórica. Alegam que, através deles, estar-se-á distorcendo a captação do real-concreto na História.

Esse problema não está restrito aos dados documentais processados em um computador. Um nosso companheiro, apologista do uso de computadores, professor E. Shorter, confessa ser verdadeiro "um certo senso de irrealidade" quando olhamos colunas e números aparentemente inertes, esperando que se tire dali considerações históricas de maior relevo. Apenas a certeza do trabalho consciente e a coragem de reformular e retomar caminhos, o quanto for necessário, asseguram resultados confiáveis[16].

Afinal, o documento é o que foi registrado no passado, a sua contribuição para restaurar a realidade

---

15. O formulário contínuo é o papel usado na impressora.
16. SHORTER, Edward. *The Historian...*, p. 124.

histórica depende das circunstâncias do momento daquele registro. Assim, estará sujeito a restrições tais como a da existência de documentação paralela desconhecida versando sobre o mesmo assunto. Há a possibilidade de tal documentação invalidar, parcial ou totalmente, a interpretação do conteúdo do primeiro documento ao qual se teve acesso. É o que acontece especialmente com documentos secretos.

E. Azar[17] pondera que muitas deduções são efetuadas a partir "do universo dos acontecimentos recolhidos em fontes consultáveis pelo público" e acrescenta que este problema é particularmente grave no campo das relações internacionais. Neste setor são comuns os pactos secretos e os acordos especiais, assim como os informes de "agentes governamentais", cujas atividades de natureza secreta podem levar, às vezes, a não permitir que se produzam documentos verdadeiros, ou até mesmo façam circular documentação forjada, circunstância que poderá ou não vir a público tempos depois. O mesmo pode ser dito quanto aos jornais e relatórios tendenciosos, ou ainda sobre notícias censuradas.

Usando-se diversas fontes com o fim de comparação para esmiuçar com mais cuidado um determinado acontecimento, poderemos correlacionar as várias formas através das quais um mesmo fato é registrado. Seria esse um caminho a seguir, árduo porém promissor, e, com certeza, estaria facilitado por uma programação inteligente e pelo uso de um computador. Citamos como exemplo, o caso da história do conflito mundial, em 1914, cuja eclosão foi analisada por um grupo da Universidade de Stanford. Este grupo dispunha de uma quantidade imensa da documentação original referente aos dias que antecederam a Primeira Grande Guerra[18], e que foi exaustivamente "depurada" por historiadores, a fim de estabelecerem quais eram os protocolos falsos, os verdadeiros e os que pareciam faltar na série de comunicados, notícias, despachos e outras fontes de informação.

Assim, quanto mais os cientistas políticos e os historiadores dedicados aos estudos de tais assuntos

---

17. AZAR, Edward E. "Analyses of International Events." In: *Peace Research Review*, 4-1, nov.-1970, p. 88; também citado em folheto inédito in: JENKS, Carl. *Department of Political Science*, Duke University Press, 1973.
18. ZINNES, Dina A. "The Expression and Perception of Hostility in Pre-War Crisis: 1914." In: SINGER, J. David (org.). *Quantitative International Politics: Insights and Evidence*, Nova York, Free Press, 1968.

esquadrinharem o fenômeno da "realidade histórica" nos acontecimentos internacionais e nacionais, mais estarão eles fundamentando com seu trabalho a necessidade de se fazerem repositórios contendo informação básica de várias procedências. Quanto maior for o número de fontes levantadas e documentação analisada para a coleta e posterior "preparo" e armazenamento das mesmas, mais condições existirão para que a documentação seja "depurada" através desta sucessiva série de crivos. Esta depuração certamente facilitará o trabalho do estudioso e permitirá uma visão mais próxima da *realidade*. Não há por que insistir neste assunto ainda mais, senão para lembrar que, em história diplomática e das relações exteriores em geral, este ângulo do problema adquire maior importância devido à natureza dos dois campos de estudo em apreço.

A utilidade do emprego de computadores deve ser, lembrada, finalmente, no campo dos estudos do comportamento legislativo, no qual sugestivamente destacam-se trabalhos feitos por pesquisadores norte-americanos[19].

Todo o trabalho aqui apresentado resulta de uma das primeiras experiências feitas nesse campo por brasileiros, o denominado *Projeto Leviathan*.

---

19. Recentes publicações, feitas especialmente por estudiosos norte-americanos, versando sobre comportamento parlamentar, estão arroladas em nossa bibliografia. Entretanto, chamamos a especial atenção do leitor para as seguintes: Patrick e Trevor HIGGONNET, "Class, Corruption and Politics, in The French Chamber of Deputies, 1846-1848." In: *French Historical Studies*, 5, 1967, pp. 204-24. Cf. o primeiro trabalho de AYDELOTTE, pioneiro do uso de computadores, no estudo, "Voting Patterns in The British House of Commons in the 1840's. Comparative Studies." In: *Society and History*, 5, (1962-1963), pp. 134-163.

3. O SISTEMA *LEVIATHAN*

Quando o projeto foi posto no papel, pensamos fazer uma exposição objetiva das necessidades do usuário, expressão do *métier* que significa cliente, ou pessoa que irá beneficiar-se do uso do computador. Todavia, como já tivemos oportunidade de mencionar, devido às peculiaridades do "cliente", no caso o historiador, houve alterações nos procedimentos normais e, por conseqüência, no relacionamento desenvolvido entre técnico e usuário.

De fato, tantas foram as sessões do que poderíamos chamar de "aproximação", que, desde logo, ficou bastante claro a possibilidade de vir a ser estabelecido um esquema diferente nas relações entre os elementos do grupo recém-formado, que logo passou a incluir um analista de sistemas com formação puramente técnica.

Cursos e palestras, reuniões e debates transformaram-se, muitas vezes, em verdadeiros campos de batalha, onde não raro reproduziam-se os mesmos argumentos referentes às restrições ao uso de processamento de dados em Ciências Humanas[1], com os quais iríamos deparar nos livros sobre o assunto.

Assim, a interação entre o analista de sistemas e o grupo de estudantes e professores participantes daquela experiência foi crescendo, sem, no entanto, jamais haver a História deixado o seu posto de liderança quanto as definições das prioridades do projeto.

Deste modo, as considerações prioritárias ligadas à natureza e função da *palavra* na História levaram-nos, quase imperceptivelmente, à escolha e adoção do STAIRS[2] como "ferramenta" de trabalho, cujas necessidades situam-se principalmente no campo da análise não-numérica.

Ao atingir o estágio de optar pela adoção do STAIRS, o grupo de historiadores e não-historiadores achava-se aglutinado ao redor de um objetivo definido e comum, condição fácil de depreender-se da leitura do *Projeto Leviathan* aqui apresentado. Àquela altura, já possuíamos amostragem do material a ser pesquisado (levantado aleatoriamente), incluindo meses e sessões a serem coletados nos *Anais do Parlamento*. Esta amostragem, abrangendo cem anos de debates, possiblitou-nos uma visão geral do acervo a ser trabalhado[3].

As datas distribuídas aos diversos elementos participantes coincidiam, ou se aproximavam, como até

1. Estas restrições são refutadas por vários autores, dentre os quais lembramos:
AYDELOTTE, William O. *Quantification in History*. Cit.
Para maiores detalhes quanto as possibilidades do uso de computadores pelo historiador, consulte:
BOWLES, Edmundo A., (org.). *Computers in Humanistic Research (Readings and Perspectives)*. Englewood Cliffs (N.J.), Prentice Hall, 1967.
DOLLAR, Charles M. & JENSEN, Richard K. *Historian's Guide to Stastics: Quantitative Analysis and Historical Social Research*. Nova York, Holt Rinehart and Winston, 1971.
SCHLESINGER Jr., Arthur. "The Humanist at Empirical Social Research." In: *American Sociological Review, XXVIII*, 1962, p. 770.
SWIERENGA, Robert P., (org.). *Quantification in American History: Theory and Research*. Nova York, Atheneum, 1970.
WRIGHT, Antonia Fernanda P. de A. *et al.* "Computador e História Política: Uma Experiência Metodológica em Nível de Pós-graduação. *Revista do IGHB*, out.-dez., 1973.
2. STAIRS. V. nota 14 ao Cap. 1.
3. Existe uma infinidade de estatísticas e matemática contendo estas tabelas, nossos alunos aprenderam facilmente a manuseá-las. Os elementos participantes do *Leviathan* estão habituados ao seu uso. V. MIRSHAWKA, *Tabela de estatística*, São Paulo, Ed. Distribuidora, 1972.

hoje ocorre, dos períodos escolhidos pelos próprios alunos para desenvolvimento de seus temas de pesquisa, enquadrando-se, portanto, na idéia-mestra do *Projeto*.

Uma vez executada a tarefa de amostragem e identificadas as dificuldades a serem vencidas, contando cada participante com uma idéia geral dos assuntos discutidos no *Parlamento* em "seu" período, partimos para a primeira tentativa de ordenação das informações. Foi elaborada, a seguir, uma codificação dos principais assuntos encontrados no acervo documental. É desta codificação o trecho que apresentamos, a título de exemplo.

1. Regras comuns a todos os descritores:

   I
   T — teoria
   P — prática
   A — ambas
   Ø — não especificado

   II
   N — não aplicado
   L — aplicado
   T — transgredido
   R — reformulado
   A — anterior
   P — proposto
   Ø — não especificado
   } V-vigente

   III
   G — público
   P — particular
   M — misto
   Ø — não especificado

   IV
   F — o fato em si
   D — fenômeno de desequilíbrio
   A — ambos
   Ø — não especificado

2. Regras específicas:
   Exemplo: *Saúde & Previdência Social*

   I (Aplique item 1 em sua totalidade)
   II
   III
   H — higiene
   S — saneamento
   M — assistência médica
   T — todos
   Ø — não especificado
   } S-Saúde

   P — pensão
   A — aposentadoria
   S — seguro
   M — assistência médica
   T — todos
   Ø — não especificado
   } P-Previdência Social

Conforme se observa adiante, mesmo nesta fase, o sistema nascente já estava orientado para soluções que posteriormente foram retomadas e reexaminadas. Tanto assim que achados tidos como bons para esta codificação foram revividos para a resolução do mais intrincado problema do nosso sistema: os "descritores", cujo assunto será tratado no próximo capítulo.

Mesmo não tendo voltado a esse código, sua execução, demandando meses de análise, resultou em maior aproximação entre elementos técnicos e nós outros. De acontecimento fortuito que era, nossa interação, agora mais clara ao nível do consciente, foi reconhecida como necessidade prioritária. Já então principiávamos a falar uma linguagem na qual se notavam os primeiros resultados de abrandamento do "litígio" entre consultores da máquina e História. Isso explica a posição assumida pelo "usuário", que passou a tomar novas decisões básicas para a implementação do sistema. Assim, cresceu a participação, cada vez mais destacada, dos alunos componentes do grupo de trabalho encarregados da *análise dos métodos* a serem testados e adotados.

Uma conseqüente alteração dos padrões tradicionais da hierarquia de projetos, com nítidos reflexos em outras áreas do sistema, ocorreu a partir de então. Tomou-lhe o lugar um arranjo *sui generis* que se foi propondo naturalmente, dele resultando um outro tipo de estruturação que se revelou operacional (v. Fig. 9).

Pelas próprias peculiaridades de um curso de Pós-graduação integrado a um Projeto, como é o caso do grupo *Leviathan,* surgiu naturalmente a necessidade de uma organização de trabalho, de tal maneira racional que propiciasse a cada um dos elementos o desempenho de atividades concomitantes, tais sejam: a elaboração específica das teses individuais ao lado das tarefas do Projeto, do qual cada uma das dissertações constitui um subconjunto[4]. A mais plausível solução

---

4. Os temas escolhidos, ligados ao *Projeto,* englobam estudos tais como:

ANDRADE, Maria Regina de O. "Enfoque do problema Escravista no Parlamento brasileiro entre 1826 e 1888: uma tentativa de estudo sistêmico." (Mestrado.)

ARRADI, Suely. "Interesses sócio-econômico dos comerciantes brasileiros e seus reflexos no Parlamento: 1890-1900." (Mestrado.)

GHANI, Dayse de Freitas Ackel. "O imigrante japonês e o desenvolvimento da agricultura na região de Mogi das Cruzes: 1920-1940." (Mestrado.)

FERRARI, Nivaldo Messias. "A importância dos núcleos de colonização paulista nos debates parlamentares". (Mestrado.)

GOZZO, Maria Terezinha N. M. "Um jornal provincial como canal das reivindicações econômicas brasileiras: *O Estado de São Paulo,* 1875-1889." (Mestrado.)

LIMA, Sandra Lúcia Lopes. "Os interesses dos fazendeiros paulistas no parlamento: 1870-1899." (Mestrado.)

ASSALIN, Sueli Aparecida. "Programas e projetos assistenciais nos debates parlamentares: 1930-1937." (Mestrado.)

ALEGRE, Cezira Maria Alves. "Paula Sousa, um ituano no Parlamento do Império." (Mestrado.)

SILVA, Maria Olanda. "A posição da mulher na Constituinte de 1934 e suas realizações até 1937." (Mestrado.)

Alunos de outros orientadores, ligados ao *Projeto*:

ARAUJO, Marta Elizabete. "Investimento americano no Brasil 1930-1941." (Mestrado.)

JUODINIS, Rosa Maria L. N. "O município brasileiro nos debates parlamentares: 1834-1844 e 1889-1900." (Mestrado.)

Alunos de graduação ligados ao *Projeto* para pesquisas:

KÜHL, Júlio Cesar. "As sociedades secretas nos debates parlamentares."

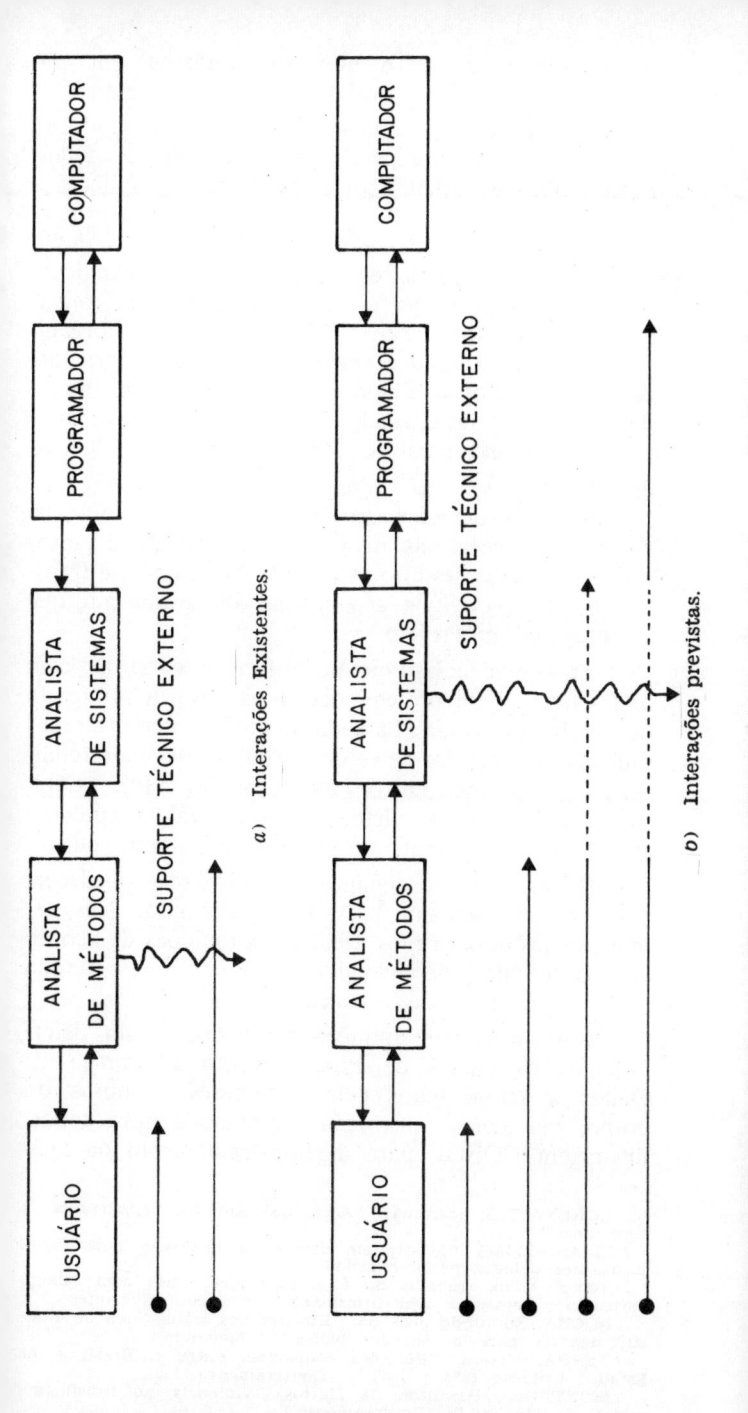

FIG. 9 — Interações *do Sistema Leviathan*.

encontrada foi dividir o grupo de estudantes em subgrupos compostos em média por cinco elementos.

Vencida a etapa inicial, ou seja, a de introdução a conhecimentos básicos de processamento de dados, nova tarefa se impunha: a de definição de funções e mesmo criação delas. Assim é que, em cada subgrupo, nomeamos um *coordenador geral* e um *coordenador associado*. Aos primeiros foram definidas atribuições tais como: a de eleger e organizar textos para treinamento e/ou alimentação do banco de dados; organização dos plantões dos elementos do grupo para discussão de textos que apresentassem eventuais dificuldades para coleta; e, finalmente, servir de ligação entre a coordenadoria geral do Projeto e os elementos do grupo.

Ao coordenador-associado cabe assessorar o coordenador-geral nas atividades mencionadas e substituí-lo quando necessário. Compete-lhe também a transmissão de *know-how* aos colegas de graduação que se integram no Projeto.

Tudo evidenciava que novas funções surgiriam com o desenvolver do projeto, ocupá-las deveria ser tarefa de escolha individual, baseada na aptidão demonstrada: única forma, cremos de se obter ótimos níveis de rendimento. E as novas funções foram criadas. Hoje, contamos com cargos de coletor, monitor geral, monitor de seminários e assistente de organização, dentre outros.

É evidente que algumas das atividades obedecem a um horário semanal previamente definido. Nas demais, os próprios grupos decidem as reuniões de acordo com o trabalho desenvolvido, bem como respeitando a disponibilidade dos elementos.

Com base nas aptidões reveladas, foram determinados os cursos de Processamento Eletrônico de Dados a serem feitos pelos diferentes membros do grupo, tais como: instrução programada para todos; linguagem COBOL para alguns; treinamento da aná-

---

LORENZETTI, Silvana. "Arte na América portuguesa e espanhola."
ELIAS, Rafael. "A arte em debate: a imprensa e seus reflexos nos debates parlamentares."
Temos ainda trabalhando fora do *Projeto*, mas com estágio realizado e acesso às suas informações, os seguintes alunos:
ROCHA, Edmundo José da. "História dos transportes no Brasil: debates para o uso dos balões." (Mestrado.)
TERRA, Nelson. "Relações comerciais entre o Brasil e os Estados Unidos: 1935 a 1945." (Doutoramento.)
MONTEIRO, Hamilton de Mattos. "Violência no Brasil imperial — 1850-1889." (Doutoramento.)
NEVES, Joana. "Aquidauana: um exemplo de urbanização no Pantanal." (Mestrado.)

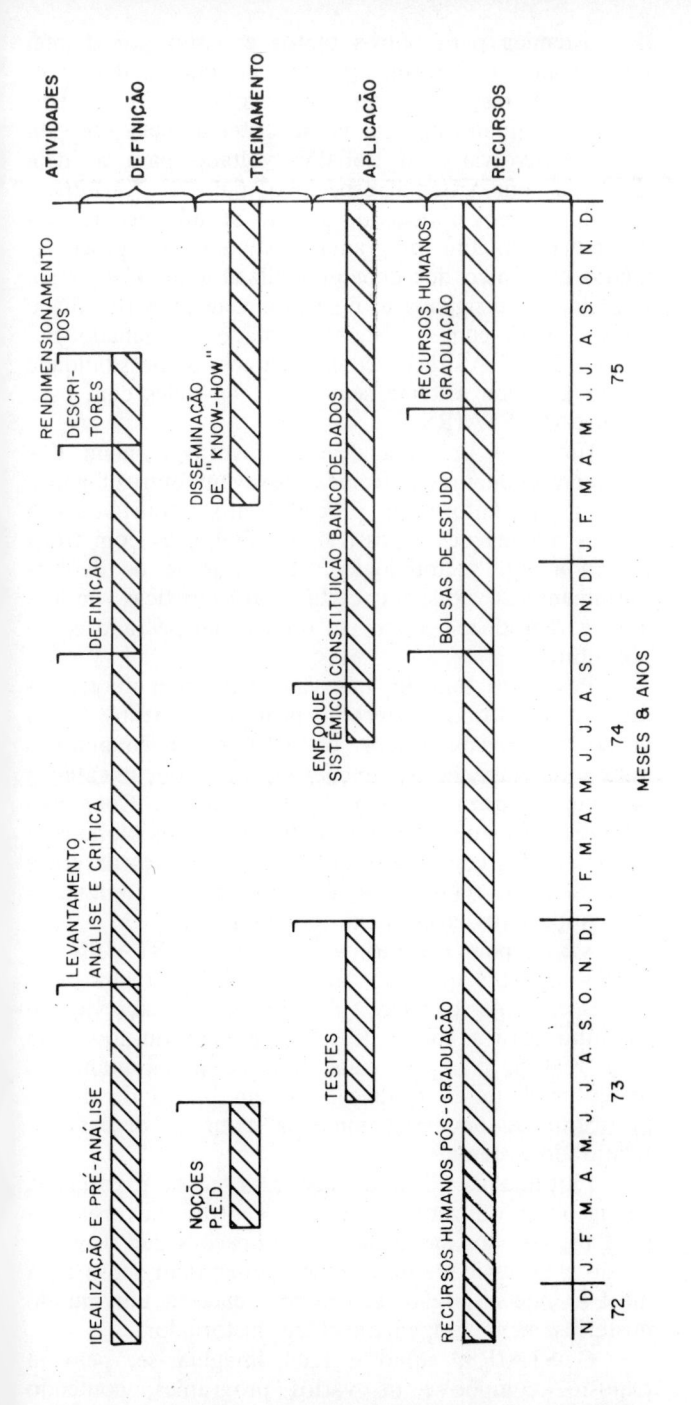

FIG. 10 — Gráfico de atividades do *Projeto Leviathan*.

lise sistêmica para outros tantos e assim por diante. Para maior esclarecimento das atividades desenvolvidas é interessante observar a evolução do procedimento e treinamento, em nosso sistema, pela Fig. 10.

Desenvolvia-se o trabalho voltado para a idéia de criar um sistema específico para o *Leviathan,* quando tivemos notícias de que no Senado Federal era implementado um programa destinado ao processamento eletrônico dos debates realizados no Congresso. Para lá nos dirigimos e, de nossa viagem a Brasília e após contato com o sistema adotado no Senado Federal (PRODASEN), contemplamos a possibilidade de vir a adotar sistema semelhante ao deles com base no uso do STAIRS.

Em prol de uma decisão favorável, além dos argumentos de ordem técnica, pesavam outros ligados à idéia de uniformizar procedimentos, com vistas a futuras adequações e possíveis colaborações com troca de *know-how* metodológico. Isto porque os debates parlamentares possuem certas características básicas que se reproduzem tanto em direção ao passado como ao futuro.

Pensamos também nas vantagens que um treinamento desse tipo ofereceria profissionalmente a um grupo de jovens alunos de História, adequando-os para o desempenho de funções ligadas à documentação daquela natureza. Sabemo-la existente no Congresso e temos em mente que, em muitos países, as bibliotecas especializadas contam sempre com portadores de graus universitários, referindo-se especificamente ao assunto dos respectivos acervos documentais.

Vê-se, pelo exposto, a utilidade do STAIRS em outros aspectos que vão além das suas características intrinsecamente técnicas. A sua adoção abreviou o caminho para a coleta de dados e permitiu-nos visão mais realista dos problemas futuros, possibilitando o início imediato da formação de um banco de dados, praticamente em concomitância com o desenvolvimento do sistema.

Partindo da idéia de que essa nossa experiência venha a ser utilizada por outros centros universitários do País, faremos agora breves explicações que demonstrarão a necessidade de usar-se apenas bom senso para mostrar que o jargão técnico não encerra um mundo misteriosamente impenetrável ao historiador.

O STAIRS, como é fácil imaginar-se, pelo já exposto, compõe-se de vários programas, contendo uma série de procedimentos aos quais é possível chegar-se por intermédio de outro "instrumento de trabalho", que leva o nome de CICS (Customer Information and Control System).

O Instituto de Energia Atômica, órgão ligado à USP, numa demonstração de sua abertura às atividades interdisciplinares, ofereceu-nos algumas horas semanais de seu ocupadíssimo computador (IBM/370, utilizado através de terminais remotos — um terminal-vídeo e um terminal-impressora). Tal fato em si já é digno de registro histórico por constituir uma ponderável quebra de rotina, de vez que no geral o contato entre Institutos dedicados às Ciências Exatas e áreas das Humanas haviam sido até então superficiais.

Na pequena sala onde trabalhamos, no Departamento de História da USP, existem *módens* e unidades de controle[5] que levam os números 3271/002 e 3872/001. No vídeo são projetados nossos documentos, nossas perguntas e as respostas. Quando achamos a resposta conveniente e a selecionamos para guardar, *teclamos* em nosso terminal-vídeo a ordem de *imprimir;* o terminal-impressora, que fica ao lado, dispara palavras e frases a uma velocidade surpreendente. Estes aparelhos são apresentados nas Figs. 11 e 12.

O mais importante a notar são as idéias contidas por detrás das palavras e a forma com a qual o texto se apresenta ao consulente. O STAIRS, já o dissemos, trata fundamentalmente com a palavra e desempenha certas funções preestabelecidas, partindo desta sua habilidade de juntar vocábulos, separar radicais e, de maneira geral, através de uma lógica simbólica que permite a recuperação individual dos documentos disponíveis no computador contendo aquela palavra.

Para a desencumbência da função atrás descrita, que, na realidade, constitui o objetivo principal do STAIRS, basta teclarmos a palavra *Browse,* comando mediante o qual todo o documento será exibido.

Dentre os vários recursos do STAIRS, destacamos aqueles mais úteis para o historiador, conforme vem sendo por nós observado. Um deles é contar o número de ocorrências de determinada palavra e o número de documentos onde esta palavra surge, podendo-se recorrer a isto teclando a ordem *Search.*

---

5. *Móden* é um aparelho destinado a converter sinais eletrônicos emitidos em diferentes tipos de correntes elétricas para transmiti-los ou recuperá-los.

Unidade de controle é um engenho eletrônico que tem por finalidade supervisionar a comunicação entre outras máquinas e o computador.

FIG. 11 — Impressora e vídeo.

FIG. 12 — Um computador IBM/370.

O outro recurso importante para o historiador, quando este pretende ter uma visão mais nítida de onde ocorre com maior freqüência o seu assunto, é a opção de limitar os documentos desejados através de valores particulares, como é o caso de uma data ou do nome de uma pessoa. Este desempenho é comandado pela ordem *Select*. Por exemplo, podemos pedir o seguinte: *Select* acontecimentos quando o ano estiver entre 1826 e 1828. *Select* pronunciamento do deputado Nicolau de Campos Vergueiro durante o período em apreço. O vídeo exibirá uma lista de assuntos, o mesmo acontecendo aos pronunciamentos solicitados. As correlações serão feitas pelo consulente.

Pode-se ainda limitar o número de documentos, onde se busca um assunto pela associação de palavras, o que acontece quando teclamos o comando *Search*, como no exemplo que se segue: se teclarmos *economia*, aparecerá no vídeo o seguinte:

ECONOMIA: 1.000 documentos

Se teclarmos novamente: *economia e café*, a resposta será, desta vez, alguma coisa como:

ECONOMIA E CAFÉ: 284 documentos.

Neste momento o consulente poderá comandar *Browse* e verificar os aludidos documentos, fazer sua opção de prosseguir ou não, mandando imprimir, se for o caso. É fácil deduzir-se que, através dos vários "pedidos", o consulente estará cada vez mais especificando o assunto desejado.

Como vemos o STAIRS é um dos mais eficientes instrumento de trabalho. Nossa decisão de usá-lo provou ser opção acertada porquanto, como já aludimos, com a possibilidade de rapidamente formar um banco de dados experimental, com ele nos acostumamos a identificar melhor os recursos e as limitações do sistema que pretendíamos instalar.

Apesar destas virtudes, a principal limitação do STAIRS está no fato de constituir a palavra a sua unidade de trabalho. Daí a tradução de idéias em palavras impor-se como nossa meta principal, na qual pudemos contar, ainda uma vez, com os recursos de orientação oferecida pelo próprio STAIRS.

Na realidade, o que este *package* pode fazer para contornar tais limitações é admitir a criação de sinônimos explicativos das palavras que encerram idéias semelhantes. Aqui temos um exemplo que serve apenas para ilustrar a nossa afirmação. Podemos "dizer" ao computador, através dos recursos do STAIRS, o seguinte: trate a palavra *orla* também como *litoral*. Assim, toda vez que surgir no texto a palavra *orla*, ela será "acumulada" (ou contada) juntamente com *litoral*.

Por meio da manipulação dos radicais das palavras, poder-se-á também contornar algumas das aludidas limitações. Por exemplo: se ao invés da palavra *agricultura* teclarmos *Agric&*, por certo obteremos todos os documentos onde surjam termos como: *agrícola, agricultor, agricolar, agricultural,* além da palavra inicial, *agricultura*. O mesmo dar-se-ia com *Indust&*, para citar outro exemplo.

Outro recurso dos STAIRS é a associação de palavras usando os símbolos da álgebra booliana[6], tais como: *e, ou, não;* há outros símbolos também usados, porém, estes são os mais comuns. Assim, teríamos a mesma consulta, acima efetuada, da seguinte forma: *Indust&* e *Agric&*. A resposta traria de volta todos os documentos contendo expressões como: *agricultor industrial, agricultura industrializada* e assim por diante.

O uso de uma destas técnicas, ou de todas elas reunidas, embora auxilie grandemente o "cerco" da idéia que as palavras encerram, ainda não é inteiramente completa. Esta complementação far-se-á, em nosso sistema, através de codificações sugeridas a partir dos informes dos próprios arquivos do STAIRS, por procedimentos criados especialmente para a coleta e para o preenchimento dos dados coletados em nosso *formulário*. Além disso, programas especiais foram e serão criados tomando como base os dados passíveis de padronização dentre os existentes nos arquivos. Esses programas servirão inicialmente para as dissertações e estudos dos componentes do *Leviathan*.

Elaboramos dois *formulários de preenchimento,* visando a coleta. O primeiro para o banco experimental, ao qual já nos referimos, e o segundo para o banco de dados destinado a compor a etapa inicial e fundamental do *Sistema Leviathan*.

Os parágrafos do nosso atual *Formulário de Preenchimento* (Fig. 13) agem como verdadeira rede

---

6. George Boole (1815-1864) famoso matemático inglês, dedicou-se à Lógica, ciência para qual contribuiu especialmente desenvolvendo a Lógica Simbólica. Demonstrou como símbolos de operações poderiam ser separados dos quantitativos e tratados, deste modo, como objetos de cálculo. Um dos seus mais famosos trabalhos, e que nos diz respeito em particular, denominado "A Mathematical Analisys of Logicas" (1847) foi publicado no início como panfletos. A álgebra booliana, decorrente de princípios aí expostos, é básica na concepção dos computadores e de sistemas de comunicação tais como a telefonia.

de subsistemas, cuja função principal é desempenhada completando, melhorando e utilizando os fantásticos recursos do STAIRS, a fim de captar as idéias existentes por detrás das palavras, chegando mais perto da realidade histórica.

Conforme se vê na Fig. 13, há neste formulário indicações que revelam o número de documentos coletados e identificam a pessoa que os recolhe (seta 1). Além disso, existe local destinado a especificar o tipo de operação que está sendo feita, revelando se o coletor está incluindo, excluindo ou alterando um documento (seta 2).

Há também espaço reservado à contagem de linhas preenchidas pelo coletor, informação que poderá permitir avaliar a extensão do documento (seta 3).

Informações tais como: quem foi o "responsável pelo texto original", a data de pronunciamento e o "meio de expressão" usado, aparecem neste formulário em posições previamente fixadas (setas 4, 5 e 6 respectivamente).

Normalmente aí estará o nome de um deputado, senador, ministro de Estado ou de outras personalidades do gênero. Poderá, no entanto, ser aí registrado o autor de um artigo publicado pela imprensa, o autor de um livro ou de um discurso em praça pública, conforme o destino que pretendamos dar ao formulário.

A maior parte deste está destinada a tipos de parágrafos que permitem a captação do texto para fins de "devolvê-los" ao consulente. Esse procedimento é chamado *recuperação* na linguagem de processamento de dados. Entendemos por parágrafo, em nosso formulário, qualquer parte do texto que aborde um assunto considerado suficientemente definido para o coletor. O computador avalia sua extensão através da mudança dos números convencionados para indicá-lo.

Convencionou-se que nestes parágrafos, incluiríamos os cinco primeiros *descritores de setorização* acompanhados pelos *descritores de especificação* (seta 7) que, por sua vez, estão incumbidos de detalhar ou qualificar as ações já aludidas[7].

Os *descritores de setorização,* seguidos de seus respectivos *descritores de especificação,* são lançados em ordem decrescente de sua pertinência ao motivo pelo qual o pronunciamento é feito.

---

7. Estes descritores foram chamados anteriormente de secundários.

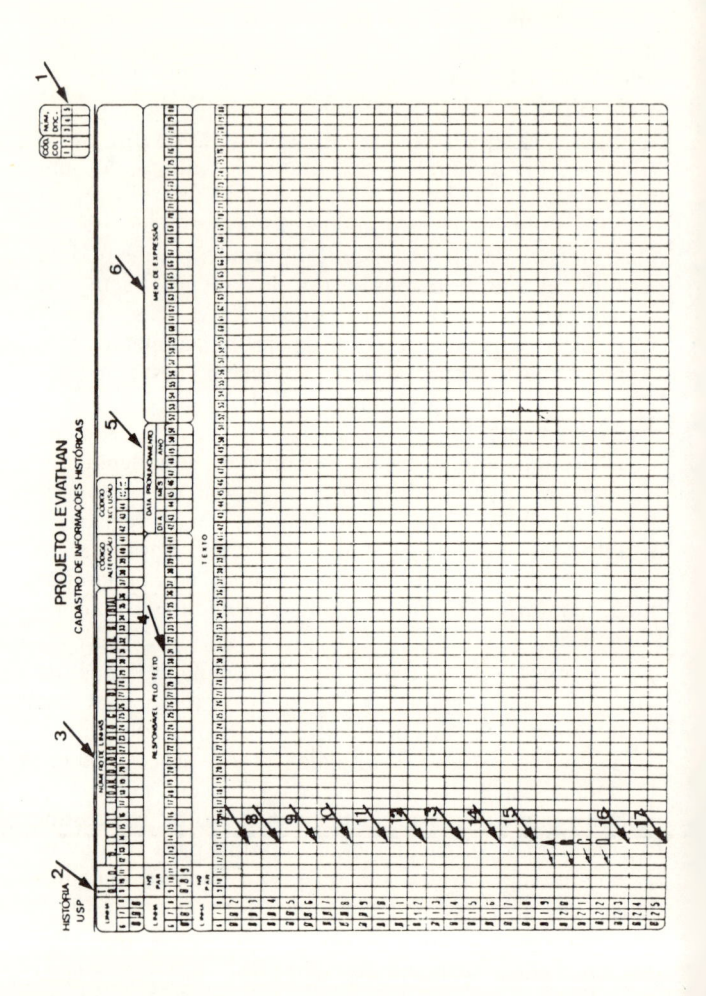

FIG. 13 — Versão atual do formulário de preenchimento do *Projeto Leviathan*.

O parágrafo seguinte destina-se ao *texto original* (seta 8). Este é formado por trechos retirados diretamente dos documentos, apenas com a ortografia atualizada. Objetivamos aqui oferecer material para análise histórica, quiçá recompondo conceituações e até mesmo descobrindo expressões da época, levantando depoimentos concisos. Tentamos, neste parágrafo, precisar melhor os pronunciamentos, oferecendo, ao mesmo tempo, meios de confronto a outros estudiosos do assunto.

O *texto interpretado* (seta 9) deve conter toda a idéia central do texto, traduzindo prolixidades nele existente. Este texto e o anterior devem compor conjuntos complementares.

Seguem-no os *dados para análise* (seta 10). Estes são os argumentos selecionados pelo coletor, dentre aqueles que o orador apresentou para sustentar seu pronunciamento. Aqui, por vezes, aparecem surpreendentes revelações que, por certo, serão utilíssimas para o desenvolvimento dos trabalhos acadêmicos.

No parágrafo seguinte estão os *dados adicionais* (seta 11), que constituem argumentos não contidos no anterior e que, em geral, "adicionam" razões não básicas para a idéia central, ou o motivo do pronunciamento.

A *opinião de outros* (seta 12), registrada logo após, permite-nos captar o comportamento alheio, constando, sempre que mencionado, o nome do opinante. Quando "aplauso", "apoiado", "risadas prolongadas" ou "apupo", mesmo que advindos de um participante ignorado, e se tiver importância para compor o quadro do pronunciamento, são anotados com expressões, tais como: *autor ignorado, voz do público, aplauso geral* ou *apupos generalizados*.

A *opinião do coletor* (seta 13) também deve constar do formulário, pois ela, ainda quando subjetiva, não deixa de constituir valoração importante, traduzindo um ponto de vista que poderá ser objeto de estudo e de discordância por parte do consulente.

Em seguida, o item denominado *ligação a outros documentos* (seta 14) permite fazer a ligação entre documentos. Tal circunstância ocorre, por exemplo, quando são dadas respostas a outros deputados, referentes aos assuntos já anteriormente debatidos.

Há em nosso sistema um muito especial *parágrafo invisível* (seta 15). Este parágrafo, é bem de ver, não será projetado no terminal-vídeo. O que nele é registrado objetiva precisar melhor ocorrências em outros parágrafos, padronizando-as. Por exemplo, ele indicará que *França* é país e não nome, o mesmo ocorrendo com *Holanda* ou qualquer um outro homônimo. Prolonga-se e subdivide-se em outras modalidades de procedimento. Registram-se aí (seta *A*) exemplos de reações de pronunciamento percebidas no texto, mas que não foram explicitadas alhures. Exemplo: reação *positiva* ao federalismo dos Estados Unidos e *negativa* ao Governo da França.

Outra subdivisão do parágrafo invisível refere-se ao registro de países, estados e cidades (seta *B*) mencionados no texto, explicitando sua condição conforme o caso.

Posteriormente, podem ser anotados ainda no parágrafo invisível acidentes geográficos (seta *C*). Exemplo: *rio Amazonas,* acidente geográfico recolhido neste subparágrafo para ser diferenciado do sobrenome *Amazonas.*

Logo a seguir, há um lugar para os nomes próprios (seta *D*). Quando estes são passíveis de confusão com acidentes geográficos com cidades, Estados e países. No entanto, se aqui registrados, tal erro será sanado. Assim, *Clodomiro Amazonas,* nome próprio, não será confundido pelo computador com outros sentidos da palavra *Amazonas.*

Temos ainda, dentro deste parágrafo invisível, um espaço reservado a necessidades futuras. Uma possível forma de aproveitamento deste subparágrafo será o futuro registro da opinião do consulente do banco de dados, cujo nome, endereço e *status* científico poderão ser anotados.

O penúltimo parágrafo é dedicado ao registro de *outros autores* (seta 16) num mesmo pronunciamento. Neste caso, o coletor assinalará o nome do primeiro autor no espaço dedicado ao responsável pelo texto, seguido à direita, por um &. Isto significa que será incluído no parágrafo reservado a outros autores os outros nomes, com o que o computador gerará documentos idênticos referentes a cada uma das pessoas aí mencionadas.

Por último serão assinalados dados referentes à *bibliografia* (seta 17), sendo incluída nesta o nome da obra, local de publicação, *editora,* data e página.

Para ilustrar claramente a seqüência dos acontecimentos na transferência dos dados brutos dos Anais os formulários de preenchimentos para os cartões perfurados da IBM a serem lidos pelo computador, apresentamos a Fig. 14.

FIG. 14 — Transferência dos dados da fonte para os formulários e para os cartões da IBM.

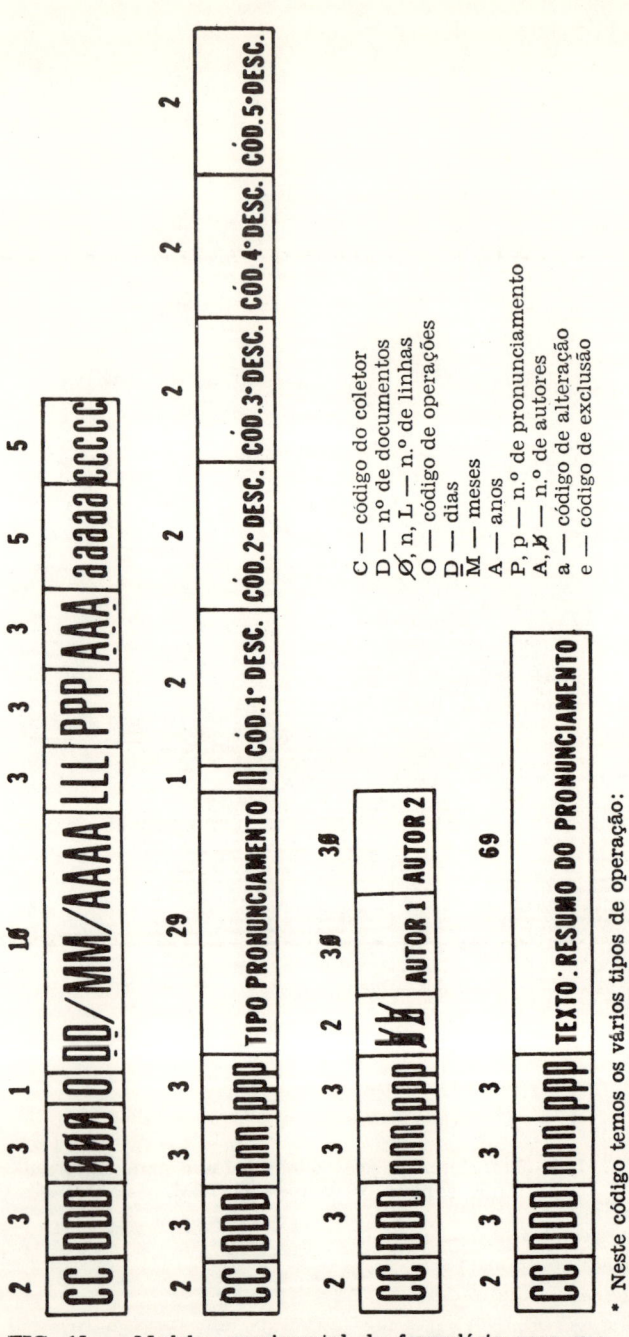

2	3	3	1	1Ø	3	3	3	5	5
CC	DDD	ØØØ	O	DD/MM/AAAA	LLL	PPP	AAA	aaaa	ccccc

2	3	3	1	2	2	2	2	2
CC	DDD	nnn	ppp	TIPO PRONUNCIAMENTO	n	CÓD.1º DESC.	CÓD.2º DESC.	CÓD.3º DESC.	CÓD.4º DESC.	CÓD.5º DESC.

2	3	3	2	3Ø	3Ø
CC	DDD	nnn	ppp	AUTOR 1	AUTOR 2

2	3	3	6Ø
CC	DDD	nnn ppp	TEXTO: RESUMO DO PRONUNCIAMENTO

C — código do coletor
D — nº de documentos
Ø, n, L — n.º de linhas
O — código de operações
D — dias
M — meses
A — anos
P, p — n.º de pronunciamento
A, μ — n.º de autores
a — código de alteração
e — código de exclusão

* Neste código temos os vários tipos de operação: inclusão, exclusão e substituição.

FIG. 15 — Modelo experimental de formulário para uso do grupo de controle.

A prática e a vivência trazidas pela montagem conjunta das diferentes versões dos nossos veículos de trabalho, tais como o formulário há pouco descrito em seus detalhes, os manuais, as folhas de instrução e outros, levaram-nos à decisão de estabelecer um processo de filtragem, que seria executado por um grupo encarregado do controle dos erros porventura cometidos no preenchimento do formulário.

Assim, originou-se o *Cadastro de Informações Condensadas,* uma providência ainda em fase embrionária. A Fig. 15 dá uma idéia do que se pretende obter.

Percebe-se claramente tratar-se, na Fig. 15, de averiguar a correção dos documentos em fase posterior à perfuração, constituindo um passo para o que é conhecido em processamento de dados como *consistência,* palavra que por si só esclarece os objetivos visados. No caso em pauta, o cadastro de informações condensadas exerce uma pós-consistência capaz de poupar dificuldades futuras.

O controle, ao qual nos referimos, é feito basicamente ao nível de descritores, sua atividade é exercida por um grupo de pós-graduandos, que demonstrou habilidades específicas para tal desempenho[8].

Pelo exposto desde o início da descrição das características do nosso sistema, percebe-se que recorremos a uma seqüência normal de acordo com a Fig. 1 do capítulo primeiro, com a alteração essencial de que, a partir dos arquivos gerados pelo STAIRS, executamos constante atualização para aplicar o programa de consultas e respostas disponíveis em forma de *display* em nosso terminal-vídeo. Serão produzidos assim relatórios que constituem versão impressa das perguntas e respostas processadas, as quais o historiador pode analisar como instrumento auxiliar em sua pesquisa, usando seqüência que aparece elaborada na Fig. 16.

Ficam assim esclarecidas em detalhes todas as etapas do nosso sistema, para o qual tem imensa importância o nosso formulário de preenchimento, verdadeira "rede" lançada em torno das particularidades históricas aparentes nos textos dos *Anais do Parlamento.*

O capítulo seguinte fornecerá maiores subsídios para explicar a importância exercida pelos descritores, os quais constituem o ponto fundamental de nosso *Sistema,* sendo dele a verdadeira chave.

8. O grupo compõem-se dos seguintes elementos: Maria Alice RIBEIRO, Maria Cecília AYMAR, Maria Lúcia de Moraes COELHO, Maria Terezinha Negrão de MELLO e Dayse FUGIWARA.

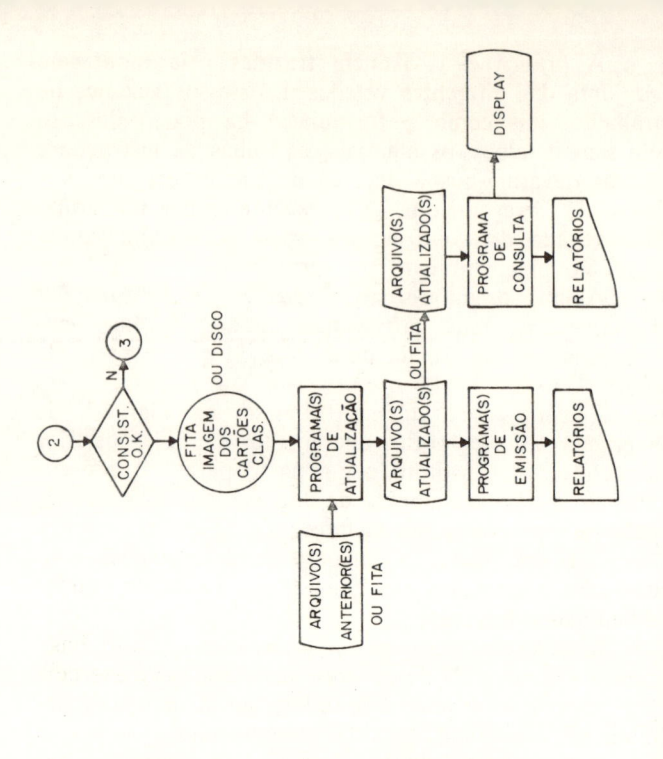

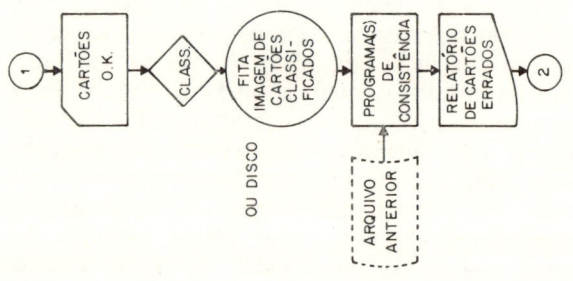

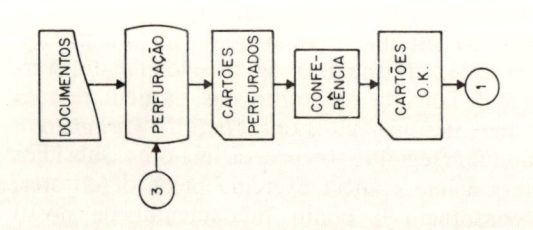

FIG. 16 — Fluxo de sistemas para processamento de dados do *Projeto Leviathan*.

4. A CHAVE DO SISTEMA: OS DESCRITORES

Ao discorrermos sobre os diversos parágrafos do formulário de preenchimento, no capítulo precedente, fizemos menção especial aos *descritores,* que, naturalmente, lembrou um problema básico do sistema. Como também foi possível verificar-se, através do cronograma de atividades[1], nenhum outro item do nosso sistema consumiu tanto tempo e tantos labores.

Além da função que a própria etimologia da palavra sugere, ou seja, permitir a descrição do texto documental, o descritor, conforme entendido em nosso sistema, já constitui um encaminhamento de pesquisa, pois exerce o papel de guia de assuntos contidos nos

1. V. Fig. 11, Cap. 3.

arquivos do banco de dados, assuntos estes que serão trazidos ao terminal-vídeo ou ao terminal-impressora quando solicitados.

Reservamos um capítulo especial para o assunto *descritores* por entendermos que ele constitui a chave do sistema. Acreditamos que a descrição das fases exigidas para a consecução dos referidos descritores, em que pese ser sumária, justificará para o leitor o nome deste quarto capítulo, e sua própria razão de ser.

Os diferentes setores das atividades humanas se inter-relacionam de tal maneira que apreender de um fato histórico um único identificador de assunto, ou mesmo mais de um, separados de maneira estanque, é condição impossível para o mais incisivo dos historiadores. Já pelo próprio caráter, praticamente circular, do fato histórico[2] e mesmo pelas referidas atividades humanas constituírem um sistema no qual o homem se insere, cada uma destas atividades é então um subsistema, e assim foram por nós entendidos os mencionados descritores.

A partir daí, situado o apoio básico do nosso trabalho, em resumo, entendida a própria posição dos descritores como peça fundamental em nosso sistema, partíamos para um exaustivo trabalho de busca sobre como usar tão precioso instrumento, para que deles pudéssemos extrair o máximo de rendimento.

Naquelas etapas iniciais, os identificadores de assuntos receberam sucessivas designações: *categoria, palavra-chave, palavra-fundamental* e *assunto-chave*.

Revelou-se momento decisivo aquele em que foi constatado que uma palavra-chave[3] dificilmente responderia ao que o historiador procura como indicador para orientar-se rapidamente em sua pesquisa. Fixou-se o termo *descritor* como opção eleita, após cuidadosa busca no sentido de localizar outros trabalhos, grupos ou sistemas que estivessem sendo implantados com objetivos similares aos nossos.

2. PIAGET, Jean. *Epistemologie des sciences de l'homme*, Paris, Gallimard/Unesco, 1970. Piaget, referindo-se ao *caráter circular* das ciências em geral, preconiza a impossibilidade de se ter uma classificação simplesmente linear no conjunto do sistema das ciências. Em nosso estudo, extrapolamos para a necessidade de um enfoque circular do fato histórico em si pela mesma razão lógica.

3. *Mot-clé* (palavra-chave) foi uma das soluções adotadas para identificação documental no *Sistema Pascal*. Tal sistema, em desenvolvimento na França desde 1973, consiste em captar e dar informações científicas, tendo prontas fitas magnéticas sobre assuntos como Química e Biologia no Centre National de la Recherche Cientifique, Paris, segundo informações de seu diretor prof. Jean D'Olier em palestra proferida no Auditório da Faculdade de Psicologia da Universidade de São Paulo, em 27 de maio de 1975.

A importância dos descritores para o sistema, de tal maneira se instalava que os estudos individuais e em grupo, bem como as consultas a especialistas[4], indicavam embasamentos teóricos e procedimentos, a que ainda assim não resolviam o impasse de criarem os verdadeiros rótulos, sem conhecermos o conteúdo total das discussões parlamentares.

A solução estaria em iniciar um trabalho de coleta, ainda que experimental, tendo como normas provisórias aquelas mesmas adotadas na pesquisa manual e aleatória de inúmeros volumes dos *Anais do Parlamento*. Assim é que elaboramos uma série de *Identificadores Gerais,* supondo-os capazes de sintetizar ângulos expressivos do procedimento parlamentar brasileiro em termos históricos.

É preciso ressaltar que esta série inicial de identificadores já objetivava critérios uniformes para a setorização das diversas atividades humanas. Nossa meta não estava alcançada, mas antevíamos tal possibilidade. Não tínhamos dúvida de que uma coleta inicial traria subsídios importantes, à medida que os próprios textos sugeririam novas dificuldades, talvez não lembradas, bem como da procura de soluções, novas idéias apareceriam. Da série inicial constavam descritores do seguinte teor: *economia, cultura, transporte e obras, justiça* e assim por diante.

Da coleta experimental, os primeiros resultados surgiam. Historiadores, analista, alunos, coletores, chegávamos todos, gradativamente, mais próximos de um denominador comum aos interesses gerais. Havia a possibilidade de definirmos mais de um descritor (era esse agora o seu nome): podíamos contar com um descritor secundário.

As coletas prosseguiam e a eficiência do descritor principal, interligado ao descritor secundário se evidenciava, pois os documentos coletados tinham melhor qualidade. Isto porque o descritor secundário, de certa forma, supria naquele momento a necessidade de mais um descritor.

Sua função era a de mencionar outro assunto, do qual o historiador sentia a importância, mesmo não

---

4. Uma troca de idéias com o prof. Otávio **Genari Neto**, que participara da implantação no Senado Federal do sistema conhecido como PRODASEN, e com o analista consultor, que o assessorou sr. Luís Antônio Barbosa de Oliveira, revelou-se altamente proveitosa. Portanto, a experiência de ambos ajudou-nos a esclarecer o quão essencial era o conceito de *descritores* para o sistema. A entrevista acima referida teve lugar em outubro de 1974, no dia 27 de março de 1975 o mesmo assunto voltou a ser ventilado.

sendo o tema principal do texto e que, por outro lado, de tal maneira estava ligado ao descritor principal não se justificando separá-lo em outro documento.

A fase dos *Descritores principais* e *Descritores secundários* embasava a coleta, cujos resultados eram discutidos nas reuniões mencionadas no capítulo anterior. Neste momento já se havia chegado à percepção de que se fazia necessário acompanhar os *Descritores setorizados* (principais) de outros mais específicos, que lhes completassem o sentido.

As inúmeras amostragens, extraídas com o objetivo de analisar o problema *descritores,* levavam-nos invariavelmente à conclusão de que o Descritor de setorização agia como um verdadeiro "gargalo", ao invés de desempenhar sua função de auxiliar na identificação rápida do conteúdo do pronunciamento. Por outro lado, o Descritor secundário, pelas características, já mostrava suas limitações, afinal o Descritor principal continuava único.

Foi longo o percurso e foram muitas as retomadas de procedimento, até que percebêssemos ser o *Descritor único* o principal "vilão" do sistema, porquanto, entrelaçado ou não com adjetivos selecionados, combinado das formas mais hábeis com outros itens do formulário de preenchimento, ainda assim parecia desafiar-nos.

A contingência de contarmos no grupo com elementos graduados em outras áreas possibilitou-nos uma revisão dos quadros teóricos de referências, nas quais os descritores se embasavam. Grupos de alunos se revezavam em encontros, onde temas específicos eram reestudados com o auxílio de elemento com maiores conhecimentos em cada setor. Não que pretendêssemos elaborações para o especialista, este não é o espírito do *Projeto,* pretendíamos, isto sim, que da divisão de tarefas surgissem sugestões para as pendências ainda existentes, as quais examinaríamos para decisão[5].

Dos encontros informais à organização dos seminários foi um passo natural. Como exemplo podemos mencionar os Seminários de Economia, bem como os de Teoria de Análise Política, ambos ministrados por alunos pós-graduados em História e formados em outras áreas.

Dos seminários, das análises de coletas que prosseguiam, dos encontros com o analista, algo reve-

---

5. *Management Review.* "The Presidents Association", XXX. "What a Chief or Group Executive Cannot Delegate". Nova York, mai.-1975, pp. 1-4.

lar-se-ia como necessidade fundamental a se reproduzir em várias circunstâncias, apontado como fonte de dificuldade. Tratava-se da necessidade do descritor precisar englobar os diferentes domínios contidos num só pronunciamento.

Neste mesmo pronunciamento, carecia ainda distinguir os fatos "em si" dos seus "efeitos pertinentes"[6]. No entanto, todas as peculiaridades aqui apontadas como referentes ao fato estão ligadas à conjuntura concreta de uma situação histórica.

Esta, de forma alguma poderia sequer "esbarrar" no perigo de distorção representado pelo esforço de tentar-se eleger um Descritor setorizado, visando captar efeitos capazes de descrever a referida conjuntura.

Por outro lado, ficou também patente que respeitando as peculiaridades e particularidades dos descritores, se nos prendêssemos exclusivamente às nomenclaturas e às divisões didáticas dos mesmos, segundo conceitos de especialistas, jamais chegaríamos a consensos gerais. Isso porque, ao favorecermos tal idéia, descendo aos mais pormenorizados detalhes das ciências abrangidas pelos descritores, víamo-nos diante de meandros e oposições conceituais de vários especialistas, cujas alongadas querelas pouco acrescentariam ao nosso trabalho.

A esta altura a idéia de poder cercar vários assuntos ao mesmo tempo, através do uso de cinco Descritores de setorização, cujo sentido e "efeito pertinente" seriam devidamente atendidos por meio da especificação a um nível bastante detalhado, tornava-se viável.

Tais decisões foram possíveis devido à escolha do STAIRS, cujas especificações técnicas já tivemos oportunidade de descrever no capítulo precedente, mencionando também as suas características referentes ao uso do vocábulo como unidade de trabalho. A possibilidade de ir buscar um documento através das palavras representa um cabedal inestimável na organização de acervos de informações históricas, além de outros.

Nem tudo estava resolvido; não podíamos nos esquecer de que no caso da análise da atitude parlamentar feita por um estudo conjunto, nossos descritores não poderiam limitar-se a indicar "o que está onde", mas careciam revelar "como está o que" em

6. POULANTZAS, Nicos. *Poder político e classes sociais*, Porto, Portucalense, 1971, pp. 86-101, 1.º vol. (Estas expressões são por nós usadas em contextos diferentes do autor.)

documentos originais. Não bastava, em resumo, um documento com cinco descritores possíveis, era preciso que aquela série inicial fosse reelaborada de forma a permitir, para cada um dos Descritores de setorização, um rol de Descritores de especificação grupados num critério de tal modo lógico, que um mesmo esquema fosse válido para todos. E isto foi possível.

Em síntese, nossa construção lógica[7] não se constituiria obviamente uma novidade; ganhava mérito por ter-se revelado a maneira possível de padronizar procedimentos de coleta; e os descritores, segundo os novos esquemas, passavam a influir nitidamente na própria compreensão dos textos trabalhados.

De tal maneira trabalharíamos os descritores que chegávamos, em função da coerência manifesta no estudo comparativo dos diferentes descritores de setorização, à conclusão de que ao menos em linhas gerais, para a definição dos Descritores de especificação, poderiam ser usados critérios idênticos, qualquer que fosse o setor abordado, graças ao isomorfismo existente em sua constituição lógica.

Se por um lado tais constatações nos indicavam o caminho para elaboração dos descritores em sua forma final, por outro, agora sabíamos em que ponto ela influiria na obtenção de documentos em melhor nível. É que, para o coletor, mais que uma simples listagem a ser consultada, os descritores, assim elaborados, abriam novas perspectivas para análises mais eficientes, já que eles reproduzem em sua construção lógica uma projeção do nosso próprio esquema mental.

Tornava-se possível finalmente conectar a espécie de comportamento humano com o setor ou setores onde esse comportamento é exercido; tínhamos uma seqüência necessária para transformar a palavra-chave em palavra-idéia.

Estas palavras, dispostas anteriormente em nosso formulário de preenchimento, quando constituem Descritores de especificação em geral, qualificam e reduzem as ações mencionadas nos descritores mais amplos, ou seja, os de setorização.

Embora teoricamente ilimitado, o número de Descritores de especificação a serem acumulados em nosso banco de dados prende-se ao objetivo de auxiliar e

---

7. Preferimos o uso da expressão *construção lógica* ao invés de modelo, concordando com Raymond Boudon em seu livro *Para que serve a noção de estrutura*. (Trad. de Luiz Costa Lima), Rio de Janeiro, 1974, p. 33.

estimular a pesquisa histórica. Nosso banco de dados não deve desempenhar o papel de uma gigantesca Biblioteca Eletrônica, onde o terminal-vídeo tome o lugar do livro ou do documento histórico.

Se assim o desejássemos, é claro que usando os recursos do STAIRS, poderíamos até reproduzir o texto histórico pura e simplesmente transportando-o para a memória do computador *in natura,* ou fazer quase isso, produzindo uma compilação com a qual estaríamos informando. Porém, certamente não estaríamos colaborando para a provocação do debate, da curiosidade e da discussão, parte intrínseca da formação intelectual do estudante.

Levando em conta as finalidades do nosso banco de dados, assim como a decisão de colocar nele as informações depuradas por uma análise bastante criteriosa, conseqüentemente há um reflexo destas circunstâncias no número e na natureza dos Descritores de especificação.

Dentre estes, alguns existem que são facilmente projetados pelo historiador, tanto na sua denominação quanto na sua conexão com os outros descritores; portanto, será mais fácil dar-lhes gradação no sentido de "afunilar" a idéia, especificando-a cada vez mais, e tantas vezes quanto necessárias para identificá-la.

Há descritores que não permitem que se projete corretamente no mesmo rumo das operações acima descritas, a menos que toda a massa documental destinada a um inteiro banco de dados fosse lida de antemão, e que, pacientemente, elaborássemos um *Thesaurus*[8] de consecução laboriosíssima e perfeitamente evitável para os fins de nosso sistema.

Tomemos para exemplificar nossa idéia, o descritor *comércio exterior,* facilmente conectável para fins de especificação com *relações exteriores e economia.* Se prosseguíssemos usando vários descritores mais específicos, pertinentes a *economia* ou a *relações exteriores,* supriríamos, porém jamais esgotaríamos, o número de descritores passíveis de identificação com

---

8. Segundo sua função, um *Thesaurus* é um instrumento de controle terminológico, constituído por um vocabulário controlado e dinâmico de termos que abrangem de maneira exaustiva um campo científico do conhecimento. A Unesco produziu um documento em Paris designado UNESCO/SC/MD/20, datado de 6-jul.-1970, com o título: *Guidelines for the Establishment and Development of Monolingual Scientific and thecnical thesauri for information retrieval,* traduzido para o português e reproduzido com a permissão da Unesco pelo prof. Antônio Agenor Briquet de Lemos do Departamento de Biblioteconomia da Universidade de Brasília. Aos interessados, informamos que este trabalho apresenta copiosa bibliografia sobre o assunto.

comportamentos humanos usados através dos tempos, em conotação com ambos os setores passíveis de debates parlamentares.

Diante de tal impasse, resolvemos convencionar que o nosso detalhamento de Descritores de especificação funcionará como um guia e mesmo como um lembrete para o coletor. A função de guia será exercida quando a especificação do comportamento descrito puder ser encaixada no descritor sugerido.

A função lembrete será desempenhada por descritores escritos em caracteres minúsculos, convenção provisória criada por nós, indicando que ali, obviamente, existe campo para inúmeras especificações não explicitadas.

Quanto à criação de um *Thesaurus*, cuja utilidade maior deverá estar ligada à possibilidade de ampliação e dos usuários do sistema, com uma listagem ordenada alfabeticamente de Descritores de setorização e de especificação, poderá o próprio computador, através do STAIRS, dar as linhas-mestras do trabalho a ser feito.

Há outro ângulo da questão *descritores* que ainda vale a pena mencionar: no estágio atual e, naturalmente, com condições muito melhores no futuro, apenas os grupamentos de descritores, tipificados através da análise já produziram inúmeras possibilidades de trabalho, as quais, por sua vez, dinamizaram o crescimento do sistema. Isto basta para abrir facinantes filões de pesquisa. Pretendemos comprová-los por meio de nosso tema de estudo histórico.

Uma vez levados em conta os vários aspectos dos problemas encontrados nos complexos e também delicados princípios que regeram a nossa escolha e estruturação dos descritores, retomaremos a questão do modelo e sua significação para nosso sistema.

O modelo[9], que preferimos chamar de *construção lógica*, nada mais é que designar de três maneiras essenciais os Descritores de especificação, grupando-os respectivamente em bases, recursos, e manifestações.

As bases constituem, em linguagem sistêmica, as entradas. Os recursos seriam igualmente entradas, e as manifestações seriam as características próprias do Descritor de setorização, e, em essência, ele mesmo,

---

9. Esse modelo vinha se esquematizando imperceptivelmente na cabeça de todo o grupo, mas ele foi explicitado pelo sr. Carlo Bavagnoli, matemático, engenheiro, professor universitário e analista de sistemas da IBM do Brasil, que participou do *Projeto Leviathan* na qualidade de analista consultor.

constituindo as desejadas saídas. Para esta solução muito influiu o dimensionamento dos descritores como algo mais que um meio de entrada. Vinculamos nosso trabalho à condição essencial de que a escolha do descritor dependesse fundamentalmente do destino que se pretendia dar a ele como saída. Em outras palavras, deveríamos insistir nos fins e não nos meios.

Para maior ilustração das soluções encontradas relativamente aos descritores, passamos a reproduzir agora alguns exemplos acompanhados de algumas das instruções para coleta.

DESCRITOR DE SETORIZAÇÃO

1. Administração Pública e Governo
2. Comunicações
3. Cultura
4. Direito e Justiça
5. Economia
6. Educação
7. Forças Armadas
8. Meio ambiente
9. Obras
10. Política
11. População
12. Previdência
13. Relações internacionais
14. Religião
15. Saúde
16. Sociedade
17. Trabalho
18. Transporte

Algumas das instruções gerais para coleta:

As subdivisões de cada um dos Descritores de setorização obedecerão a um esquema já mencionado, comum a todos, a saber: bases, recursos, manifestações.

Tais expressões nomearão conjuntos e subconjuntos, também com adequação possível a qualquer

Descritor de setorização, uma vez que os elementos de cada um dos conjuntos mencionados referem-se a mecanismos comuns aos diferentes setores da atividade humana. Temos então:

1. O conjunto *Bases*:

Princípio, princípio
Teoria, teoria
Doutrina, doutrina } (Regra geral)
Bases

2. Em *Recursos* temos:

pessoa
função } Recursos humanos
Recursos humanos

Equipamentos; equipamentos
Patrimônio; patrimônio
Material; material } Recursos materiais (Regra geral)
Recursos materiais

Tecnologia; tecnologia
Know-How; know-how } Recursos técnicos
Recursos técnicos

Agremiação; agremiação
Associação; associação
Órgão; órgão } Entidades fixas
Instituição
Sociedade; sociedade

Entidades
Comissão; comissão
Congresso; congresso
Seminário; seminário } Entidades ocasionais
Exposição; exposição
Feira; feira

Dentro de *manifestações* estão contidas características próprias do Descritor de setorização que refletem tipos e ações de modo geral.

Observação: são consideradas manifestações, vindo sempre à direita do Descritor de especificação, a que se referem, separadas por vírgulas, as palavras do tipo: *Plano, Planejamento, Organização, Funcionamento, Fiscalização, Implantação, Regulamentação, Avaliação, Projeto, Decreto, Lei* (estes três últimos combinam-se com *Justiça/Direito*), *Estatística, Verba, Privilégio,*

Numerário, Controle, Acréscimo, Diminuição, entre outros possíveis. Há também os qualificadores de função, dentro de *Recursos humanos,* cujos exemplos podem ser palavras do tipo: *Admissão, Aposentadoria, Concurso, Conduta, Formação, Licença, Nomeação, Pensão, Hierarquia* e outros.

A existência do especificador *pessoa* possibilita a entrada do descritor/nome próprio sempre que o documento assim o sugerir. Exemplo:

```
100 — Transporte (descritor de setorização).
101 — Santos Dumont, centenário de nasci-
      mento (descritor de especificação).
```

Termos como *Regular, Irregular, Rural, Urbano, Estadual, Provincial, Nacional* etc., devem ser colocados à direita do descritor a que a palavra se refere, sem a separação por meio da vírgula. Exemplo: *População rural.*

Em cada série de Descritores de especificação há maneiras convencionadas provisoriamente de entrar com temas que o texto sugere e, entretanto, não consta da série dos descritores.

O descritor *transporte* será apresentado a seguir, como exemplo.

TRANSPORTE

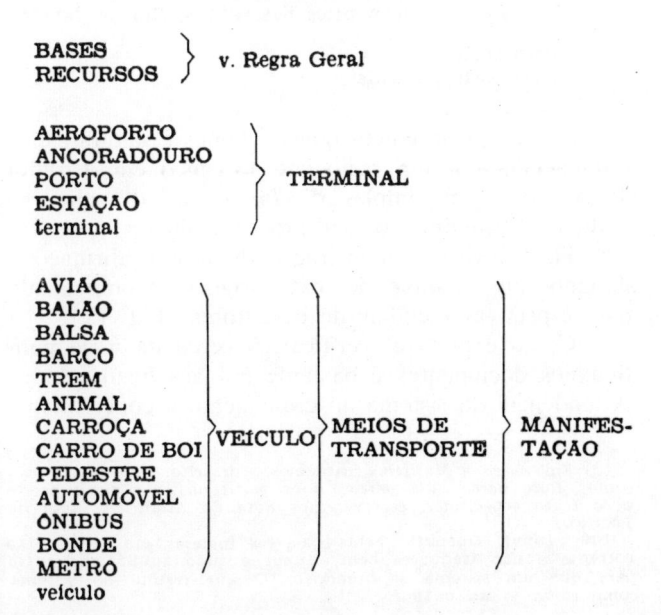

BASES
RECURSOS } v. Regra Geral

AEROPORTO
ANCORADOURO
PORTO   } TERMINAL
ESTAÇÃO
terminal

AVIAO
BALÃO
BALSA
BARCO
TREM
ANIMAL
CARROÇA
CARRO DE BOI } VEÍCULO } MEIOS DE TRANSPORTE } MANIFESTAÇÃO
PEDESTRE
AUTOMÓVEL
ÔNIBUS
BONDE
METRÔ
veículo

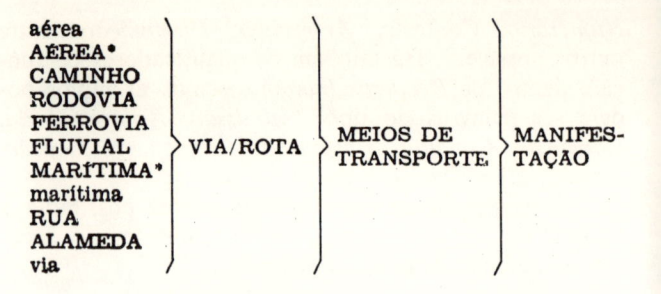

```
aérea      ⎫              ⎫                ⎫
AÉREA*     ⎪              ⎪                ⎪
CAMINHO    ⎪              ⎪                ⎪
RODOVIA    ⎪              ⎪                ⎪
FERROVIA   ⎪              ⎪                ⎪
FLUVIAL    ⎬ VIA/ROTA     ⎬ MEIOS DE       ⎬ MANIFES-
MARÍTIMA*  ⎪              ⎪ TRANSPORTE     ⎪ TAÇÃO
marítima   ⎪              ⎪                ⎪
RUA        ⎪              ⎪                ⎪
ALAMEDA    ⎪              ⎪                ⎪
via        ⎭              ⎭                ⎭
```

Nota: São qualificadores do descritor de especificação.

taxa	roubo	segurança
preço	fiscalização	sinalização
acidentes	garantia	baldeação
depredações	manutenção	entroncamento
paralização	proteção	pedágio
pouso	frete	contraste

```
assistencial ⎫
comercial    ⎪
financeira   ⎪
militar      ⎬ FINALIDADE
passageiro   ⎪
produção     ⎪
finalidade   ⎭
```

Ex. Transporte.   Transporte.
    Automóvel, acidente.   Trem, baldeação.

Transporte.
Estação, destruição pelos passageiros, Rio de Janeiro.

Transporte.
Transporte, garantia.

A técnica de coleta que adotamos é naturalmente influenciada por um raciocínio sistêmico em derredor dessa montagem simples de *Input/Output*[10] que, na realidade, "conduz" o seu procedimento.

Para melhor demonstração de nossas afirmações, daremos um exemplo de texto original, acompanhado das respectivas escolhas de descritores (Fig. 17).

Como é possível verificar, o cerco da idéia contida nos documentos é bastante útil aos historiadores. A tendência do sistema ao crescimento é concomitante

---

* Em *Aérea* e *Marítima* anotamos o descritor de especificação como: *Rota aérea; Via aérea; Rota marítima; Via marítima;* e se o texto especificar, escreveremos *Rota do Atlântico; Rota do Pacífico*.

10. *Input, Output*: Estas palavras inglesas são de uso tão corrente e não traduzem bem. *Input* é tudo aquilo que *entra* para que um sistema se dinamize. O que resulta do sistema como *saída* é um *output*.

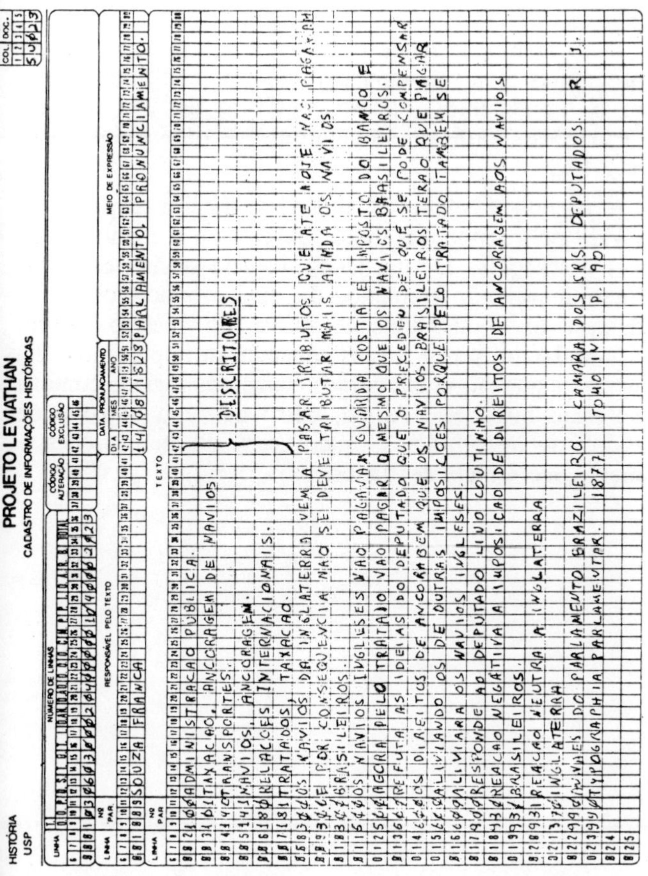

HISTÓRIA USP

PROJETO LEVIATHAN

CADASTRO DE INFORMAÇÕES HISTÓRICAS

COD. COL. NUM. DOC. 5 U Ø 2 3

SOUZA FRANCA — 14/08/1828 — PARLAMENTO, PRONUNCIAMENTO.

TEXTO

ADMINISTRACAO PUBLICA.
TAXACAO, ANCORAGEM DE NAVIOS.
TRANSPORTES.
NAVIOS, ANCORAGEM.
RELACOES INTERNACIONAIS.
TRATADOS, TAXACAO.

DESCRITORES

OS NAVIOS DA INGLATERRA VEM A PASAR TRIBUTOS QUE ATE HOJE NAO PAGAVAM
E POR CONSEQUENCIA NAO SE DEVE TRIBUTAR MAIS AINDA OS NAVIOS
BRASILEIROS.
OS NAVIOS INGLESES NAO PAGAVAM GUARDA COSTA E IMPOSTO DO BANCO E
AGORA PELO TRATADO VAO PAGAR O MESMO QUE OS NAVIOS BRASILEIROS.
REFUTA AS IDEIAS DO DEPUTADO QUE O PRECEDEU DE QUE SE PODE COMPENSAR
OS DIREITOS DE ANCORAGEM QUE OS NAVIOS BRASILEIROS TERAO QUE PAGAR
ALIVIANDO OS DE OUTRAS IMPOSICOES PORQUE PELO TRATADO TAMBEM SE
ALIVIARA OS NAVIOS INGLESES.
RESPONDE AO DEPUTADO LINO COUTINHO.
REACAO NEGATIVA A IMPOSICAO DE DIREITOS DE ANCORAGEM AOS NAVIOS
BRASILEIROS.
REACAO NEUTRA A INGLATERRA
INGLATERRA
ANNAES DO PARLAMENTO BRAZILEIRO. CAMARA DOS SRS. DEPUTADOS. R. J.
TYPOGRAPHIA PARLAMENTAR. 1877. TOMO IV. P. 90.

FIG. 17 — Modelo de folha de preenchimento com ocorrência de descritores em um mesmo documento.

com o desdobramento e ampliação dos descritores. A tipificação dos mesmos será feita em grupos, que poderão aumentar, acompanhando tal desdobramento e ampliação. Por outro lado, novos agrupamentos poderão ser criados por especialistas nos diversos ramos abrangidos.

A manipulação de todas essas informações gerará programas diversos, que, por sua vez, contribuirão para o refinamento e aperfeiçoamento do uso das informações contidas nos arquivos produzidos pelo STAIRS.

Acima e além de tudo isto fica a experiência vivida pelo grupo de alunos na criação e manipulação dos descritores. De um lado, vivência sofrida de horas intermináveis de trabalho, de outro, o acréscimo indelével na criatividade científica do mesmo grupo, desvendando nesses jovens capacitação importantíssima para a captação analítica dos elementos lógicos comuns ao texto histórico. Afinal, outro não é o objetivo de todos os historiadores, quer usem ou não processamento eletrônico de dados.

5. RESULTADOS E POSSIBILIDADES PARA A ANÁLISE HISTÓRICA

Uma vez cumpridos os requisitos até agora examinados e tidos como importantes para o acúmulo de informações no computador, sem riscos de maiores distorções, estão estruturadas as bases para a coleta e alimentação do banco de dados, as quais deverão prosseguir ampliando o seu conteúdo. Inicia-se doravante sutil e intrincada tarefa, porém a mais promissora dentre as atividades a serem desempenhadas pelo historiador.

Referimo-nos à tarefa de interpretação das informações selecionadas para programação, que, além dos aspectos didáticos e informativos gerais, um banco de dados recebe e pode oferecer à consulta dos conjuntos já compilados e trabalhados.

Costuma-se dizer que dentre as vantagens do uso da quantificação e dos computadores destacam-se como principais a observação e testagem de afirmações históricas de caráter geral. Estas aparecem, por vezes, nos trabalhos de muitos historiadores, segundo os partidários do uso de métodos estatísticos, de forma pouco precisa e pouco cuidadosa, mesmo em trabalhos cujos autores foram minuciosíssimos na pesquisa documental e atenciosos na seleção de seus documentos.

Aydelotte[1] sugere que essas generalizações assistemáticas, mesmo quando provindas de pesquisas sistemáticas, decorreram sobretudo da pré-concepção de que o documento disposto em ordem cronológica "fala por si". O problema mais sério, segundo Schlesinger Jr., repousa exatamente na "incrível falta de rigor e na *análise* impressionista de alguns de seus colegas, lembrando a grande necessidade de "crítica e tratamento mais acurados no encadeamento lógico dos argumentos destes historiadores[2]".

Achamos particularmente interessante o registro da opinião deste último historiador que, embora não seja um adepto incondicional do uso de computadores, é um dos críticos contundentes da quantificação. Acusa-a de desprezar "fatores ocasionais" da história, os quais aponta como "importantes precisamente por não serem suscetíveis de quantificação[3]".

Por sua vez, Collingwood lembra como "legado do positivismo" para a historiografia moderna "maestria sem precedentes, para estudar os problemas de pequeno porte, combinada com uma fraqueza sem paralelo para tratar os problemas históricos em larga escala[4]".

Stuart Hughes cita Marc Bloch, endossando-o, quando o fundador dos *Annales* afirma ser contrastante o "cuidado escrupuloso do historiador para estabelecer se um fato *aconteceu* com o amadorismo desse mesmo historiador para explicar o acontecimento[5]".

Falhas desta ordem tacitamente aceitas mostram o porquê do sucesso de trabalhos como o de Lee

---

1. AYDELOTTE, W. *Quantification...*, p. 15.
2. SCHLESINGER Jr., Arthur M. "The Humanist looks at Empirical Social Research." In: *American Sociological Review*, XXXVII, 6 dez. 1962, p. 768.
3. Idem, ibidem, p. 1770.
4. COLLINGWOOD, R. G. *The idea of History*, Oxford, 1946, pp. 131-32.
5. BLOCH, Marc. *The Historian's Craft*, Nova York, 1953, *apud* HUGHES, H. Stuart. "The Historian and the Social Scientist." In: *American Historical Review*, LXVI, outubro, 1960, pp. 24-25.

Benson[6], que revolucionou arraigadas interpretações sobre o contexto e a estruturação da chamada democracia jacksoniana. Benson empregou computadores e usou métodos quantitativos, mas os mesmos resultados ele os teria certamente conseguido, apenas talvez com maior demora, por outros meios. Bastaria que o tipo de análise feita partisse das mesmas bases teóricas propiciadoras da tipificação dos eleitores do "democrata" Andrew Jackson, descobrindo entre eles ricos proprietários. Ao invés da maioria de rudes homens das fronteiras como se imaginava antes.

Poderíamos arrolar inúmeros outros exemplos para evidenciar as realidades das quais trataremos a seguir. Estas se prendem, em essência, à elaboração de análise basicamente feita em função da quantidade de informações disponíveis. Depende, porém, do valor da teoria usada para a sustentação metodológica da pesquisa, assim como do enquadramento lógico, preciso e rigoroso de suas interpretações.

Gunnar Myrdal, em seu livro *O valor em teoria social*[7], apresenta um item denominado "Necessidade lógica de uma teoria e necessidade de ajustá-la aos fatos[8]", o qual constitui a parte central do capítulo em que aponta a teoria como sendo encruzilhada lógica de toda ciência.

A argumentação básica deste autor é a de que "a teoria é necessária não apenas para a organização dos resultados da pesquisa de modo a fazerem sentido, porém mais fundamentalmente para determinação das questões a serem levantadas". Lembra que o conhecimento científico não emerge naturalmente da pesquisa bruta e sim constitui solução para problemas formulados, os quais demandaram um sistema coordenado de modo lógico. Esta afirmação sugere a necessidade de uma teoria suscitada *a priori* em relação às observações empíricas dos fatos.

Myrdal recomenda ainda caução quanto à possibilidade de uma teoria subjacente estimular a direção da pesquisa, o que resultaria na colocação desta à margem da crítica. Tal situação poderia envolver um

6. BENSON, Lee. *The Concept of Jacksonian Democracy New York as a Test Case*, Princeton, 1961.
7. MYRDAL, Gunnar. *O valor em teoria social*, São Paulo Pioneira/Ed. da Universidade de São Paulo, 1965.
8. Idem. *O valor...*, pp. 288-93. Várias idéias expostas nesta obra constituem um consenso generalizado entre inúmeros estudiosos do assunto, estando nela claramente ordenados e em perfeita harmonia com a orientação de nosso trabalho.

distanciamento do respeito que se deve tributar à soberania dos fatos.

Explicitando uma posição plausível, relativa ao valor da teoria na pesquisa, pode-se afirmar que a teoria é, na realidade, uma hipótese de pesquisa reajustável diante dos achados empíricos dos fatos. Conforme sugere Cochran, "um modelo teórico" não precisa necessariamente ser verdadeiro em sua totalidade para ser útil. Porquanto, ao manipular-se achados empíricos, o modelo original pode ser modificado ou até destruído, porém esse processo fatalmente mostrará "características da verdade anteriormente não notadas[9]".

Pelo exposto, somos levados a esperar que o progresso científico não resulta só de um processo de ensaio-e-erro ou da imutabilidade de uma teoria oriunda das conjecturas individuais, pois ambos os comportamentos estarão fatalmente sujeitos à necessidade de uma intuição teórica que não foge *à sugestão* dos achados empíricos. A combinação desses fatores mostra ser essencial e indispensável uma intensiva, quantitativa e laboriosa pesquisa documental para a escolha das "variáveis" que irão compor as teorias interpretativas.

Chegaremos a tal ponto, desde que tenhamos partido de uma sistematização de problemas concretos de comportamento ocorrentes num meio social, englobando várias atividades humanas, devido a estes problemas jamais pertencerem a um só domínio.

A interpretação de quaisquer dos resultados levar-nos-á à formulação de teorias construídas para conter a realidade, na medida em que elas estejam mais adequadas à veracidade dos fatos.

Como foi visto até agora, as várias formulações teóricas atualmente em discussão apontam para a importância fundamental de se contar com vastas quantidades de documentos e informações. Daí passar à elucidar alguns procedimentos fundamentais do historiador que se propõe tirar a melhor vantagem possível de um grande cabedal de documentos ordenadamente organizados.

Uma primeira providência de caráter prático poderá ser tomada pelo historiador que se encontra diante

---

9. COCHRAN, Thomas *C. The Inner Revolution — Essays on the Social Sciences in History*, Nova York, Harper Torchbooks, The Academy Library, 1964.

desta situação, qual seja a de procurar verificar a *distribuição da freqüência* das "variáveis" que ele deseja analisar. Esta deverá lhe dar uma idéia geral, na medida em que aparecem determinados fatos que ele procura, e de como se apresentam os mesmos no acervo em apreço.

Suponhamos, para exemplificar, que nos resultados obtidos através do computador encontrássemos determinada distribuição de "variável" em estudo. Para explicação didática, esclarecemos ser esta variável a *ocupação mais recente* de um grupo de indiciados num inquérito parlamentar, que terminou com a prisão dos mesmos.

Caso o historiador desejasse saber qual a incidência do crime em questão, relacionando-o com a profissão dos prisioneiros, seus resultados apresentar-se-iam, conforme observamos na Tabela 1.

TAB. 1 — Exemplificação de freqüência.

VARIÁVEL EM ESTUDO: OCUPAÇÃO MAIS RECENTE	VALOR*	NÚMERO**
Grande agricultor	10	83
Lavrador assalariado	11	412
Pequeno proprietário agrícola	12	188
Milicianos	13	56
Alfaiates	14	20

(*) Valor — código da ocupação.
(**) Número — total de vezes em que aparece o código.

A tabela apresentada demonstra o quão simplesmente é possível visualizar uma conexão entre a profissão do lavrador assalariado e a maior incidência de envolvimento no crime que está sendo objeto do inquérito.

Uma segunda operação poderá ser feita com os mesmos elementos, acrescentando-se porém outras variáveis à tabulação. Por exemplo, podemos acrescentar dados tais como: idade, sexo, religião, envolvimento em crimes anteriores, local de origem, grau de instrução, tempo de domicílio e outras tantas condições. Estas variáveis, além de fornecer inúmeras constatações importantes, levar-nos-á a um número tão vultuoso de operações que, embora desejáveis, tornar-se-ão cada vez menos praticáveis, tanto manualmente como até mesmo com o auxílio de uma calculadora comum.

São multiformes as operações estatísticas de interesse para o historiador. Dentre elas temos as medidas de tendência central, o cálculo de dispersão e outras variações cujos resultados oferecem excelentes subsídios para o pesquisador. Apesar de todas elas poderem ser manipuladas por meios tradicionais, tornam-se muito mais confiáveis, práticas e rápidas quando desempenhadas por um computador[10].

Quando o historiador aproveita-se de métodos estatísticos, tanto para observar tendências gerais, como para ter possibilidade de descer a detalhes minuciosos, eliminando vícios e desvios prejudiciais ao desdobramento correto de suas informações no subuniversos de pesquisas, sem envolvimento matemático de sua parte. É preferível, porém, para evitar problemas futuros, consultar o estatístico quanto à mecânica dos procedimentos levados a efeito em seus dados, o que demanda, da sua parte, nada mais do que senso comum.

Dentre as análises de resultados sugeridas até agora, uma realmente impõe não só o uso da computação como a assistência direta de um especialista em Estatística. É ela a *correlação*[11], cujas operações matemáticas podem ser de tal modo refinadas que somente assim é possível uma confiabilidade plausível para fins de interpretação (v. Fig. 18). O mais interessante é que rudimentos de correlação executados através da intuição, tão peculiar ao historiador, ocorrem com muita freqüência entre distintos representantes da profissão. Por exemplo, em história diplomática é muito comum "correlacionar" a tensão internacional em ascensão com a iminência do perigo de guerra; podemos correlacionar ainda conservadorismo político com propriedade rural de grande porte e assim por diante.

Inúmeras vezes temos voltado a insistir em argumentos favoráveis à utilidade da história denominada quantitativa. Cremos estar na disposição natural do historiador para correlacionar intuitivamente, muitas

---

10. Um dos estudos pioneiros com uso de estatísticas feita com auxílio do computador no campo da história política foi o de Lee BENSON, "Research Problems in American Political Historiography." In: KOMAROSKY, Nina, *Common Frontiers of the Social Sciences*, Glencoe, 1957.

11. Esta técnica foi usada por Alfred H. CONRAD e John R. MEYER em "The Economics of Slavery and Other Studies." In: *Econometric History*, Chicago, 1964, pp. 66-82.

vezes com acerto, e em especial quando se trata de comparar um número reduzido de variáveis — argumento bastante conclusivo neste sentido. Quando, no entanto, estiver desejoso de encontrar correlações entre numerosas variáveis e sobretudo calcular-lhes o *coeficiente,* não lhe restará outra alternativa senão a de fazer suas interpretações dispondo da medida exata dessas interações. Para tanto, existem recursos matemáticos, estatísticos e de processamento de dados que lhe darão, pelo menos, resultados exatos e copiosamente desdobráveis para as mais diversas interpretações.

Há ainda problemas relativos à *significância* do nível de correlação, que os estatísticos resolvem através de alguns testes simples. Voltamos a insistir na importância de valer-se dos métodos interdisciplinares, solicitando-se auxílio a especialistas de outras áreas, mesmo sabendo de antemão, ainda que superficialmente, que operações solicitar[12].

É de igual modo viável aferir com maior rigor como "flutuam" entre si diversas variáveis em um processo histórico, o que pode ser feito por meio de Estatística[13].

Apesar de todas as facilidades e de todos os auxílios que possam vir a ser prestados ao historiador, ainda assim não é fácil aplicar estas técnicas, até certo ponto rígidas, à tênue e, por vezes, sub-reptícia trama da História.

No dizer de Fernand Braudel é precisamente o fato de ser a História múltipla em suas manifestações (constituindo, por isso mesmo, uma complexa ciência) a razão primeira de não haver uma só História e nem tampouco uma única forma de ser historiador, mas sim "diversos modos", e "diversas Histórias[14]".

Tomemos por empréstimo seus argumentos, e com o mestre primeiro ponderemos quanto ao fato de a História dever ou não deter-se no "particular", ou seja, naquilo que acontece no correr dos tempos uma única vez. Este fato singular ele agora liricamente o descreve como "flores de um só dia, tão depressa murchas e que não seguramos duas vezes entre nossos dedos[15]". Confessando contritamente ter sido parti-

---

12. Para explicações e demonstrações bastante simplificadas dos problemas estatísticos da significância, consulte Charles M. DOLLAR e Richard M. JENSEN, *Historian's Guide to Stastics (Quantitative Analysis and Historical Research)*, Nova York, Holt, Rinehart and Winston, 1970 (especialmente pp. 90-104).
13. Idem.
14. BRAUDEL, Fernand. História e Sociologia. *Revista de História,* 61, São Paulo, 1965, pp. 11-31, vol. 30.
15. Idem, ibidem, p. 15.

dário, no passado, de que este constituiria realmente o domínio da História, Braudel argúi a validade de suas posições, lembrando que "toda a sociedade, viva ou morta, apresenta milhares e milhares dessas 'singularidades', as quais não se repetirão nunca em sua totalidade" (...) "oferecendo-se como um *equilíbrio provisório mas original*[16]...".

Foi em Paul Lacombe[17] que, entusiasmado, buscou argumentos para lembrar o quanto, "além do inédito, do singular, do que acontece uma única vez, *coabita conosco o repetido e o regular*".

As proposições citadas acima servem de base para Braudel encetar argumentos visando descortinar uma dimensão que põe em foco diversas posições do historiador em relação aos modos de fazer História. Sua própria opção, diante das várias alternativas que analisa, torna-se aparente quando trata da história conjuntural e da história estrutural, discutindo o problema do *tempo* do historiador que vê diverso do *tempo* do sociólogo[18]. Argumenta, porém, de tal modo a fazer-nos crer que de forma subjacente bordeja a idéia da existência de sistemas em História, mesmo porque é o próprio Braudel quem anuncia que o historiador do futuro *"sera programmeur ou ne sera pas*[19]*"*.

O que não será difícil é perceber com que vantagens um historiador poderá identificar a presença de sistemas em determinados conjuntos de acontecimentos históricos. Não se quer afirmar com isto que haja uma liberdade ilimitada na identificação destes[20], quer eles sejam políticos, sociais, econômicos, ou quer sejam eles conjunto de comportamentos de várias naturezas, concorrendo através do tempo, breve ou longo, para o delineamento de um sistema.

A identificação de que o mesmo se encontra presente torna-se mais viável, consoante Easton[21], quando, através da análise, pudermos verificar "se a mudança em uma das variáveis faz com que imediatamente ocorra mudança em outra variável", situação na qual, segundo ele, "os laços do sistema aparecem com cla-

---

16. Idem, ibidem, p. 15.
17. LACOMBE, Paul. *De l'Histoire considérée come science*, Paris, 1894, *apud* Fernand BRAUDEL, História e Sociologia, p. 11.
18. Aguça-se no início do século XX, com Paul Lacombe, a polêmica a respeito de uma história linear, eventual (*evénémentielle*), sendo a mesma referida por Braudel em seu artigo aqui discutido.
19. BRAUDEL, Fernand. História e Sociologia, pp. 23-31.
20. CAMPBELL, D. T. "Common Fate, Similarity and Other Indices of the Status of Agregates of Persons as Social Entities" *Beahavioral Science*, 3, 1959, pp. 14-25.
21. EASTON, David. *Uma teoria da análise política...*, p. 55.

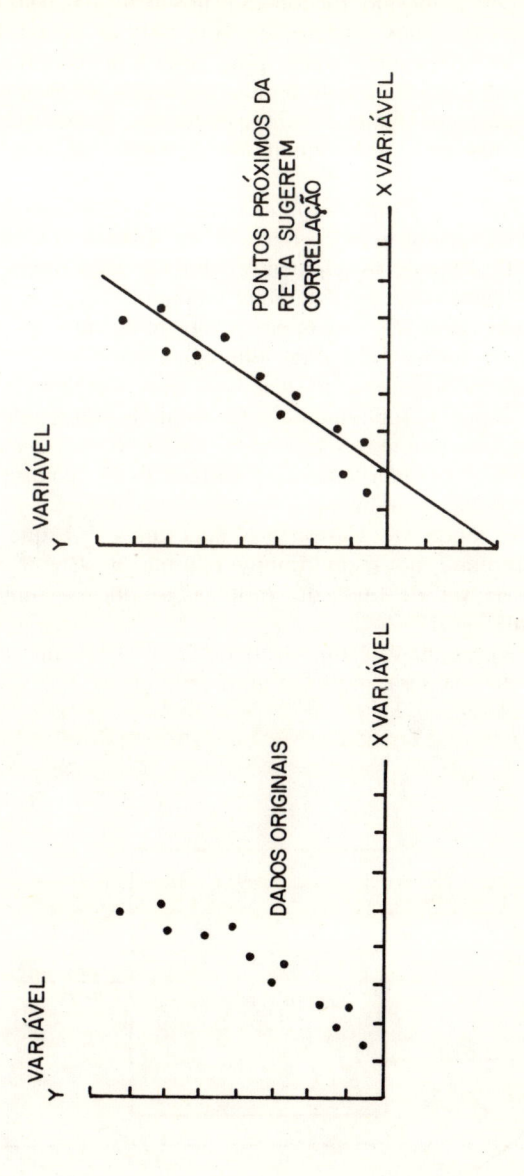

FIG. 18 — Correlações.

reza". E o mesmo Easton que nos leva a pensar que, ao selecionarmos aspectos da vida política de um país, os quais apresentem algum grau de interdependência — desfrutando ao mesmo tempo de um destino comum —, estaremos diante de um sistema útil à compreensão da forma pela qual funcionam sistemas políticos em geral[22].

Há um caráter analítico que lhes é inerente e decorre de uma seleção inicial feita, com o objetivo de identificarem-se os elementos que o compõem; processo onde são consideradas inúmeras alternativas e no qual correções são impostas de modo natural. Portanto, a forma pela qual interagem as partes de um sistema político com a sociedade que o contém, constitui aspecto fundamental de uma História globalizante, em que o biológico, o social, o econômico e o político se interpenetram, reproduzindo tecitura que dificilmente será linear.

É ainda de Easton[23] a sugestão: "O que está acontecendo no meio ambiente afeta o sistema político, através de tipos de 'influências' que *circulam* no sistema."

Apresentando um gráfico (Fig. 19) que esclarece de maneira muito simplificada as relações dinâ-

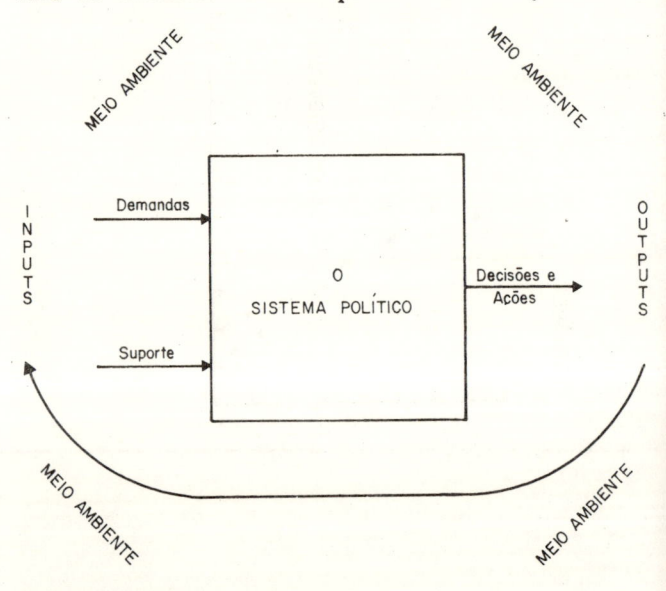

FIG. 19 — Modelo Simplificado de um sistema político segundo David Easton.

22. Idem, ibidem, p. 57.
23. Idem, ibidem, p. 153.

micas entre os processos de um sistema político, mostra-o em sua forma elementar como um meio de converter *inputs* em *outputs* que voltarão a alimentá-lo[24].

O diagrama da página anterior é bastante explícito, mas cremos ser necessário lembrar que seu autor considera *inputs* para um sistema político variáveis tais como: a flutuação do ciclo de negócios; a distribuição do poder; os objetivos da controvérsia política; a maneira pela qual a cultura inerente ao meio ambiente ajuda a moldar coerções; as discussões políticas e a competição quando permitidas; as personalidades que preencherão os papéis políticos e suas motivações.

Todos estes *inputs* poderão ser concebidos em sentido mais amplo, passando a abarcar, em sua interpretação, acontecimentos externos em relação ao meio ambiente, mas que nele atuam, embora oriundos de sistemas internacionais.

De modo geral, as séries de eventos classificados como *inputs* tanto podem ser atinentes ao presente como ao passado. Assim como se pode ampliar o escopo dos *inputs* de um sistema, são os mesmos suscetíveis de virem a ser agrupados na categoria dos fatos que normalmente constituem *suportes* de um sistema político[25]. Outros serão agrupados como acontecimentos que fazem parte das *demandas* exigidas pelo meio ambiente.

Por sua vez, a combinação dos fatos pertinentes aos dois agrupamentos (suportes e demandas) poderá resultar decisões e ações dos líderes em um determinado sistema. Ações estas que seriam *outputs* do mesmo. Estes voltariam a agir sobre o sistema, constituindo o que se chama *feedback*[26].

Tanto as séries agrupadas como *suportes* ou como *demandas,* ao serem afetadas por determinados tipos de "influências" que, conforme já foi visto, "circulam" no sistema, podem ser conectadas segundo teorias específicas tais como a teoria da decisão[27].

24. Idem, ibidem, p. 154.
25. Idem, ibidem, pp. 47-62 e 161-165.
26. A forma inglesa é aqui conservada do mesmo modo que o faz o tradutor do trabalho de David Easton, Gilberto Velho, porquanto essa expressão, do ponto de vista etimológico, exprime perfeitamente o que significa *feed* (alimentar) = *back* (de volta).
27. A teoria da decisão, como abordagem da política internacional não constitui novidade, tendo sido usada sem maiores precisões e sem conceituação específica. Até mesmo o historiador Tucídides em sua obra *A Guerra do Peloponeso,* analisando os fatores que levaram os líderes de várias cidades-estados a decidir os motivos de guerra e paz, aliança e império, reproduzia magistralmente o modo como tais fatos impactaram os referidos líderes. Para

Todos os itens apresentados até agora exibem uma característica comum: a *necessidade de suprir informações* destinadas a justificar seja a flutuação de um ciclo de negócios; seja a distribuição do poder; sejam os objetivos da controvérsia política; sejam ainda as teorias aplicáveis a um ou a vários sistemas de exercício do poder com todas as implicações e interações até aqui discutidas.

Eis quando a História, em cuja base repousa a documentação e a análise, transforma-se em campo aberto para onde convergem ciências que lhe são mais e menos afins.

Na era dos estudos interdisciplinares, a História por certo não precisará colocar-se em permanente defensiva, seja em relação à Sociologia ou à Ciência Política, ou mesmo às técnicas e metodologias tão freqüentemente usadas por outras ciências. E por "defensiva" entendemos também qualquer posicionamento exageradamente intransigente, a ponto de torná-la incapaz de trocar vantajosas experiências com outras áreas.

Afinal, são os sociólogos, cientistas, políticos e ainda os antropólogos os primeiros a se aperceberem da inutilidade de teorizar no vazio[28]. A maneira de preencher tal vazio é documentar um dos mais diuturnos aspectos do *métier* do historiador.

Pesquisadores de outras áreas voltam-se, portanto, quer para o método de documentação usado pelo historiador, quer, também, já agora, para sua forma de tratamento de documentos, informações e teoria.

O universo de realidades do historiador se transformou e se apresentou com várias roupagens através do tempo. Um tratamento sistêmico das informações históricas, produzindo bancos de dados que encerrem de maneira regular a captação destas, pode e deve ser passível de aproveitamento, quer pelo historiador in-

---

tanto, examinou *escolhas* feitas pelos vários chefes e líderes, dando da famosa guerra um quadro que hoje identificamos como verdadeiramente *sistêmico*. Nele incluía o meio ambiente e até fatores psicológicos, tais como a força do medo, a força da honra e o *jogo* de interesses em suas diversas combinações como motivação para os indivíduos. Entre os estudiosos atuais veja Paul WASSERMAN e Fred S. SILANDER, *Decision Making: An Annotated Bibliography*, Nova York, Cornell University Press, 1958. A bibliografia mais recente é copiosa e várias são as ramificações e experiências afins que englobam inúmeros projetos tais como o do Dr. Antonhy J. Wiener, presidente do Conselho de Administração do Hudson Institute. Pretende fazer um estudo de análise das escolhas do público, tanto em termos econômicos como políticos e sociais; tais análises, incluem, sem dúvida, projeções futuras e estudos de *simulação comportamental*.

28. Cf. MYRDAL, op. cit.

teressado em levantamentos básicos para sua análise, quer pelos cientistas de outras áreas empenhados em ordenar tais informações segundo critérios inerentes às suas especialidades[29].

Uma interligação entre bancos assim formados constituiria, por certo, um verdadeiro paraíso para os interessados em experiências interdisciplinares, destinadas a economizar muito esforço e tempo.

No entanto, a começar pelo próprio historiador, embora ele venha se servindo de há muito de critérios não totalmente estranhos ao tratamento sistêmico das informações[30], ele é basicamente um individualista. Seus esforços conjuntos, embora mais aparentes nos últimos decênios, têm-se feito tenuamente. Diríamos até que as muitas coletâneas que vêm aparecendo ultimamente, mais no exterior e menos no Brasil, mal disfarçam a pouca observância de regras básicas e diretrizes gerais em torno de um tema central.

É em derredor de um tema, *o comportamento parlamentar brasileiro,* que estão sendo centradas não apenas as atividades metodológicas do *Leviathan,* como também estudos da evolução de nosso sistema político em suas várias facetas. Realizando a análise de unidades lógicas que, integradas, refletirão uma visão sistêmica do nosso passado histórico.

Em que pesem as dificuldades e os esforços necessários, haverá compensação no momento em que pudermos contribuir para o aprofundamento de um assunto tão intrincado quanto fascinante.

---

29. JENKS, Carl. "The Problem of Reality Coverage...", artigo inédito, p. 15. Lembra o autor a carência de uma teoria para o ajustamento das informações históricas às realidades procuradas pelos cientistas políticos.

30. GOODMAN, Ronald, HART, Jeffrey & ROSECRANCE, Richard. "Testing International Theory: Methods and Data in a Situational Analysis of International Politics", Paper 2, Situational Analysis Project, Cornnel University, 5 de janeiro, 1972, pp. 35-38. *Apud* Carl JENKS, op. cit.

6. PARA A COMPREENSÃO DO CONTEÚDO DOS *ANAIS DO PARLAMENTO* EM TERMOS SISTÊMICOS

Na parte inicial deste trabalho discorremos sobre os *Anais do Parlamento,* acentuando sua utilidade como repositório de informações básicas, digamos que de um ponto de vista mais nitidamente documental. No capítulo anterior, fizemos considerações sobre a captação das informações a partir de um enfoque sistêmico. Resta-nos apenas demonstrar a importância de um tal procedimento.

Pretendemos fazê-lo primeiro através de conceitos gerais e conjunturais e, mais adiante, por meio de um caso selecionado para aferição de variáveis que reputamos significativas para a compreensão do sistema político brasileiro, do qual consideramos os *Anais do Parlamento* um suporte documental básico. Em que pesem suas deficiências como documento, eles refletem uma visão global dos trabalhos parlamentares, desde as primeiras reuniões da denominada *Assembléia Geral do Brasil,* localizada no antigo casarão do Conde dos Arcos (Pça. da Aclamação, Rio de Janeiro), enquanto que o Senado encontrava-se à Rua da Misericórdia, também no Rio de Janeiro (v. Fig. 20).

Temos feito alusões ao fato de que os estudos comparativos entre copiosas quantidades de variáveis são deveras facilitados pelo emprego do computador, pelo uso de métodos estatísticos; pelo recurso ao trabalho interdisciplinar e pela abordagem sistêmica; procedimentos estes que possuem todos um denominador comum que é o trabalho em equipe.

Programas desse tipo estão sendo realizados em vários centros culturais. A Universidade de Michigan, uma das primeiras a tomar esta iniciativa, possui, em Ann Arbor, um "Consórcio Interuniversitário para Pesquisa Política" iniciado em 1963. Sua finalidade é recolher informações sobre o comportamento eleitoral nas eleições para presidente, governador e senador, além de processar os resultados das votações individuais nas duas casas do Congresso norte-americano, em um período que abrange desde o "Congresso Continental" (1775) até a presente data. Reúne ainda informes sobre os censos americanos desde 1890.

Será talvez por conhecer a complexidade desse aspecto "artesanal" do trabalho de análise parlamentar que o prof. Aydelotte propõe, em um de seus livros[1], a formação de um banco de dados para a História britânica contemporânea, dando enfoque especial às informações do intrincado processo eleitoral daquele País. Sugere ademais que seja este esforço coordenado com os trabalhos do "Consórcio Americano", lembrando que, apesar de um ser programa governamental e de tratar-se o outro de uma iniciativa universitária e

---

1. AYDELOTTE, W. *Quantification...* Outros trabalhos do autor usando computadores retrabalhando os dados do Parlamento britânico são:
"Patterns of National Development: Introduction." In: MADEN, William A. & WOLF, Michael, (org.). *1859: Entering An Age of Crisis,* Bloomington, (Ind.), pp. 115-30.
"The Business interests of the Gentry in the Parliament of 1841-1847." In: CLARK, G. Kitson, *The Making of Victorian England,* Londres, 1962, pp. 290-305.
"The Country Gentleman and the Repeal of the Corn Laws." In: *English Historical Review,* LXXXI, CCXXII, janeiro, 1967, pp. 47-60.
"The Conservative and Radical Interpretations of Farly Victorian Social Legislation." In: *Victorian Studies,* XI, 2, dezembro, 1967, pp. 225-36.

FIG 20 — Recintos da Câmara e do Senado brasileiros.

particular, contava com a possibilidade futura de estabelecer trocas de informações entre os dois projetos.

A história parlamentar vem sendo uma preocupação do Governo inglês desde 1951, inclinando-se à idéia de dar ênfase à publicação de biografias de todos os membros do Parlamento, acompanhada de outros informes tais como campanhas, trechos importantes de discursos e demais detalhes.

Vê-se, portanto, que a tendência mundial é juntar informações e guardá-las para o uso de outros, evitando o desperdício de esforços e a retomada infindável dos mesmos caminhos na pesquisa, quando, na realidade, verdadeiras ilhas de desconhecimento e de falta de informação sobre o passado histórico continuam a desafiar os estudiosos. É também aparente que nos levantamentos de grandes massas documentais, referentes ao Legislativo, a formação de equipes de trabalho vem se impondo, pelo menos nos dois projetos de maior porte agora em curso.

No caso do *Leviathan*, temos como principal e imediata prioridade para o crescimento do sistema, a montagem de um banco de biografias de parlamentares, no momento em fase de estudos, mas contando já com inúmeros informes retirados dos próprios *Anais do Parlamento* e de outras fontes[2].

Alunos ligados ao *Projeto Leviathan* começaram a fazer experiências sob nossa orientação no campo da coleta de dados jornalísticos, e lhes foi possível captar com certa eficiência alguns anos de notícias da imprensa, usando os princípios básicos e os formulários de preenchimento destinados ao trabalho com os *Anais do Parlamento*. Isso significa uma viabilidade de conexão entre o atual banco de dados e outro contendo dados jornalísticos, que se viesse formar[3].

2. Igualmente coletamos com sucesso, desta feita com alunos de Pós-graduação de outros colegas cursando conosco estudos complementares, dados informativos retirados de um conhecido livro de viajante do século XIX, Daniel Parrish KIDDER. Foram aproveitados os mesmos descritores de setorização e adaptando, dentro das possibilidades do nosso sistema, os descritores de especificação para coletar impressões de viagem, descrições do meio ambiente, do povo, da sociedade, enfim do uso e dos costumes brasileiros, segundo a visão dos viajantes. O trabalho em apreço é de D. P. KIDDER & J. C. FLETCHER. *O Brasil e os brasileiros*, (esboço histórico e descritivo), (trad. de Elias Dolianiti, notas e revisão Edgard Susseking de Mendonça), São Paulo, Ed. Nacional, 1941, Coleção Brasiliana, n.º 205, vols. 1 e 2.
3. Foi publicado o resultado desse trabalho. Cf. WRIGHT, A. F. P. de Almeida. "Projeto Leviathan em desenvolvimento: análise sistêmica na coleta de informações de jornais." In: *Ciência e Cultura*, vol. 28, ago.-1976.

A propósito da vantagem de ensaiarem-se obras conjuntas em derredor de um tema, tratando-o com os mesmos métodos, artigo saído na *Revista do Instituto Histórico e Geográfico Brasileiro,* assinado por A. J. Lacombe[4], atenta para a importância do trabalho da *Aclamação à Maioridade* de Alfredo Valladão, precisamente em função do entrosamento dos vários ângulos científicos ali abordados, em um plano bem articulado, destacando-se nele a sistematização dos vários estudos em torno do tema *Império-Regência*[5]. Nota Lacombe constituir tal procedimento o cerne do êxito do trabalho de Valladão, planejado organicamente pelo que suas 115 teses "não resultaram cerzido das respostas diversas", acrescentando; "... é o primeiro certame que tem assim um plano sistemático" traçando "as grandes linhas da época a ser estudada[6]".

Lacombe nota como Valladão insiste na necessidade de se conhecer o pensamento de Evaristo da Veiga, "cuja obra jornalística demonstra haver percorrido toda e cuja falta de divulgação lamenta[7]".

Sabem todos que examinarem o pensamento político brasileiro que, de fato, a imprensa e o Parlamento formam um conjunto natural para estudo ao que nós acrescentaremos: em termos sistêmicos.

Na imprensa a nossa Assembléia Geral foi batizada *Parlamento,* à moda britânica por Hipólito José da Costa, o jornalista editor do *Correio Brasiliense* que divulgou o vocábulo *Parlamento,* ao publicar, em Londres, noticiário mencionando a convocação do Parlamento brasileiro[8]. O vocábulo *Senado* teria surgido durante a Regência e divulgado nas páginas do *Jornal do Comércio,* que publicou súmulas dos trabalhos da Assembléia, inclusive porque estes constituíam importante matéria jornalística da época. Tanto assim que aparece em periódicos da Corte e das províncias, tornando-se difícil compulsar qualquer um deles sem deparar com referências a falas parlamentares.

---

4. LACOMBE, Américo Jacobina. "Alfredo Valladão e a obra da aclamação à maioridade". In: *Revista do Instituto Histórico e Geográfico Brasileiro,* vol. 302, Imprensa Nacional, jan.-mar.- 1974, pp. 200-17.

5. A Regência é o período igualmente por nós escolhido para exame de um caso pertinente ao estudo sistêmico da ação parlamentar do Brasil.

6. LACOMBE, Américo Jacobina. "Alfredo Valladão e a...", p. 202.

7. Idem, p. 203.

8. RODRIGUES, José Honório, *O Parlamento e a evolução nacional: introdução histórica — 1826-1840,* Senado Federal Paulista, 1972.

Da *Astréa* à *Aurora Fluminense*, do *Correio Mercantil* ao *Farol Paulistano* ou à *Matutina Meia-Pontense*, publicada na distante Goiás, para não falar na *Reforma*, verdadeira tribuna mineira de Otôni, testemunhamos um só fenômeno: a fúria jornalística e panfletária que assolou o país em explosão, somente igualada pela multitude dos bandos, ligas e sociedades defensoras surgidas após o 7 de abril. Tornam-se tais agrupamentos, por vezes, facções, mais tarde, à força de encararem diversamente problemas tais como a "responsabilidade do Poder central", tema preferido ao tempo da abdicação, nos debates políticos dentro e fora da Assembléia.

Na realidade, sociedades, grupos e facções tornaram-se veículos de expressão dos brasileiros, cujas discrepâncias de caráter regional e geográfico eram sentidas e mal contidas pela imposição do Governo central.

Cumpre assinalar que toda esta atividade desenvolvia-se principalmente em torno do trabalho parlamentar, grande tema do momento, porquanto a ele assomavam, afinal, alguns brasileiros voltados para novos horizontes políticos.

O poder legislativo era exercido em duas casas: a Câmara dos Deputados e a Câmara dos Senadores. Reuniam-se ambas, em certas ocasiões, para deliberações conjuntas, a exemplo do ocorrido nas sessões de 5 a 9 de outubro de 1835[9], convocadas para apuração dos resultados eleitorais para Regente Único pelo voto, segundo o Ato Adicional. Repetiu-se a reunião conjunta a 12 do mesmo mês, por não ter comparecido às primeiras sessões o eleito, padre Diogo Antônio Feijó, que se encontrava doente.

A nossa Assembléia Geral, após a breve, porém dinâmica, embora embrionária, experiência da Constituinte de 1823[10], reuniu-se em 29 de abril de 1826, às 9 horas da manhã, conforme preceituava a Constituição Imperial de 26 de março de 1824, logo acoimada por alguns dos oradores como "decreto" de 1824.

De fato, as sessões eram abertas anualmente e também encerradas por uma Fala do Trono que teve

---

9. *Anais do Parlamento*, (Câmara dos Srs. Deputados), Rio de Janeiro, Tip. Viúva Pinto e Filho, 1887, pp. 355 e ss., t. II.

10. Incisivo estudo da Assembléia do ponto de vista político em Américo Jacobina LACOMBE, "A Constituinte de 1823". In: *Revista do Instituto Histórico e Geográfico Brasileiro*, vol. 248, p. 143.

lugar, pela primeira vez, em 3 de maio de 1823 durante a Constituinte, e, pela última, em 17 de junho de 1889. A Fala Imperial tinha resposta no chamado "Voto de Graças", tarefa desempenhada no Senado e na Câmara com o auxílio de uma comissão especialmente nomeada. Resultavam desta incumbência um projeto de resposta ao monarca, levado por uma nova comissão à sua apreciação. Um orador designado transmitia às respectivas Câmaras comentários e palavras imperiais[11].

No decorrer dos procedimentos concernentes à Fala do Trono e ao Voto de Graça, definiam-se e delineavam-se as reações e os atritos futuros entre Oposição e Situação. A origem dessas "Falas" foi objeto de cuidadoso exame. Isso ocorreu sobretudo durante a Regência, quando foram inquiridos pontos fundamentais cuja análise elucida sobremaneira a compreensão dos fatores em jogo na teia dos acontecimentos que iriam nortear o sistema político brasileiro[12].

Além da Fala do Trono, os trabalhos iniciais da Assembléia deveriam, em princípio, ser levados a termo em sessões preparatórias, as quais, por vezes, prolongavam-se por vários dias, preenchendo nada mais que uma simples sessão de outra feita. Normalmente o corpo dos trabalhos parlamentares deveria ser desenvolvido nas chamadas sessões ordinárias.

Para dar um exemplo de sua freqüência e distribuição, citemos o ano de 1831, em que nos meses de abril e maio registram-se nada menos do que 15 sessões preparatórias, 1 sessão Imperial de Abertura ou Fala do Trono e 21 sessões ordinárias. Nestes meses ocorreu um total de 834 pronunciamentos durante as sessões ordinárias, incluindo-se o pronunciamento do presidente, do secretário e o relatório dos ministros presentes ao plenário, prática por sinal bastante comum naquela época. A ordem dos pronunciamentos é irregular, podendo variar, como aconteceu em sessão ordinária do dia 11 de maio em que houve 11 falas, enquanto no dia 31 do mesmo mês fizeram-se 51 pronunciamentos, comprimidos no espaço de uma sessão.

Esses pequenos exemplos nada mais significam que o reflexo da situação geral do ritmo dos trabalhos

---

11. RODRIGUES, José Honório. *O Parlamento...*
12. Intervenção de Francisco Carneiro de CAMPOS. *Anais do Parlamento*, Rio de Janeiro, Tip. do Diário, 1832, t. I, p. 9, (sessão de 9-mai.-1832).

parlamentares, onde a urgência dos assuntos, a premência dos ímpetos e os posicionamentos tomados no calor da hora determinavam modificações e alterações na ordem com que se apresentavam requerimentos, petições, falas, apartes e outras manifestações. As sessões eram, além do mais, abertas ou *secretas,* e não resta dúvida que a sua preparação ou seu desfecho nem sempre restringiu-se ao recinto da Assembléia.

O aprimoramento da prática parlamentar também flui dessas discussões e debates, e do exame detido de seu conteúdo insinua-se a construção do pensamento político brasileiro, erguendo-se dele a gênese da identidade nacional. No entanto, são comuns as afirmações de que a Regência foi um período não muito destacado em matéria de estadistas.

Apesar de se originar deste período os nossos partidos políticos e durante esta época delinear-se o parlamentarismo no Brasil, não são raras as insinuações de que este foi particularmente tisnado pela forma canhestra com que se conduziram seus homens, que teriam melhorado em desempenho parlamentar com o passar do tempo. Igualmente vão se arrolando exemplos das virtudes da prática parlamentar britânica com maior freqüência, à medida que vão perdendo terreno os homens do Ato Adicional.

O Gabinete de 19 de setembro de 1837 foi substituído pelo chamado "Ministério das Capacidades" dentro do duplo conceito de que os homens do "Ato Adicional" eram estadistas menos maduros e capazes. Devemos acrescentar que eram, ao mesmo tempo, mais voltados para o exemplo norte-americano.

Da primeira afirmação temos prova na correspondência do diplomata americano William Hunter do dia 5 de julho de 1839. Nesta missiva o diplomata diz que Andrada Machado, da tribuna da Câmara, acusou a "administração anterior", referindo-se aos "homens de Feijó" de haver selecionado "men of obscure birth and unfashionable connections" e que no Parlamento nada mais faziam do que "declaim about the necessity of maintaining what is to us an *untranslatable thought,* the *prestigio do Monarcha* and the Splendour[13] (...)".

---

13. William HUNTER a FORSYTH, 6-jun.-1839. *Diplomatic Despatches from United States Ministers Brazil, 1809-1906,* séries 52, National Archives Washington (nossos grifos). (Doravante citado DDNA.)

A segunda assertiva é corroborada pelo mesmo diplomata em trechos de relatório que transcrevemos em trabalho anterior[14]. Comenta Hunter nesses trechos a inclinação do Parlamento brasileiro para a imitação do cansado sistema da Inglaterra, em uma análise retrospectiva que fez dos acontecimentos da Regência. É bem verdade que o diplomata classifica esta imitação de arremedo mal feito, mas não resta dúvida que a idéia de influência do parlamentarismo inglês sobre o brasileiro transmigra do passado para o presente, numa projeção da "realidade" também vista com os olhos de quem a desejava enxergar deste modo.

É concepção generalizada, desde há muito, esta de que a prática parlamentar brasileira mostrou-se particularmente sensível à inspiração britânica[15]. Talvez por isso mesmo seja útil acrescentar que, em trabalho recente sobre o Parlamento britânico em período similar, W. Aydelotte[16], reporta-se aos inúmeros problemas metodológicos a serem superados para estudar o intrincado tecido do sistema eleitoral vitoriano em seus reflexos no procedimento parlamentar.

Chama atenção particular para situações tais como a do *voto múltiplo,* em que um mesmo cidadão tinha direito a votar em várias circunstâncias, dando um voto pessoal, um profissional e as vezes até um ocupacional, condição que perdurou nada menos que até o ano de 1948. Queixa-se de igual modo das dificuldades encontradas para o estudo das eleições em distritos onde houve candidatos únicos, situação que se apresentou mais freqüentemente entre 1832-1847.

Mencionados pelos seus colegas brasileiros do mesmo período, é bem de ver que os debates travados pelos parlamentares britânicos, se procurados como inspiração, por certo teriam pasmado aos que ali buscassem um modelo de ordem e harmonia. Incongruen-

---

14. HUNTER a FORSYTH, 31-jul.-1840, *apud* Antonia Fernanda Pacca de Almeida WRIGHT. "Brasil-Estados Unidos: 1831-1889." In: *História Geral da Civilização Brasileira* (dir. S. B. de HOLANDA e Pedro Moacyr CAMPOS), *O Brasil Monárquico: Declínio e queda do Império,* São Paulo, Dif. Européia do Livro, 1971, pp. 171-203.
15. Logo no preâmbulo de um dos volumes componentes da coletânea de estudos parlamentares dirigida por José Honório RODRIGUES, intitulado *O Parlamento e a evolução nacional,* Petrônio PORTELA nos fornece a notícia de que 452 volumes dos debates britânicos repousam na Biblioteca do Senado. José Honório RODRIGUES. *O Parlamento e a evolução nacional. Reformas Constitucionais e a Maioridade de D. Pedro II, 1832-1840,* t. I, vol. 4.
16. AYDELOTTE, W. O. "The House of Commons in the 1840." In: *History* (new series), XXXIX, 137, out.-1954, pp. 249-62.

tes também eram as discussões inglesas, fato perfeitamente explicável, levando-se em conta existir por trás deles o peso de toda uma estrutura social do Velho Regime.

Esse conjunto de experiências e procedimentos, analisado por poucos como *conjuntura*, concorre para a projeção de uma imagem quiçá um tanto otimista quanto ao tipo de dificuldades a serem enfrentadas em um estudo do Parlamento britânico. Talvez estaria esta não muito distante da idéia de ver na Grã-Bretanha o paradigma da máxima perfeição no sistema parlamentar.

Eis aqui um exemplo do historiador diante do problema da captação da realidade histórica, quando esta se encontra emaranhada na complexa trama formada pelo fato concreto e pelo fato imaginado que produzem efeito de igual impacto.

Neste particular a consulta conjunta à imprensa e ao panfleto, ao memorial e ao dado biográfico e profissional, responderá a muitas interrogações dos estudiosos de História, mormente levando-se em consideração que as páginas do jornal foram, inúmeras vezes, meios de expressão mais desenvoltos daquelas posições nem sempre sustentáveis no calor do debate e diante da teia coercitiva em que se poderia transformar através da tática política o procedimento das sessões.

Este é um aspecto particularmente sugestivo durante a Regência, quando, via de regra, haviam chegado aos escalões superiores brasileiros cujas ocupações predominantes não eram a de fazendeiro latifundiário. Porquanto estes têm expressão e voz a partir da Independência "na ordem não superior a 30%, se contados os agricultores e seus dependentes. **Predominavam** clérigos, magistrados e funcionários com cerca da metade do conjunto de 80 representantes (deputados e suplentes), eleitos para as cortes de Lisboa em 1821 e para a Assembléia Constituinte de 1822[17]".

Não eram apenas brasileiros que assomavam ao Poder, mas elementos nacionais representativos de uma realidade social durante muito tempo ignorada por historiadores, seduzidos talvez por modelos teóricos mais facilmente identificáveis com outras realidades.

17. REIS. Arthur Cesar Ferreira. *Épocas e visões regionais do Brasil*, Manaus, Edições do Governo do Estado do Amazonas, 1966, p. 57.

Se de um lado não podemos falar de uma "classe média" brasileira durante o período que medeia entre a liberdade concedida e a construção da independência, por outro também não podemos ignorar a ação e o impacto de magistrados, padres, militares e profissionais liberais diversos, sem esquecer até mesmo dos estudantes e funcionários públicos, alguns dos quais chegaram ao Poder pela via parlamentar, conquistando-o, não raro, através das colunas da imprensa.

O exemplo de Evaristo da Veiga e de sua *Aurora Fluminense* serve-nos para ilustrar o poder da pena e do jornal em relação à Assembléia e ao Ministério, assim como a capacidade que tiveram alguns órgãos de imprensa em se transformarem em veículos de expressão e, ao mesmo tempo, centros de coordenação de movimentos reformadores. Aglutinou-se, em torno da *Aurora,* a Força da Sociedade Defensora da Liberdade e da Independência Nacional, que constituía, em realidade, outro Estado no Estado[18], uma vez que sua influência predominava nos Gabinetes e nas Câmaras, e sua ação, mais poderosa que a do Governo, se estendia por todos os ângulos do Império.

A julgarmos pela *moderação* a que aspiraram e na qual se fixaram posteriormente os homens da Regência, o impacto do jornal de Evaristo da Veiga teria sido até mais decisivo do que a ação de figuras de proa como Feijó. Visadas e identificadas como figuras poderosas, a exemplo de Feijó, estas eram embaraçadas ou tolhidas com mais facilidade.

Sob certos aspectos é até possível observar-se a direção e a intensidade do jogo político do período, não só pelo que escreve um jornal, mas até mesmo pela ocasião em que ele aparece, desaparece ou reaparece. O mesmo pode ser dito das agressões e até morte de jornalistas, a exemplo de May, Badaró e do próprio Evaristo.

A *Aurora* perde seu timoneiro em 1837, ocasião em que pulveriza o prestígio dos homens do Ato Adicional, ato contínuo iniciando-se o retrocesso. A *Malagueta,* de Luís Augusto May, é o caso típico do jornal que desaparece e reaparece como verdadeiro indicador da pujança do grupo reformador-liberal.

Ledo e Januário da Cunha Barbosa, ambos membros da Câmara dos Deputados, vertem nas colunas

---

18. CASTRO, Paulo Pereira de. *História Geral da Civilização Brasileira,* (dir. S. B. de HOLANDA e Pedro Moacyr CAMPOS), t. II, *O Brasil Monárquico,* vol. II: *Dispersão e Unidade,* São Paulo, Dif. Européia do Livro, 1964, p. 13 (citando Abreu LIMA).

do *Revérbero Constitucional Fluminense* toda a sua contundência, embaraçada no Plenário da Câmara pela maioria discordante.

Quando os conservadores sentem, no golpe de 1840, o ímpeto da pressão liberal oriunda dos homens que acompanhavam Vergueiro na manobra tramada no "Club da Maioridade", entre outros pelo exaltado padre José Bento Ferreira de Melo, é da imprensa que se servem para tentar aparar o golpe parlamentar encomendando a Justiniano José da Rocha para isto usando a folha de nome *O Brasil*[19]. Cuidavam os partidários da centralização administrativa e da centralização do Poder, e com razão, carecerem, embora constituíssem maioria, do apoio e do prestígio de um jornal combativo.

No Brasil, o Poder nem sempre andou a passo com a autoridade. A nação identifica, a partir de 7 de abril, a presença de uma "autocracia desnacionalizante", catalisadora de descontentamento, acusação principal levantada contra o Imperador deposto. Resta saber por que ela não foi substituída por uma autoridade nacionalizante. Parecia até mesmo constituir o "Partido Desorganizador", segundo expressão do Monarca em 1830. Somente um ponto de convergência apresenta-se à nação como um todo, e ele é o reformismo, por todos aspirado mas diversamente arquitetado. Em meio à divergência, considerando-se ponto pacífico a necessidade de descentralizar, abrandar ou extinguir o Poder Moderador e livrar-se da herança retrógrada do Senado vitalício e do Conselho de Estado.

Havia, no início da Regência, um consenso de que malograra a centralização administrativa na procura do reino do progresso; para destroçá-la, os caminhos visados eram obscuros e as providências incompletas. É a partir desta falha que a reação centralizadora terá ocasião de reafirmar-se entrincheirada sob a alegação da necessidade de preservar a unidade-pátria, idéia a partir da qual pretendiam atacar, para afinal triunfar, derrubando o Regente e acuando os homens do Ato Adicional. Antes, porém, que tal sucedesse, o Poder esfacelado e desorientado pela embriaguez do mando, a ser conquistado afinal pelos

---

19. Maiores detalhes no exemplar trabalho do canadense R. J. BARMAN, "Justiniano José da Rocha e a época de Conciliação. Como se escreveu 'Ação', 'Reação', 'Transação'." In: *Revista do Instituto Histórico e Geográfico Brasileiro*, vol. 301, out.-dez.-1973, pp. 3-32.

nacionais, seria, no entanto, disputado palmo a palmo no interior das Províncias e nos desvãos de suas células mais íntimas, indo do Município à Comarca e da Paróquia à mesa eleitoral e paroquial; fundamentos futuros da vida partidária, quando se verá a estrutura dos partidos, transformando-se mais tarde em objeto de corrupção e coersão, estofo do emperro e do nepotismo.

Sob este aspecto não podemos deixar de pensar na legislatura eleita em 1830 como uma legislatura não apenas combativa, na qual contestam grupos ainda embrionários, mas distinguem homens com nítida tendência a batalhar pelo fortalecimento do Legislativo.

Alguns deles já haviam identificado claramente seus obstáculos e mantinham-se atentos às vicissitudes de ter de levar a termo um *putsh,* se assim o exigissem as circunstâncias. Estas tornaram-se mais agudas em bases parlamentares, não apenas em função dos interesses europeus com os quais D. Pedro era acusado, pois tais preferências do monarca serviam duplamente de alimento à imprensa panfletária e de tema a discursos repetitivos.

As circunstâncias favoráveis ao golpe se apresentavam mais em decorrência da oposição evidente entre a Câmara eleita e o Senado escolhido pelo monarca. A pressão no sentido de se nomearem senadores, elementos provenientes da Câmara dos Deputados, começou ainda antes do 7 de abril. É que as forças liberais não-articuladas, porém punjantes, viam no círculo de Poder em torno do Imperador, estrangulamentos em seu roteiro ascensional em direção às rédeas do Governo.

Por outro lado, a força do Município, nem sempre em comunicação com as Províncias e com o Governo regencial, constituía outro pólo de poder ao qual deveriam chegar os reflexos da nova ordem.

O golpe da chamada Constituição de Pouso Alegre partiu da Câmara Municipal da cidade do mesmo nome, e teria sido bem sucedido, visando construir o modelo de reforma descentralizadora no sentido municipal, se ao "legalismo do futuro Marquês de Paraná[20]" não se tivessem somado noções e apreensões de que a pleiteada reforma viesse consagrar a anarquia e a insubordinação, oriundas do mandonismo local,

---

20. A mudança de posição Carneiro Leão é mencionada por muitos historiadores, porém é detalhada em Paulo Pinheiro CHAGAS. *Teófilo Otôni — ministro do povo,* Rio de Janeiro, Zélio Valverde, 1943.

saídas do município mineiro e da pena liberal de José Bento Leite Ferreira de Melo, o futuro senador que se tornaria esteio das reivindicações liberais.

A multiplicação das facções e dos grupos, embora aglutinados em torno de motivações unificadoras e patrióticas, vinha, até então, guinando o barco da Regência para os problemas individuais e locais. Fazendo ouvir a voz do interior, e sendo o brado das reivindicações nacionais que imaginavam adiadas e procrastinadas pelos compromissos europeus, supostamente representados pelo Imperador. O poderio do *Juiz de Paz*, principalmente após o Código de Processo Criminal aprovado em 1832, viu-se por essa via consagrado no Legislativo, como também o poder dos chefes locais nos lugarejos distantes, onde eram eles o braço da Lei.

O segundo semestre de 1832 e os anos subseqüentes, quando examinados do ponto de vista dos debates travados na Câmara dos Deputados, revelam que a alteração fundamental ocorrida na trilha política da Regência é exatamente uma projeção de valores norte-americanos aparentes na decisão de adotar uma Monarquia federativa.

Nela não se falava nem se escrevia sem contestação, porém seus princípios básicos foram consagrados através da autonomia e fortalecimento provinciais contidos no Ato Adicional de 1834.

Prosseguiam, outrossim, nos objetivos de modernização almejados em termos de realizações provinciais e locais, impulso que na Província de São Paulo permaneceu e sobreviveu à Regência, sobretudo no tocante a assuntos como padrões de imigração, colonização, remodelação da organização penitenciária, temas obviamente conotados ao dos Estados Unidos, que os parlamentares mencionam invariavelmente como exemplo de país bem sucedido no Novo Mundo.

Mal preparada a nação em seu contexto político e social para a implantação de reformas drásticas, contrasta[21] em decisão e objetividade a figura do Regente, constantemente apontado como personalidade férrea e, por vezes, intransigente com o comportamento apaziguador e conciliador de uma grande maioria dos parlamentares, alguns dos quais o seguem por convicção política.

21. JUNIOR, Novelli. *Feijó, um paulista velho*, Rio de Janeiro, Edições, 1963.

Um aspecto importante da atuação de Feijó, quer como deputado, quer como ministro da Justiça, é a sua visão modernizadora e a identificação de progresso político e cultural, social e econômico, a partir de reivindicações *provinciais*. As suas amarras inexistem em termos de clã e de grupelhos. Seus compromissos em termos de realização pessoal não se cingem, porém, à doutrinação carente de objetivos práticos. Ela se origina onde abundam insinuações e anseios de modernização. Novas possibilidades descortinadas aos olhos dos homens dessa Regência cheia de problemas e promessas.

É nessa linha que José da Costa Carvalho, em 1836, preconiza na Assembléia Provincial de São Paulo, que, além do incentivo à colonização estrangeira, se promova a criação, por parte do Governo da Província, de uma Fazenda Normal (efetivamente criada pela lei n.º 23 de 3 de fevereiro de 1836), na qual se "recolhesse, melhorasse e aperfeiçoasse prática e métodos de agricultura e de fabricação rústica[22]".

É na própria Província de origem do regente, que entre 1835 e 1838, inúmeros debates parlamentares revelam idéias modernizadoras, aparentes em discussões sobre problemas de várias naturezas. No campo da saúde, o combate à lepra; a introdução da vacina contra varíola; o melhoramento dos hospitais, com a proposição de criação de corpos voluntários de saneamento para percorrer o interior da Província de São Paulo; a proibição de se enterrarem os mortos nas igrejas, prática considerada como um atentado à saúde; o reparo e a reformulação das Casas de Correção; e até mesmo a proposta de introdução de uma estrada de ferro ligando Santos a São Paulo é aprovada em 1836, numa antevisão de realidade tão distante quanto almejada. Estes são alguns entre os muitos itens propugnados por homens como Francisco de Paula Sousa e Melo, Antônio Carlos e outros representantes do grupo dos ituanos ou dos santistas, dentre os quais surgiam brasileiros adotivos da cepa de um Campos Vergueiro, cujos exemplos por sinal estão constantemente conotados como paradigmas da pujança norte-americana.

---

22. *Anais da Assembléia Legislativa Provincial de São Paulo*, 1838. Este volume é uma reconstituição que vai de 1835 a 1861, composta de 30 volumes originais. Publicação oficial organizada por Eugênio Egas e Oscar Mota Melo, São Paulo, Sessão de Obras de *O Estado de São Paulo*, Tip. Imperial de Silva Sobral, 1926, p. 370.

Essa pujança era exemplo corrente entre os brasileiros em São Paulo, o berço da Independência, idéia tão corriqueira que a ela já se referira, nas Cortes de Lisboa, Nicolau Pereira de Campos Vergueiro, como coisa assente e aceita. Dizia ele: "Desde que os Estados Unidos declararam a sua Independência houve brasileiros que desejavam fazer o mesmo (...) é bem sabido que no Brasil Independência e Constituição dos Estados Unidos são sempre ligadas[23] (...)".

Na verdade, entre os homens eleitos para a "legislatura geral" de 1830, achavam-se paulistas, mineiros e nortistas que pretendiam reformas da Constituição num sentido de maior expressividade para suas respectivas áreas geográficas, maior liberdade de expressão aos sentimentos nacionalistas em termos federalistas, porém aglutinadores. Não admira que a principal tônica dos debates se localize numa oposição moderada e sobretudo cuidadosa quanto à manutenção do prestígio de homens cujos antecedentes delineiam um novo perfil do mando e do Poder, projetados no País através da Província.

Se as medalhas, as condecorações e os títulos nobiliárquicos distribuídos pela Monarquia europeizante, transladada para América, improvisavam arremedos da nobreza em terras do Novo Mundo, foram às escondidas ridicularizadas antes do 7 de abril e abertamente renegadas após 1831. Na realidade os poderosos do Brasil diferiam muito de seus congêneres europeus.

Se assim não fosse, a comparação entre a situação minoritária do Partido Democrático de Andrew Jackson não acudiria tão facilmente ao espírito dos parlamentares brasileiros, como igualmente não ocorreria ao encarregado interino de negócios norte-americanos, o cônsul William Wright, em 14 de outubro de 1830, fazer a respeito dos trabalhos da Assembléia essa mesma observação.

É ele mesmo que observa com agudeza como na discussão do orçamento, o Senado brasileiro deseja dar maior amplitude aos ministros na aplicação de fundos, enquanto que a Câmara dos Deputados procura retirá-la. Comentando o funcionamento do Parlamento, esclarece: "Por um artigo da Constituição,

---

23. *Jornal da Sociedade Literária Patriótica*, n.º 3, p. 149, *apud* Augustin WERNET, *Uma associação política da época regional: a Sociedade dos Defensores da Liberdade e Independência Nacional dos Santos*, (tese de mestrado), inédito, USP, 1973, p. 28.

quando as duas Câmaras não podem concordar, a questão deve ser determinada por voto conjunto — o que garante à Câmara Baixa total predominância[24]".

Esta predominância é notada nas ruas, a julgar-se pelo que ainda observa em missiva do mês seguinte[25] o mesmo diplomata, quando reporta que uma deputação da Câmara fora ao Senado solicitar sessão de deliberação conjunta, e que na volta o povo desatrelou os cavalos das carruagens dos parlamentares para conduzi-los aos gritos de "Viva a Constituição, o Imperador, os ilustres deputados e a Assembléia", enquanto um grupo de manifestantes, cujo grau de respeitabilidade era para ele desconhecido, gritava alto, ainda: "Viva a Constituição e a Assembléia[26] (. . .)".

O funcionamento parlamentar, os temas em debates, a evolução das questões divisoras de opinião, os impasses, o reflexo da imprensa, a reação popular e a estrutura do mando são todos elementos que se combinam em diferentes graus e medidas, mas fazem mais sentido se estudados e analisados em conjunto, em termos de um sistema.

---

24. William WRIGHT a Martin Van BUREN, 14-out.-1830, DDNA.
25. Idem, 10-nov.-1830, DDNA.
26. *Idem*.

7. OS ESTADOS UNIDOS E O PROGRESSO BRASILEIRO NA MENTALIDADE DOS HOMENS DA REGÊNCIA

O tema *Estados Unidos* vinha há tempos, e por muitas vias, alastrando-se no Brasil. Foi sedução constante e persistente, ainda que mantida dos desvãos das bibliotecas dos inconfidentes e saída dos esconderijos, passando de mão em mão e de boca em boca[1].

Com a Independência abranda-se a antiga sedição, e a própria princesa Leopoldina, a propósito do "Fico", declara que o País seria administrado "à

---

1. Maiores detalhes sobre uma dessas bibliotecas examinada monograficamente em E. FRIEIRO, *O Diabo na livraria do Cônego*, Belo Horizonte, 1945. Para súmula dos pontos principais nos contrastes e confrontos entre os dois países em matéria de idéias políticas veja NÍCIA VILELA LUZ. *A Monarquia brasileira e as Repúblicas americanas*. *Journal of Inter American Studie*, vol. III, e de julho de 1966, pp. 358-70.

maneira dos Estados Unidos e o Ministério entregue a brasileiros capazes[2]".

Rechaçado o Príncipe libertador, o tema prosseguia sendo debatido, surgindo quer nas conversas da livraria de Evaristo da Veiga[3], quer nas rodas de inquietos patriotas das Províncias, fossem eles liberais convictos ou liberais de aparência[4].

Não era só de Jefferson, Franklin e Washington que se falava, mas também da estrepitosa democracia jacksoniana já se começava ouvir falar, mais e mais, recolocando na ordem do dia os "teóricos" americanos e sua maneira de encarar os problemas do Novo Mundo. Começava-se a insistir cada vez mais na diferenciação entre valores do Velho e Novo Mundo, diferenciação nem sempre nítida no comportamento individual de alguns destes homens, muitos dos quais ainda pertenciam, aqui como nos Estados Unidos, à geração da Ilustração. Na realidade haverá uma insistência cada vez mais evidente no sentido de enfatizar tais diferenças, da parte dos homens que assomam ao poder no Brasil; tão logo se abrem os trabalhos da Constituinte de 1823 e da Assembléia Geral de 1826, resultado direto da Independência brasileira.

Procurando analisar essa idéia do que constituíam estruturas do Novo e do Velho Mundo é preciso que se lembre que nos Estados Unidos, enquanto Benjamin Franklin e Thomas Paine faziam apelos ao *senso comum* dos americanos, falavam também em *prudência,* linguagem mais compreendida por dirigentes que liam os clássicos e eram homens da Ilustração, cujas idéias naturalmente estavam eivadas de valores oriundos do mundo europeu.

Afinal a Revolução Americana era uma revolução, conforme a palavra de um de seus líderes, Benjamin Rush, 1803, que não acabara ao término da *Guerra* da Independência: "The American war is over, but this is far from being the case with the American Revolution[5]".

Era preciso revolucionar também seus homens, pois nos Estados Unidos, como no Brasil, nem tudo

---

2. WRIGHT, A. Fernanda Pacca de A. "Os Estados Unidos e a Independência Brasileira." In: *Anuário do Museu Imperial*, vol. 33, Petrópolis 1974, p. 69.
3. CHAGAS, Paulo Pinheiro. *Teófilo Otôni, ministro do povo*, Rio de Janeiro, Ed. Zélio Valverde, 1943, pp. 68-69.
4. Discurso de Teófilo Otôni nos *Anais*, 26 de abril e 10 de maio de 1838.
5. HANDLIN, Oscar. *The American People A new History*, Londres, Hutchinson, 1963, p. 177 (grifos nossos).

afinal era novo. Nas várias Constituições locais que precederam à Constituição federal americana, muito da letra e da forma, além do espírito das antigas Cartas Coloniais, foi preservado. Embora estas, na sua maioria, apregoassem um Governo emanado do povo, poucas vezes resultaram, elas mesmas, de um *referendum* popular ou de uma convenção, como aconteceu em Massachusetts.

A justaposição de valores oriundos da Europa e da América, revelada nas "Cartas" locais, refletiu-se de certa forma nos debates que se seguiram à Constituição Americana de 1787, como se sabe, enviada aos diversos Estados para ratificação[6].

Objeto da mais profunda dissidência entre os norte-americanos, a sugestão de um Governo nacional forte defendida por Alexandre Hamilton[7], segundo muitos, baseava-se no modelo britânico[8], embora este afirmasse que sua sugestão de um Governo central fortalecido era uma resposta à irresponsabilidade do rei diante da nação, situação vigente no sistema parlamentar inglês[9].

O pensamento de Thomas Jefferson representava a antítese da opinião de Hamilton e outros escritores "federalistas", divergindo quanto ao comportamento do Executivo, e sobretudo quanto à essência do Governo representativo. Jefferson queria que se colocasse,

---

6. *O Federalista* de Hamilton, Jay e Madison constitui matéria coberta pelos artigos saídos no *Daily Advertiser* de Nova York e que reunida em forma de livro chamou-se *The Federalist*. Em edição brasileira *O Federalista* teve tradução anônima em Ouro Preto e o tradutor reproduz uma nota que revela já haver traduzido a obra de 1839, tendo a mesma se esgotado rapidamente. O tradutor anônimo de 1896 é Teófilo Ribeiro. A obra em apreço foi editada em 3 volumes, pela Imprensa Oficial de Minas, Ouro Preto, 1896.
7. Hamilton, um imigrante chegado aos EUA em 1772, por obra de amigos que se cotizaram para mandá-lo estudar ali. Era filho ilegítimo de escocês e francesa huguenote. Nascera na ilha de Nevis, nas Antilhas Britânicas, e aos 30 anos era o líder natural dos "defensores da Constituição" em Nova York. Com seu talento propugnara a causa das colônias na Revolução Americana e como capitão de artilharia participou da luta da Independência na campanha de Nova York. Washington empregou-o mais por suas habilidades de escritor do que militar. Durante quatro anos o teve como seu secretário. Hamilton foi a "eminência Parda" do futuro presidente americano. Percebendo e conhecendo de primeira mão todos os argumentos em favor da Federação, tentou contrabalançá-los na elaboração da carta proposta pela Convenção, também de sua inspiração. Ele era um dos três representantes de Nova York junto à Convenção. Foi de Hamilton também a campanha em prol da ratificação da Constituição pelo Estado de Nova York, onde ela era atacada pelos amigos e seguidores de Thomas Jefferson.
8. *American State Pappers*. In: *Great Books of the Western World*, (ed. R. M. HUTCHINS, publ. William BENTON). Prefácio è biografia ao *The Federalist*, Chicago, 1952, p. 23, vol. 43.
9. Idem, *The Federalist*, n.º 18, HAMILTON e MADISON, p. 71.

tanto quanto possível, o Poder nas mãos do povo, mas como lembra muito bem John Stuart Mill[10] em seu famoso *Governo Representativo,* o líder americano manifestava a esperança de que um Governo popular abolisse o *privilégio de classe* sem, no entanto, privar a sociedade da liderança de indivíduos especialmente dotados.

Um complexo de fatores se entrecruzava na caracterização da identidade nacional norte-americana, embora sua principal tônica não tenha sido a criatividade única e exclusiva, mas a reformulação ditada pelas solicitações ambientais do Novo Mundo.

Ora, todas estas observações servem para ilustrar pontos importantes suscitados nos debates parlamentares brasileiros, tais como o problema da "responsabilidade do Executivo" e da compatibilidade, ou não, de certas características políticas da *América inglesa* com a nossa realidade.

Há, dentre as aludidas realidades, uma que é particularmente comparável em sua estrutura e em seu trajeto entre metrópole e ex-colônia, tanto no caso do Brasil como no caso dos Estados Unidos, sobretudo no período imediatamente precedente à Independência. Trata-se da idéia de "federar" metrópole e colônia, ao invés de separá-las.

A idéia federativa, em certo sentido, foi considerada uma possibilidade até pelo próprio Jefferson, que imaginou a elaboração de uma "grande República" partindo de pequenas, embora se lhe acrescentasse restrições ao afirmar que "da vigilância dessas pequenas partes (*states rights*) dependia a saúde do todo[11]".

É de ver-se, portanto, que nos Estados Unidos, não apenas Hamilton, como até o próprio Jefferson desligaram-se aos poucos de uma idéia "federativa" em relação à mãe-pátria, tendo mesmo chegado a considerar plausível permanecerem as colônias rebeldes "federadas" à Inglaterra.

Igualmente no Brasil, já nos debates da Constituinte de 1823[12], como nos artigos do *Revérbero*

---

10. MILL, John S. *Representative Government* (publicado em 1861 e reproduzido no vol. 43 da coleção Great Books of the Western World), Chicago, William Benton, 1952. (Argumento nas pp. 327-442.)
11. DEWEY, John, (org.). *Thomas Jefferson: The living Thoughts of Thomas Jefferson,* Nova York, 1940, pp. 51-2.
12. *Anais da Assembléia Constituinte,* 1823, Rio de Janeiro, Tip. H. S. Pinto, 1880.

Constitucional Fluminense[13] ou do *Correio Braziliense*[14], periódicos de claríssima inclinação liberal (dentro da conotação da época), encontraremos tal tendência.

Hipólito José Costa, o redator do *Correio*, viajou e encantou-se com os Estados Unidos bem antes de ir fixar-se em Londres, relatando sua viagem a Filadélfia em um volume em boa hora editado pela Academia Brasileira de Letras[15]. Era o mesmo Hipólito quem verberava contra as atitudes das Cortes, recomendando porém ao Brasil "não romper sua união senão quando vir que aquela parte da Nação, aonde existe o Governo geral e comum, não quer absolutamente atender ao que a outra parte exige com razão[16]".

Igualmente propugnava o *Revérbero* pela idéia de estarem "contentes e fraternalmente abraçados os portugueses de ambos os mundos" e "conciliar o bem geral da nação[17]".

É verdade que já no mês de junho de 1822 o *Revérbero* transcrevia opinião de Nicolau de Campos Vergueiro, em que o mesmo se refere a "um grito geral de algumas províncias do Brasil (...)" e ao "ódio ao antigo Governo de Portugal", para finalmente explicitar que o desdém se concentra contra "o partido europeu, desligado do país que habitava e por isto malvisto dos brasileiros[18]".

Finalmente a "rotação" se completa no mesmo mês de junho de 1822, com uma conclamação inflamada de Hipólito da Costa aos brasileiros: "lancemos as nossas vistas e os nossos corações para a nossa Assembléia Brasílica[19]".

Aproveitando a oportunidade, o *Revérbero* muniu-se de ânimo e transcreveu essa conclamação no número 16 do dia 10 de setembro de 1822. As definições do que os brasileiros desejavam lá estavam: "liberdade regulada pela lei; igualdade da lei marcada pela razão; monarquia representativa; divisão de poderes bem assinalada, representação *eletiva* e não *vitalícia*, e muito menos hereditária; religião católica além de outras reivindicações".

---

13. *Revérbero Constitucional Fluminense*, n.º 8, 1-jan.-1822, pp. 86 a 99. Cf. tb. n.º 1, 2.º vol., 28-mai.-1822, pp. 2-3. Cf. tb. n.º 15, 3-set.-1822, pp. 181, 184 e 189.
14. *Correio Braziliense*, vol. 28, abr.-1822, pp. 442 e 447. Cf. tb. n.º de jun.-1822, p. 697.
15. COSTA, Hipólito José da. *Diário de minha viagem a Filadélfia*, Rio de Janeiro, Academia brasileira de Letras, 1955.
16. *Correio Braziliense*, vol. 28, pp. 442-47.
17. *Revérbero*, n.º 8, 28-abr., pp. 442-47.
18. *Revérbero*, 10-jun.-1822, pp. 181, 184 e 189.
19. *Correio Braziliense*, jun.-1822, p. 697.

Parece escapar-lhe a realidade do que sucede em outras áreas do continente quando sugere: "Províncias do Brasil é chegada a nossa época da Nossa Glória; a nossa revolução é única nos fastos do Universo![20]"

Observa-se já neste artigo alguns traços da trajetória de "radicalização" de posições mais tarde adotadas, não apenas pela nossa revolução de independência, que Hipólito cuidava ingenuamente ser *única*.

Nos Estados Unidos também, aos poucos, tanto Jefferson como outros teóricos iniciais do pensamento político norte-americano foram "radicalizando" suas posições, passando a encarnar certos princípios mais definidos. Jefferson, como já ficou assinalado, seria o homem da pugna pela manutenção e inviolabilidade do direito dos Estados, enquanto homens como Hamilton expressariam a idéia de unir fortemente estes Estados em torno de um Executivo atuante. Também lá se imaginava viver uma experiência *única*.

Vê-se porém claramente que a idéia da Federação teve um "trajeto" peculiar na mentalidade dos líderes americanos, partindo da idéia de Federação com a Inglaterra para tomar posteriormente novos rumos.

Temos aqui argumentado com transcrições da imprensa que poderíamos chamar de imprensa de "protesto", para demonstrar uma evolução da idéia de promover uma Federação com Portugal para a idéia de *separação* das duas Coroas. O que dizer de Portugal ou do que seria então o "sistema" português? Qual era a sua linha relativamente ao Brasil independente das "Cortes"? Perguntamos: Se as Cortes não se tivessem reunido depois da Revolução "Liberal" de 1820 para tentar *recolonizar* o Brasil, qual haveria de ser a linha oficial portuguesa?

Paulo Braga Menezes, em um pequeno e primoroso estudo sobre as primeiras Constituições brasileiras, refere-se a dois fatos a nosso ver fundamentais para esta argumentação. Lembra-nos quando o próprio monarca português, mesmo antes da separação, legislava à revelia das Ordenações e da Lei Mental quando se tratava de atender, através de "Provisões", "Alvarás", "Cartas Régias" e de "Cartas de Lei", às inovações necessárias ao Brasil "adequadas à estrutura

---

20. *Revérbero*, 10-set.-1822, p. 206, transcrevendo do *Correio Braziliense*.

de um mundo novo que exsurgia do impacto de um meio ambiente diverso do mundo europeu[21]".

Menciona também a publicação de sugestivo artigo em um periódico de política e literatura, denominado o *Cidadão Literato,* de 1.º de janeiro de 1821, que em seu primeiro número ocupava nove páginas e trazia o seguinte título: "Considerações sobre a União de Portugal com o Brasil". Aconselhava a formação de u'a Monarquia nos vastos domínios do Brasil, à qual seria dada uma Constituição livre, compondo assim, para ambas as partes, um tratado assente em bases de comum interesse. Assegurava o articulista que uma tal Constituição "(...) ligará estes dois reinos independentes, com um vínculo mais apertado e consistente que esse que até agora tem existido[22]".

Acha-se no arquivo do Museu Imperial a prova de que houve eco às cogitações do *Cidadão Literato,* pois lá existe exemplar do *Projeto de um pacto federativo entre o Império do Brasil e do Reino de Portugal,* de autoria de Silvestre Pinheiro Machado, antigo Ministro dos Negócios Estrangeiros e da Guerra no Rio de Janeiro em 1821.

Alude ainda Braga Menezes[23] à possibilidade de estar presente essa idéia na mente de D. Pedro, ao elaborar o Monarca os rascunhos de artigos de emendas apostas ao "Projeto de Constituição para o Império do Brasil" e à "Carta Constitucional da Monarquia Portuguesa", ponderação que Braga Menezes faz, vasado no exame e análise demorados que procedeu nestes rascunhos.

A seguir-se tal linha de pensamento, a ação intempestiva das Cortes de Lisboa interrompeu um processo em franca evolução, e do qual cogitava há tempos a Coroa portuguesa. D. João VI, impulsionado pela sua astuta percepção da realidade vivida no Brasil de há muito, havia feito suas provisões e armava sua política. Nessa política inexistiam cálculos das providências necessárias à manutenção da unidade das Províncias em torno de um poder centralizador predominantemente aglutinante.

As disparidades na reorientação desses impulsos contribuíram para o senso de desastre político que

---

21. MENEZES, Paulo Braga. *As Constituições Outorgadas ao Império do Brasil e ao Reino de Portugal,* Ministério da Justiça, Arquivo Nacional, Rio de Janeiro, 1974, p. 8.
22. MENEZES, Paulo Braga. *As Constituições...,* p. 10.
23. Idem, ibidem.

envolveu os dramáticos lances do 7 de abril. Essa mesma situação andou a dinamizar, nas Províncias, a idéia de que aos brasileiros cabia a responsabilidade pelo destino da independência em termos palpáveis, visíveis e manejáveis, no sentido prático. Daí a associação direta entre a arrancada da abdicação e o impulso decidido para recapturar o procrastinado descortinar de uma era de desenvolvimento ordeiro e progressista. Daí o retorno à sedução dos feitos americanos, único exemplo respeitável de federação em contraste com a desordem e a *sans culotterie* das vizinhas Repúblicas surgidas do antigo império espanhol.

No 7 de abril os admiradores dos Estados Unidos falam todos em sua maioria de *moderação*. O *Novo Farol Paulistano*[24], por exemplo, traz em seu número de 19 de outubro de 1831 o mote "Celui qui dédaigne la moderation repousse la justice[25]". Nesse mesmo número, correspondência assinada por "um que bem os conhece" manifesta-se contrário ao rival *Observador Constitucional*[26], a cujos redatores acusa de *revolucionários*, *"farroupilhas"*, *"sans-culottes"*.

Esse periódico da Província de São Paulo é visivelmente federalista, nacionalista e liberal, se diz moderado, e na realidade o é. No número 23 defende a participação estrangeira na defesa militar da Província, respondendo ao articulista de outro pasquim: "não se trata atualmente, aqui em São Paulo, de defender nossa causa e nossa liberdade (ilegível) que os estrangeiros estão isentos de cooperar para elas; e quando se tratasse de defender nossa causa e nossa liberdade, não somos melhores que os *americanos do norte* que também se serviam de braços estrangeiros[27]" (...) "Ora não deve o sr. 'Verdadeiro Paulista' ser tão delicado demais, que se envergonhe daquilo que nenhuma vergonha causou a *Washington* e a Lafayette[28]".

---

24. O novo *Farol Paulistano* era redigido por uma maioria de estudantes da Academia, contando com o inteiro apoio de Carlos Carneiro de Campos, que era professor de Economia Política da Faculdade de Direito, sendo adotado seu manual o *Catecismo de Economia Política*, de Jean Baptiste SAY. Como afirma Daniel Pedro MÜLLER em *Ensaio d'um quadro estatístico da Província de São Paulo*, seção de obras de *O Estado de São Paulo*, 1927, p. 257.
25. *Novo Farol Paulistano*, n.º 22, 19-out.-1831 (Biblioteca Municipal, doravante B.M.).
26. O *Observador Constitucional* foi fundado em 1829 e seu redator era Líbero Badaró, que mais tarde foi assassinado, provocando grande comoção. Badaró era amado pelos estudantes da velha academia do Largo São Francisco.
27. *Farol Paulistano...*, n.º 23.
28. Idem, ibidem (atualização ortográfica e grifos nossos).

Artigos e notícias do *Diário do Governo* e *Aurora Fluminense* são constantemente transcritos nos periódicos das Províncias. De sua leitura deduz-se a presença e informação tanto quanto aos acontecimentos relativos à queda de Carlos X, na França, como ao que se passa nos Estados Unidos. Pode-se anotar inúmeros fatos dessa natureza acompanhando a polêmica entre *O Farol Paulistano*[29] e o *Observador Constitucional*[30], um decênio após a Independência, no primeiro ensaio de Governo feito pelos próprios brasileiros, em especial no período inicial da Regência.

Na edição do dia 21 de dezembro de 1831, o *Farol Paulistano* transcreve artigo do *Recapitulador*, intitulado "O homem e a América", onde é criticada a influência dos portugueses no Governo; aí posiciona o homem da América como favorável a um tiro de rebelião pacífica, considerando perversos e desnecessários os desvairos do 14 de julho[31]".

Muitas sugestões, tidas por vários autores como oriundas da Inglaterra, na realidade, como observa Tocqueville a respeito do espírito de associação, encontram verdadeira consagração nos Estados Unidos. É o caso do *Catecismo de Economia Política,* de Say, e da obra de Adam Smith, sendo que estava esta última praticamente fora de uso na Inglaterra no início do século XIX. Casos existem em que os ideais inspirados no exemplo norte-americano são claramente explicitados.

Por exemplo, em seu número 47, *O Homem e a América* transcreve artigo da *Aurora Fluminense* e afirma ponto de vista contrário ao do redator de *O Monitor,* que intitula-se "verdadeiro federalista" acrescentando: "desconhece por ventura que os princípios americanos são quem os dirige?" (Refere-se ao sistema federal[32]).

Esse longo artigo de Evaristo, transcrito no *Farol,* tem significado especialíssimo, pois é uma verdadeira "plataforma" do pensamento político que o periódico de São Paulo claramente endossa. Insurge-se contra os extremistas, dizendo textualmente: "os

---

29. *O Farol Paulistano* foi fundado em 1827 por José da Costa Carvalho, também estudante de Direito em São Paulo, contando ainda com a colaboração de Nicolau Pereira de Campos Vergueiro, Antônio Mariano de Azevedo Marques, Manuel do Amaral e Vicente Pires da Mota. Eram todos ligados à Faculdade de Direito, professores ou alunos.
30. Esta polêmica pode ser acompanhada nos números 25 a 29 de out.; n.º 30 de 16-nov.; n.º 31 de 19-nov. e n.º 32 de 23 nov.-1831.
31. *Farol Paulistano*, n.º 20-21 de dez.1831 (B.M.).
32. *Farol Paulistano*, n.º 47, 18-jan.-1832 (B.M.).

nossos anarquistas são apenas copistas servis dos revolucionários da França de 1793, não daqueles que queriam a República fundada sobre os princípios da ordem; sobre idéias generosas, sem dúvida pouco aplicáveis ao país e ao estado de sua população, mas em si mesmas, muito honrosas e próprias de animos elevados; são assim utopistas desses *outros* revolucionários que faziam consistir a liberdade e a república no desencadeamento de todas as paixões das *classes menos bem educadas da sociedade,* em proveito de seus chefes e intrigadores (...) que prescreveram a propriedade, a ilustração, a riqueza, a simpatia do coração, as virtudes domésticas (...) que se gabavam sem pejo de bater moeda sob a guilhotina, aludindo ao seqüestro que caia sobre os bens das infelizes vítimas do Terror[33]".

Essa longa transcrição vai mais adiante citando nominalmente Robespierre e pergunta fechando o artigo: "Foi o Brasil talhado para presa dos discípulos de Marat[34]"?

O texto de Evaristo é soberbo, sugestivo e 'claro. Não resistimos à tentação de transcrevê-lo, em parte, não apenas como apoio às afirmações que vimos fazendo à respeito do tipo de pensamento que é associado à presença americana em nosso cenário político, mas como testemunho insofismável da idéia de que afinal os brasileiros eram os verdadeiros donos de seu destino, que viam este destino em termos de Novo Mundo.

Era essa, aliás, voz corrente, dito corriqueiro dos jornalistas, deputados, comerciantes e funcionários, com os quais privava o cônsul William Wright, e que, como residente antigo e pertencente a família radicada no Rio de Janeiro, possuía ali maiores contatos que outros diplomatas de seu país, o que transforma seus relatórios em depoimentos importantíssimos, sendo, por isso, dignas de notas suas impressões de que o Imperador estaria em fevereiro de 1831 "viajando com o óbvio propósito de fazer amigos nas Províncias", tentando, assim, aplainar as crises que se multiplicavam[35].

Numa importante antevisão do 7 de abril, que só lhe poderia ter sido transmitida pelo contato com diferentes grupos políticos, Wright relata, em 12 de fevereiro: "o início da próxima legislatura ditará o futuro"; o Partido Imperial admite que a Constituição necessita ser modificada, pois do contrário o país

33. Idem, p. 86.
34. *Ibidem* (atualização outográfica e grifos nossos).
35. William WRIGHT a Martin Van BUREN, 12-fev.-1831, DDNA.

estará perdido, porém o Partido Liberal retruca: "toquem a Constituição e estaremos preparados para a resistência". Acrescenta ainda o cônsul: "o Partido Liberal provavelmente empurrará para os seus oponentes a tarefa de lutar em prol das questões mais controvertidas. Tal ato deverá produzir uma revolução em todo Império e acredita-se que o Partido Liberal *obterá assim ascendência em todas as Províncias,* possivelmente com a única exceção do Rio de Janeiro, onde o Partido Imperial talvez predomine durante algum tempo. A conseqüência inevitável de uma revolução no Brasil será um estado de anarquia que durará anos em todo o país[36]".

Observa-se, através da missiva de William Wright, uma percepção muito clara do grande desfecho político que se aproximava. Nota-se ainda que ele se refere aos impasses dos grupos políticos que já começam a se estruturar, e aos quais o americano chama de Partido Imperial (situação) e Partido Liberal (oposição) descrição bem mais próxima da realidade dos debates parlamentares.

A figura do Imperador e sua política ministerial, além das acusações relativas às suas tendências menos liberais, têm sido os argumentos tantas vezes apontados por nossos historiadores como motivos fundamentais do 7 de abril. Deduz-se pela carta do cônsul Wright que o essencial do problema é equacionado na Assembléia e em termos de manobras políticas para a conquista do Poder através da vitória eleitoral.

Os partidários e eleitores, com os quais contavam aqueles que pretendiam assomar ao Poder, vinham talvez de escalões mais diversificados do que se tem cuidado até agora. Seus anseios desde a Independência, homens dedicados ao comércio, enfronhados nos trabalhos burocráticos, servindo nas milícias ou no clero, muitos destes brasileiros já não pertenciam, em fevereiro de 1831, como mesmo antes de 1830, ao "Partido do Imperador". Sobretudo nas províncias, como argutamente observou em sua missiva o cônsul Wright. Aliás, a visão profética das revoluções da Regência é bastante importante no depoimento do diplomata.

A pequena imprensa, por muitos lida e impressa, protesta, como a *Voz Fluminense,* a 29 de novembro de 1830, que "é sempre oprimido todo o país cuja administração política é entregue a mãos estrangeiras;

---

36. Idem (grifos nossos).

verdade esta mais terrível se os tais estrangeiros são facínoras de propósito, tirados das galés e oratórios da Europa (...) em verdade é um dia de angústias em que temos ocasião de comparar a ventura dos americanos, *destes Estados Unidos e por unir,* com o nosso desditoso aviltamento e miséria (...) Só a Federação política é que nos pode salvar³⁷ (...)".

A Nova Luz Brasileira de 26 de outubro assim conclama os soldados: "e vós soldados brasileiros não deis ouvidos às seduções de vossos chefes corcundas e nem de vossos confessores absolutistas³⁸".

Além do soldado, o cidadão em geral é exortado e chamado de autoridade: "o cidadão desse Império, que é o *primeiro entre as autoridades constituintes* para fazer executar as leis e a Constituição, não é nada mais, nem menos, do que o *nosso Imperador* constitucional com o título honorífico de defensor perpétuo em alusão a se haver ele posto à frente de nossa revolução³⁹".

Não faltam incentivos também para que os militares graduados se juntem ao grupo em protesto, quando lemos na *Voz Fluminense* de 23 de setembro do mesmo ano: "as perseguições não cessam; oficiais estrangeiros são empregados em serviços que só devem ser confiados a nacionais de reconhecidos zelo e amor à pátria⁴⁰".

Os pasquins de oposição e protesto à linha política e ao estilo do Governo de D. Pedro bem sabiam que havia um público ávido e imenso, inexplicavelmente alijado do Poder até então, o qual passaria a ter expressão e a pesar na balança dos acontecimentos.

Já se mencionou aqui, porém sem descer a minúcias, a posição do comerciante nos acontecimentos políticos do período, apontando-a como destacada principalmente a partir da Independência⁴¹. Esse comerciante, interessado nos destinos do país, também porque cioso do almejado desenvolvimento de um mercado interno que o libertasse das peias e das restrições assumidas pelo monarca no exterior, sonhava com a retomada dos negócios em condições mais favoráveis aos nacionais e, por isso, duplamente vigiava a nacionalização da Independência.

---

37. *Voz Fluminense*, 29-nov.-1830 (A.N.).
38. *Nova Luz Brasileira*, 26-out.-1830 (A.N.).
39. Idem, Ibidem.
40. *Voz Fluminense*, 23-set.-1830.
41. Vide alusão à importância dos comerciantes em Antonia Fernanda Pacca de Almeida WRIGHT, *Desafio americano...*, p. 24.

Suas cartas e correspondências, é pena que não as tenhamos em mãos em quantidade suficiente, para um estudo e um levantamento do seu papel nos acontecimentos da fertilíssima década de 28 a 38. Dispomos, no entanto, de alguns dados suficientemente sugestivos a propósito da participação destes elementos em algumas "Sociedades Defensoras da Liberdade e Independência", dentre as muitas que se formaram no país com o nome de "Defensoras". Visavam elas, conforme indicado pelo próprio título, preservar e defender a Independência que cuidavam necessitar de defesa diante dos paradoxos que a ameaçavam, sobretudo com a instabilidade política que levou o primeiro imperador do Brasil a abdicar ao trono em favor do filho no 7 de abril de 1831.

A Sociedade dos Defensores da Liberdade e Independência Nacional de Santos, segundo levantamento feito nos "Maços de População" referentes àquela cidade[42], demonstra existirem mais comerciantes dentre as categorias profissionais dos associados na distribuição, relativa ao ano de 1831, a qual pode ser acompanhada na Tabela 2.

TAB. 2 — Distribuição profissional dos associados da Sociedade dos Defensores da Liberdade e Independência Nacional de Santos.

CATEGORIAS PROFISSIONAIS	Nº DOS ASSOCIADOS
Administradores	2
Agenciadores de negócios	4
Artífices	13
Artistas	3
Caixeiros	5
Cirurgiões	5
Clérigos	3
Estudantes	1
Funcionários de alfândega	6
Funcionários públicos	6
Magistério	2
Magistrado	5
Negociantes claramente identificados	30
Negociantes de difícil identificação	10
Militares	30
Pequenos proprietários de lavoura	5

FONTE: "Maços de População" (1831).   D.A.E.S.P.

42. "Maços de População de Santos de 1823 a 1846", n.º 154. Caixa 154 — Departamento do Arquivo do Estado de São Paulo (DAESP). Apud WERNET, Augustin. *A sociedade política da época colonial: a Sociedade dos Defensores da Liberdade e Independência Nacional de Santos* (tese de mestrado), inédita, São Paulo, 1973, pp. 150-56.

Na lista apresentada, se agregarmos aos comerciantes, os funcionários e serventuários do comércio, teremos uma soma de 57 elementos. Dentre os militares, os segundos da lista de participantes da Sociedade Defensora, alguns poderiam também ser incluídos no grupo dos negociantes, porquanto declaram as autoridades censitárias possuírem negócios ou fazê-los em conjunto com a profissão militar. Mesmo sem contá-los, a predominância dos negociantes é indiscutível. Eles formam a alma e o esteio, além de provavelmente financiarem os gastos da aludida "Sociedade[43]". Poder-se-ia argumentar talvez que, sendo Santos um porto de mar, a expressividade da predominância dos comerciantes nesta lista seria passível de argüição.

Representando um segmento da sociedade, para quem a ordem e a moderação constituíam requisitos primordiais, os comerciantes agiam de maneira semelhante em todo o País, segundo é possível depreender-se das palavras de Feijó, transcritas na importante obra de Novelli Júnior sobre o Regente. Argumenta este historiador que defendendo a idéia da necessidade da criação de uma Guerra Municipal para assegurar o sossego público, propugnava Feijó pela necessidade de tranqüilizar os comerciantes, referindo-se o futuro regente do Império: "seis mil proprietários e industriosos (comerciantes) que representam cada um família e bens que constituem (...) têm declarado não sofrer mais a inquietação, o sobressalto, os incômodos e prejuízos que lhes causam os anarquistas[44]".

No início do século XIX, e partindo de impulsos econômicos decorrentes da lavoura canavieira[45], como também do comércio de tropas e de transportes terrestres, a cidade de São Paulo, embora do ponto de vista do comércio costeiro se interligasse com o Rio de Janeiro, com o qual não se podia comparar, exerceu o papel de centro de trocas e aos poucos adquiriu ares citadinos. Não é apenas "a cidade dos fazendeiros", sobretudo quando, a partir da instalação dos cursos jurídicos, principia a atrair a mocidade culta das Províncias, que em torno da "Academia de Direito", forma verdadeiro núcleo de civismo e interesse político.

---

43. WERNET, Augustin. *A sociedade política...*, pp. 150-156.
44. NOVELLI JÚNIOR — *"Feijó, um paulista velho*, p. 138 (transcritos de províncias na Câmara dos Deputados em 7 de outubro de 1831).
45. PETRONE, Maria Thereza Schorer. *Lavoura canavieira em São Paulo, Expansão e Declínio, 1765-1851*. São Paulo, Dif. Europ. do Livro, 1968.

Daniel P. Kidder, visitando a Província em 1839, notou que houve um aumento de alunos, que eram em número de 33 em 1828, para atingir cerca de 300 entre 1830 e 1834. Mencionando que a Biblioteca daquela Instituição possuía cerca de 7.000 volumes, na ocasião de sua visita, esclarece que o processo de exame se fazia pela argüição do candidato durante 20 minutos por 9 professores, e que ao fim da entrevista, a sorte do estudante era decidida por voto secreto[46], o que nos sugere a idéia de um sistema de ensino bastante severo mesmo para o exigente viajante, que além do mais, era pastor protestante.

Estudantes em quantidade tão expressiva no burgo do planalto por certo influíram nos destinos políticos da cidade, e por conseqüência da Província. A época de "indecisão, de irrealização e possíveis promessas futuras", características através das quais Richard Morse descreve o período de 1830 a 1845 na vida da cidade de São Paulo[47], não transparece muito claramente do exame dos números de *O Farol Paulistano*, órgão de expressão da Sociedade dos Defensores da Independência da Província.

Examinando a notícia publicada pelo *O Farol Paulistano*, do dia 26 de abril de 1831[48], a respeito da formação da Sociedade dos Defensores da Liberdade e Independência Nacional, sabemos que duzentos de seus membros eram estudantes. Isso significa e comprova uma participação política e cívica que nada tem de indecisa (...) e um segmento da sociedade paulistana e brasileira que se agrega em torno de um curso de nível universitário fundado havia apenas cinco anos.

De fato o Conselho Deliberativo de outra associação, a Sociedade dos Defensores da Independência de São Paulo saiu quase todo dos Cursos Jurídicos, sendo alguns dos descritos como estudantes já profissionais em outras áreas, funcionários do Governo, e alguns até mesmo de outras províncias, como é o caso de Paulino José Soares de Sousa, cuja família era de Minas, tendo ele próprio nascido em França[49]. Fazia

---

46. KIDDER, Daniel Parish. *São Paulo in 1839 — original Sketches of Residence and Travels in Brazil — Historical and Geographical Notices of the Empire — and its several provinces*, London Wiley & Putman, São Paulo, Sociedade Brasileira de Cultura Inglesa, 1969. Vols. I e II.
47. MORSE, Richard. *Formação histórica de São Paulo*, São Paulo, Dif. Europ. do Livro, 1970.
48. *O Farol Paulistano*, n.º 479, 26-abr.-1831.
49. Defendeu tese de doutoramento na Universidade de São Paulo, nosso ex-aluno Augustin Wernet, que de uns tempos para

parte da entidade também José da Costa Carvalho que, segundo *O Farol Paulistano*, obteve 156 votos para o Conselho Deliberativo da "Sociedade" e que nada mais é do que um futuro membro da Regência. Dentre os outros membros destacam-se ainda Antônio Mariano de Azevedo Marques e Vicente Pires da Mota, que faziam parte do Conselho da Presidência da Província de São Paulo. Futuros deputados à Assembléia Geral, futuros presidentes de Província e até regentes e ministros do Império, como Carlos Carneiro de Campos, futuro Marquês de Caravelas, fizeram parte da "Sociedade," mostrando uma participação bastante ativa da Província que fora o berço da Independência, na política nacional. O noticiário de *O Farol Paulistano*, em 21 de abril de 1831[50], traz uma lista completa destes e de outros nomes de ilustres componentes da "Sociedade".

Havia dentre eles proprietários rurais, como havia também funcionários públicos, destacando-se principalmente o fato de alguns proprietários rurais combinarem sua atividade com interesses comerciais e políticos. Quanto à sua atitude e atuação neste campo, conota-se uma posição mais radical logo após a abdicação, que evolui em geral para a moderação com o passar do tempo.

Dentre os chamados "liberais exaltados", poucos dos realmente extremistas se inspiravam nos modelos norte-americanos. A maioria não aprova e não pugna por posições extremamente contundentes, sendo, isso sim, todos partidários de reformas materiais somente exeqüíveis em um clima de progresso e ordem. Estes também penderiam para uma posição moderada, deixando os movimentos de rua e as rompanças revolucionárias a outros escalões da sociedade. O mais atuante escalão da política é, no entanto, composto por homens dedicados às letras, ao jornalismo responsável, à atividade militar provisória e por vezes permanente, ao funcionalismo público e à agricultura.

Não admira portanto que a *moderação* fosse a tônica das aspirações políticas gerais, e que o temor

cá vem se dedicando ao estudo intensivo das Sociedades Defensoras. Já estávamos elaborando nosso trabalho e já havíamos nos servido do importante material representado pelas publicações do *Farol*, quando nos chegou às mãos esta tese ainda inédita e que por certo muito breve deixará de sê-lo, na qual o autor examina detidamente a composição sócio-econômica de todos os componentes das Sociedades da Província de São Paulo, em um levantamento de cerca de 40 municípios. Seu trabalho denomina-se *As Sociedades Políticas de Província de São Paulo na primeira metade do período regencial*.

50. *O Farol Paulistano*, n.º 477, 21-abr.-1831.

à anarquia comandasse os ânimos e ditasse as preferências. Isso ainda que atendendo as necessidades de reformulação econômica e política, tidas como essenciais para o desenvolvimento e para manutenção da liberdade recém-confirmada.

Por todas as argumentações aqui propostas, torna-se plausível, e mais do que isso, até óbvio, o argumento final de que o exemplo de reformismo bem sucedido em paragens do Novo Mundo, constituído pela rica e desenvolta República do Norte, seria uma óbvia alternativa para a mentalidade dos homens em cujas mãos estavam os destinos da Regência.

8. HOMENS DA INDEPENDÊNCIA, ESTADISTAS DA REGÊNCIA: OS ESTADOS UNIDOS COMO SEU MITO E REALIDADE

Se o Brasil voltava os olhos admirados e também esperançosos para os problemas do Novo Mundo, eles certamente foram postos na ordem do dia, fora do Brasil, no decorrer dos primeiros anos da Regência, pela ruidosa instalação da chamada "democracia jacksoniana", desde 1828.

O tipo de interesse por ela despertado incluía uma série de reformas típicas da chamada idade do Reformismo, presente na Inglaterra, onde *Reform Bill* é afinal ratificado em 1832; presente na França, onde nova revolução instala a "Monarquia de Julho", com seu rei burguês, em 1830, para não mencionar a reforma política da Holanda no mesmo ano, ou o surgimento da nacionalidade belga e de muitas outras[1].

Está o mundo sob o signo da Reforma, da readaptação e da derrubada de velhos valores no final dos anos 1820, e muito mais no início da década seguinte.

Se não servem já os velhos métodos, como serão os novos? Serão realmente novos? É o que propõe descobrir o nobre Alexis de Tocqueville[2], quando vem ao Novo Mundo com Beaumont, seu companheiro, para estudar o sistema carcerário da América do Norte, em plena era jacksoniana.

Desde 1828, elegera-se Jackson, e com este, dizia-se, passava a ter voz na política o homem comum. Governava afinal um presidente que se vestia à maneira rústica do Oeste e que, segundo se propalava, surgira do nada, sem fortuna e sem amigos influentes. Ganhara fama de herói atacando e tomando Nova Orleans com a guerra de 1812 já terminada sem que ele o soubesse. Ele era o herói simples, o homem corajoso, o "justiceiro" que chegava ao Poder enfrentando ciladas e poderosos da cidade, uma espécie de sonho americano reformulado.

Cheio de inimigos poderosos e dono de vontade férrea, Jackson fazia o gênero do homem irreverente e explosivo. Tinha lá seus pecadilhos amorosos que quase chocaram os puritanos, mas, não resta dúvida, era um *condottieri* uma presença marcante nos Estados Unidos e no mundo.

Seu perfil se projetava como sendo o do homem sequioso por integrar o Oeste através de conexões, estradas, rios e canais ao Leste hostil e desdenhoso e ao Sul senhorial e desnacionalizante. Era um gigante vivendo em terra de gigantescos problemas e explosões. Havia os índios, a serem empurrados para reservas distantes e inóspitas para que cedessem lugar aos brancos sequiosos de novas terras, estes novos votantes (do novo estilo político que se impunha, mais e mais, enquanto avançava na América o romantismo e o

---

1. Para maiores detalhes biográficos sobre Jackson, ver MARQUIS, James.' *Andrew Jackson, Portrait of a President*, Indiannapolis, Bobs Merril, 1937. Consulte também, além do já mencionado Lee Benson, G. G. VAN DEUSEN. *The Jacksonian Era*. Nova York, 1959.

2. Há várias edições da famosa obra de Alexis TOCQUEVILLE, publicadas principalmente em 1835. Recentemente a excelente edição atualizada de Richard D. HEFFERNER foi traduzida pela Editora da Universidade de São Paulo, ALEXIS DE TOCQUEVILLE, *Democracia na América* (edição condensada para o leitor moderno, trad. J. M. P. ALBUQUERQUE, Rev. Anisio TEIXEIRA), São Paulo, Ed. Nacional/ Ed. da Universidade de São Paulo, 1969.

nacionalismo). O presidente haveria de enfrentar seus desafios e seus inimigos, mesmo os protegidos na Geórgia pelo facho da Justiça de seu arqui-inimigo, o famoso juiz Marshall, da Suprema Corte.

Havia o Banco dos Estados Unidos, odiado por alguns, mas entre seus opositores estava o próprio presidente: o Banco foi massacrado. Surgiam desafiadores na Carolina do Sul, com John Calhoun à frente, a quererem anular, com apoio do Congresso americano, o veto presidencial e medir forças com o presidente. Este, no entanto, venceria como em várias outras circunstâncias, por dispor de duas poderosas armas: a simpatia popular e o apoio de uma bem articulada campanha de imprensa, orientada por um dos membros de seu famoso "Kitchen gabinet" (Gabinete de cozinha), Francis Blair, que logo passou a dirigir o *Washington Globe,* prestigiado como órgão oficial da administração e idealizada por Amos Kendall, a "invisível" eminência parda de Jackson.

Tanto o presidente como seus homens de confiança, os homens da "cozinha", eram desdenhosamente acusados de serem donos de poucas luzes intelectuais, apesar de nesse período haverem florescido as letras americanas, com homens de porte de um Walt Whitman.

Uma era de progressos sem precedentes teve lugar então nos Estados Unidos em todos os campos da atividade humana, e, em que pesem as críticas de que administração fazia atos demagógicos, até a política externa de Jackson foi extremamente comedida, chegando a ser conservadora. Numa espécie de atitude conciliatória, o rústico general procurava na política externa agradar aos homens de negócios. Os anos de Governo de Jackson, presidente que serviu por dois termos (1828-1836), foram anos tormentosos, em que as dissidências se sucederam, e durante os quais os problemas financeiros perturbaram a administração, tal qual ocorrera no Brasil, durante a Regência.

As discussões sobre a vantagem de se manter um Banco oficial dos Estados Unidos suscitavam dissenões violentas, mostrando, acima de tudo, a divergência entre os interesses locais daquele vasto território que continuava a expandir-se. A principal causa de discórdia neste assunto prendia-se às suposições de que talvez não conviesse a países novos entesourar eus capitais e sim usá-los em projetos de expansão, argumento que se repete com uma constância impressionante nos debates parlamentares brasileiros. Outro motivo de discórdia nos Estados Unidos era a conveniência de manter uma tarifa protecionista ou livre-cambista. O protecionismo triunfou lá e aqui no mesmo ano, 1844. Antes, porém, houve uma *bancarrota* geral, no final da administração Jackson e no início do mandato de seu amigo e sucessor Martin Van Buren, período que ficou conhecido na História dos Estados Unidos como o famoso *Pânico de 1837*.

Em sessão de 4 de setembro de 1837, Bernardo Pereira de Vasconcelos, ao discutir projeto relativo ao meio circulante do Brasil, projeto este que estava instruído por parecer do cônsul James Birckhead dos Estados Unidos, argumenta que a crise mundial de 1837 procedia de grande aumento de emissão de papel-moeda, causadora de especulações que levaram a uma suspensão total de pagamentos bancários nos Estados Unidos (o Pânico). Preconiza portanto a solução de um banco centralizado nas mãos do Governo, o Tesouro Nacional, do qual seria um dos criadores.

Era esse portanto o cenário verdadeiro do país de onde procediam estímulos que projetavam a figura de Jackson como um americano comum chegando ao Poder por vontade do homem comum — enfim a democracia sobre cujos defeitos e vantagens escrevia naquele momento Tocqueville. Antes dele, porém, escreveram os jornais, falou o mundo e o Brasil não o ignorou[3].

Ora, 1828 é também o ano em que os Estados Unidos finalmente obtiveram o tratado de comércio almejado desde 1810, e por isso mesmo diversas vezes mencionado desde Thomas Sumter, o primeiro diplomata americano de alta categoria no Brasil, que trouxera consigo instruções explícitas nesse sentido[4]. É deste mesmo ano, 1828, a assinatura do tratado que selou a independência da Cisplatina, sob a égide da Inglaterra, ano em que a estrela de D. Pedro começa a mostrar sinais de empalidecimento, e quando

---

[3]. Sobre a era de Progresso e Reforma de 1820 a 1840, consultar John M. BLUM et al. *The National Experience*, 2.ª ed., Nova York, Harcourt Brace and World, 1968.

[4]. Instruções trazidas por Thomas Sumter Jr. 1.º-ago.-1809. "Diplomatic Instructions from the Department of State to Ministers. Brazil: 1809-1855 (séries I, II, III, IV, V, VI). Cf. apêndice 2 da correspondência de William Hunter a John Forsyth de 27-jul.-1837, DDNA, com um sumário das questões e respostas dadas pelo cônsul por solicitação da Câmara dos Deputados no mesmo mês, na qual desaconselha a emissão provincial e aconselha a centralização de emissão monetária.

também dele se começa a falar como cerceado em suas tendências liberais por várias razões.

Ainda nesse ano os Estados Unidos passaram a obter do Brasil melhor tratamento para suas pendências relativas ao comércio marítimo com a região platina, onde eram geralmente suspeitos de estarem traficando armas e munições. No Prata, a pretexto de bloqueios brasileiros que os americanos não reconheciam por achá-los bloqueios de decreto ou de papel, como diziam, era detido o comércio americano. Como vários desses casos pendentes vinham sendo procrastinados desde as andanças de D. João VI no Prata, a súbita modificação de tratamento do assunto é reveladora.

Em 1828, um hábil diplomata, homem de negócios e de letras, William Tudor, ilustrado e culto, passa a entender-se melhor com o Governo imperial, superando os diplomatas americanos que o precederam. Seu grande trunfo é a comentada inclinação liberal de D. Pedro, a facilidade de trato e a objetividade que encontra no ministro dos Negócios Estrangeiros do Império, o Marquês de Aracati, versado em línguas e conhecedor de negócios, João Augusto d'Oeyhausen[5].

É bem verdade que um grupo nitidamente identificado com os interesses nacionalistas, e que cita os Estados Unidos na Assembléia e na Imprensa como paradigma da liberdade e principalmente de prosperidade do continente, é totalmente oposto a tratados comerciais com países poderosos como a Inglaterra, por exemplo. Essa atitude é patente por ocasião da discussão da Convenção realizada para a cessação do tráfico em 1826.

As acusações de que os interesses britânicos estariam pressionando-nos a assinar compromisso nocivo à nossa sobrevivência são freqüentes, então havendo no plenário da Câmara dos Deputados alusão clara à intimidação inglesa e ao perigo representado pelo tratado inglês. Essas acusações são feitas por parte daqueles mesmos homens que volta e meia citavam os Estados Unidos como modelo de comportamento para um país novo[6].

---

[5]. O Marquês era filho de pai alemão e mãe portuguesa. Era casado com a Marquesa de Alorna. Governou o Ceará, Mato Grosso e São Paulo. Após o 7 de abril seguiu com D. Pedro de volta a Portugal, e por fim governou Angola.

[6]. Deve-se revelar porém que os Estados Unidos, nesta mesma ocasião, estavam inclinados a reconhecer o Governo *de fato* de D. Miguel, alegando coerência com a linha tradicional de sua política exterior, que favorecia pronto reconhecimento dos Governos revolucionários e Estados beligerantes. William Tudor a Martin Van Buren, 11-set.-1829, DDNA.

Andrew Jackson, sendo herói nacional quando conseguiu afinal ser eleito, representava, segundo o mito, a vitória do Oeste e da democracia; empenhado em promover interesses dos homens da fronteira, insinuava também a derrota dos estadistas elitistas sulinos e das elites do Leste, que se temia estarem perpetuados no Poder. No entanto, o tratado americano com o Brasil, neste momento, atende precisamente a interesses dos negociantes do Leste, de onde viria o secretário de Estado escolhido por Jackson, e seu sucessor no Governo do país, o nova-iorquino Martin van Buren.

Enquanto isso, os argumentos favoráveis aos Estados Unidos, arrolados por inúmeros parlamentares, dão-nos como exemplo questões pertinentes ao aproveitamento das riquezas interiores do Brasil. Portanto, é o desenvolvimento prodigioso e a fluidez, os causadores da ascensão social e enriquecimento no Oeste americano, o grande tema exagerado e propalado por todos os que vêem na imigração e no povoamento acelerado o motivo das construções de vias de acesso fluvial, lacustre e terrestre, e da prosperidade em geral.

Um exemplo desse tipo de preocupação é o parecer dado por Evaristo da Veiga e J. A. de Lemos, em 1.º de julho de 1836, a um pedido de permissão para "a abertura de um canal ligando a Lagoa Rodrigo de Freitas à Praia do Botafogo", sobre o qual opinam os dois deputados, encarregados do parecer, pedindo maiores detalhes e esclarecimentos, demonstrando portanto seu visível interesse pelo assunto[7].

Construía-se na América do Norte um canal ligando o lago Eriê, em 1825. Ensaiavam-se companhias férreas desde o início do século, tendo-se formado sociedades comerciais para implantá-las já em 1820. Em meados de 1830, já eram realidade, a encurtar distâncias no país imenso.

Uma análise computacional à qual já nos referimos no Cap. 5, permitiu a Lee Benson, no seu trabalho, *The concept of Jacksonian Democracy,* redimensionar conceitos anteriores, mostrando que inúmeros grandes proprietários e negociantes do Norte e Leste votaram em Jackson motivados também pela participação que tiveram então na expansão econômica para o Oeste.

---

7. *Anais do Parlamento Brasileiro* (Câmara dos Senhores Deputados, Terceiro ano da 3.ª legislatura, 1836), Tipografia da Viúva Pinto e Filho, 1886, p. 10.

Esses homens estavam mais ligados ao comércio marítimo, especialmente ao de transporte (*carrying-trade*). Parece assim mais plausível os Estados Unidos desejarem reconhecer a D. Miguel no trono português, talvez na tentativa de ampliar seu comércio com aquele país, tão bem situado na rota atlântica. Os britânicos, por sua vez, se expandiam no Caribe, ocupando o porto de San Juan de Nicarágua, ampliando suas fronteiras em Honduras pela ocupação da ilha de Ruatan, que era espanhola[8].

Em contrapartida, os americanos, entre 1830 e 1836, estavam se infiltrando no Texas, que em 1837 já recebia um *chargé* nomeado por Jackson, já que se tornara um Estado independente do México. Ingleses e franceses, por seu turno, concentravam esforços diplomáticos, abertos e secretos, para impedir a expansão norte-americana no Texas. Esta se postergou, transferindo-se para a década seguinte[9].

O uso de barcos a vapor nos rios são parte importante das novidades norte-americanas do período; o que já se passa em matéria de progresso nos transportes e no comércio, na navegação destinada a distribuir mercadorias, nos progressos agrícolas e na vitória sobre o meio ambiente, é, sem dúvida, um programa de propaganda democrática, capaz de autopromoção em termos mundiais[10].

Inúmeras vezes vê-se o historiador aperceber-se de que os homens reagem tanto ao real como ao irreal, nele incluindo o impacto da imagem projetada. Este é capaz de produzir comportamentos e reações igualmente importantes para análise histórica.

É nessa linha de pensamento que arrolamos as impressões de William Tudor, encarregado de Negócios dos Estados Unidos, aqui chegado em junho de

---

8. Detalhes sobre o assunto em Fred RIPPY. *Rivalry of the United States and Great Britain over Latin America (1808-1830)*, Baltimore, John Hopkins Press, 1929. (Há tradução espanhola feita em Buenos Aires em 1967.)

9. Maiores detalhes em J. M. CALAHAN. *American Foreign Policy in Mexican Relations*, Nova York, Mac Millan, 1932.

10. O período de 1820 a 1840 é conhecido nos EUA como a "Era dos Canais", tido como um dos mais expressivos quanto ao progresso material. Um dos trabalhos mais completos sobre o assunto é o de George Rogers TAYLOR, *The Transportation Revolution, 1815-1860*, Nova York, 1951. (Durante a sua missão de reconhecimento da Independência do Brasil, Silvestre Rabelo encorajou uma companhia americana, a Steam Boat Association, a vir explorar a navegação do rio Amazonas. O projeto resultou em fracasso, mas os americanos chegaram a mandar um navio carregado de mercadorias para o Amazonas, e que lá foi barrado pelas autoridades imperiais.)

1828[11]. Esse diplomata consegue ver assinado, em 27 de agosto de 1828, dois meses após sua chegada, um tratado de comércio, proeza pela qual recebe os cumprimentos de seu superior, Henry Clay, que menciona o "excelente tratado" conseguido por Tudor em suas "Instruções diplomáticas[12]".

Além das suas próprias opiniões, os relatos de Tudor traduzem conceitos das pessoas com as quais conviveu, principalmente no tocante às impressões que transmite dois ou três meses após sua chegada ao Rio, mormente quando se trata de política.

A opinião de Tudor, ao conceder que, apesar do seu devotamento à causa republicana, a Monarquia no Brasil constitui "penhor de ordem e único regime adaptável aos brasileiros, desprovidos de preparação para o exercício dos direitos políticos", vale como reflexo da opinião dos altos dirigentes do País, com os quais convivia, chegando o americano a acrescentar ser ideal, para nós, "um soberano cujo poder fosse limitado e tanto quanto possível transformado em *símbolo* da autoridade sem realmente exercê-la pessoalmente". Igualmente reflexo de alguns setores da opinião brasileira é sua afirmação de que a "presença" do Conselho de Estado, e a maneira com que o Imperador *interfere* pessoalmente, manobrando os cordéis da política, são motivo das presentes dificuldades, do Imperador e futura causa de desditas ao País[13]".

Se, continuando na mesma linha de pensamento, submetermos à análise o conteúdo de relatório anterior, no qual Tudor reportara a seu superior, em carta marcada *Confidential,* a chegada de Lorde Strangford na fragata Galatea e os comentários de que o diplomata inglês viera como mediador na questão com D. Miguel, veremos que a situação é bastante intrigante. Primeiro Tudor está lamentando que nada havia transpirado da posição tomada pelo Gabinete inglês sobre a matéria. No entanto, relata um curioso diálogo, capaz de levar-nos a uma série de considerações importantes: "Conversando um dia destes com o Marquês de Aracati, tive ocasião de sugerir-lhe que a melhor maneira de contornar a dificuldade era insistir no casamento da rainha D. Maria com D. Miguel, de forma a preservar-lhe os direitos ao trono". Ao

---

11. William Tudor a Henry Clay, carta datada do Rio de Janeiro, 23-jun.-1828, começada à bordo da fragata U.S.S. Macedonian, que o trouxera de Lima para o Brasil.
12. Instruções de Clay a Tudor, 29-jan.-1829, DINA.
13. Tudor a Henry Clay, 5-dez.-1828, DDNA (grifos nossos).

que o Marquês teria respondido: "E desistir da Constituição?" (Naturalmente referindo-se a Portugal.) — "Sim, já que a maioria dos portugueses parece fazer oposição ou ser indiferente a ela, e Miguel detém nas mãos o Poder" — A resposta relatada é: "Jamais se concordará com isso". Segue-se o comentário de Tudor com o seguinte teor: "Há poucas esperanças de manterem-se os planos liberais do Imperador. Muitos imigrantes de Portugal aqui chegaram recentemente".

Estas palavras textuais de Tudor apresentam curiosíssima contradição, sinal da instabilidade que a complexa mescla de problemas europeus e nacionais produzia no cenário político brasileiro. Afinal, a situação política era de grande interesse para o mundo dos negócios, pois os comerciantes desempenharam papel até agora pouco estudado na política do País.

Apesar da sugestividade do vínculo dos associados das "Defensoras" com cargos políticos posteriores, não se pode dimensionar claramente seu papel.

Na realidade norte-americana, onde é mais fácil identificar a participação do comerciante na política, observações como as de Tudor resultam de um tipo de comportamento político que fora dinamizado pelos progressos materiais do período 1820-40. Foi esse um crescimento orientado em várias direções, mas, no tocante ao comércio marítimo, dois tipos de negócios prosperaram particularmente além do chamado *carrying-trade*: a pesca da baleia e a exportação de gelo para regiões tropicais, feitas ao longo da rota do Cabo Hor[14].

O diplomata William Tudor, por coincidência, pertencia à família Tudor de Boston, cujo nome está, desde 1815, ligado ao comércio de gelo[15].

Sua prosperidade foi alentada pelos contatos feitos com chefes de Estado e altos dignatários das áreas com as quais comerciava. Tudor representa o tipo clássico do comerciante que ascende à dignidade política, social e intelectual, pois além de diplomata ele foi um dos co-fundadores da *North American Review*[16].

---

14. WRIGHT, Antonia Fernanda P. A. *Desafio americano...*, pp. 80-117.
15. Esse comércio prosperou imensamente até 1840. Continua até hoje não suficientemente estudado, embora ele se fizesse também com o Brasil no mesmo período. Em 1834 uma primeira carga de gelo foi mandada para o Rio de Janeiro. Em 1855, 12 companhias estavam englobadas neste negócio. No Brasil, estima-se a operação em US$ 600.000 dólares, quantia altíssima para a época. O comércio com Calcutá já está estudado. Os "Reports" do Boston Board of Trade trazem pormenores sobre este assunto, que ainda não desistimos de estudar.
16. Para maiores detalhes veja Merle E. CURTI. *The Growth of American Thought*, 3. ed., Hasper & Row, 1964, pp. 211-12.

Quando chegou ao Brasil, este ilustre homem de letras já havia servido no Chile. Trazia a saúde combalida pelas longas permanências nos trópicos, tanto que veio a falecer aqui em 1830, jazendo no cemitério da Gamboa. Entretanto, no pouco tempo que ficou no Brasil, conseguiu mais do que qualquer de seus antecessores.

O exame de sua carta confidencial, há pouco analisada, demonstra claramente o amadurecimento e a experiência, ao lado da maleabilidade de comerciante, sempre capaz de fazer concessões ao lado prático dos acontecimentos.

Uma prova disto: o americano se refere às aspirações de D. Miguel como uma isenção de ânimo que mal denuncia a presença de um republicano ardoroso e de um democrata do Novo Mundo, ao qual não repugna a idéia de D. Pedro renunciar à constitucionalização de Portugal. Aracati, o nosso ministro das Relações Exteriores, por sua vez, insiste que as pretensões de D. Miguel serão tolhidas pelo Imperador, o que o revela um monarquista claramente favorável à constitucionalização.

Já o comentário de Tudor, de que a chegada de muitos imigrantes portugueses poderia constituir empecilho aos planos liberais do Imperador, é bastante sugestivo, confirmando talvez a observação de que o liberal português aqui chegando "vira corcunda", colocando o liberalismo brasileiro sob um contexto digno de estudos mais minuciosos.

Em cartas posteriores, Tudor desaconselha ao Departamento de Estado o reconhecimento de D. Miguel, por prever a má repercussão que isso teria no Brasil, principalmente por notar um incontido desejo de progresso e reformas de sentido prático, profetizando para o nosso país uma reformulação política e econômica, então em andamento, que faria o Brasil mais próspero que Portugal[17].

Poder-se-ia supor que o desejo de progresso entre nossos dirigentes e parlamentares, captado pelo arguto Tudor, fosse mais centrado no plano das aspirações teóricas e otimistas, tendo-se em vista a situação difícil do erário brasileiro, ao findar-se a segunda década do século passado.

Ainda assim, por tudo que vem sendo exposto, vê-se que a circunspecção e o cuidado com a coisa

---

17. Tudor a Van Buren, 11-set.-1829, DDNA.

pública, assim como o zelo com a situação política, eram de primordial importância para estes homens, que, em sua maioria, não procedendo de famílias abastadas, agora, mais do que nunca, praticamente tomavam a si a responsabilidade de encaminhar o País para a prosperidade.

Luís Augusto May, o trêfego articulista, pode ser surpreendido ao declarar da tribuna da Câmara verdadeira profissão de fé daquilo que vê como única saída para os brasileiros em 1828, e que traduz a opinião de muitos: "É pois e deve ser hoje nossa tarefa amalgamarmos novamente o Governo com a nação (...) e isto só se pode conseguir mediante confissão, contrição, satisfação política (...) com dignidade e laconismo (...)[18]".

A mesma prudência preconizada na política interna, revela May no tocante à externa, quando, ao examinar as propostas das representações diplomáticas brasileiras, ele investe contra as representações desnecessárias e só destinadas à ostentação em grandes capitais européias, lamentando: "o contraste do passado desvio de nossas cousas americanas (...)[19]", num pronunciamento claríssimo que poderia ser pressentido "isolacionista", não fosse ele mais que tudo um brado contra a influência européia no Brasil. Real ou imaginária, bem intencionada ou não, a essência da doutrina Monroe nessa mesma sessão é citada em francês como procedente do pensamento do Pradt, segundo o qual só aos habitantes do Novo Mundo cabia a gerência de seus negócios. O próprio May nos fornece a chave de seu raciocínio, ao dizer que para "tapar a boca" dos que o supõem "enamorado dos Estados Unidos", citaria a "Holanda como fonte de inspiração política", como país onde se estava a realizar uma reorganização eficiente e moderada com a Federação dos diversos Estados dentro dos quadros da Monarquia. E, para que não fiquem dúvidas a respeito do seu verdadeiro objetivo em nosso espírito, vemo-lo a criticar as despesas do Brasil para os "exponsais de D. Maria II com D. Miguel".

José Lino Coutinho, que também participou acaloradamente nos debates desta sessão da Câmara — como o fazia em praticamente todas as sessões a

---

18. MAY, Luís Augusto. "Pronunciamento em 13-ago.-1828." *Anais do Parlamento* (Câmara, 3.º ano da 1.ª legislatura), Rio de Janeiro, Tip. Parlamentar, 1887, t. IV, p. 81.
19. Idem, p. 82.

que comparecia —, foi mais direto ainda ao perguntar: "para que precisamos nos dar ao luxo de ter consulados na Rússia, na Áustria? Por que Paris e não um cônsul apenas em Havre?", argumentava ele, querendo dizer que o que interessava era o porto comercial e não a trama política ou as amenidades da Cidade-Luz. Reclamava ainda contra a nomeação de "dois cônsules só na Inglaterra", esclarecendo que "os Estados Unidos não se dão a tal luxo", não nos deixando portanto qualquer dúvida de onde busca seus paradigmas.

Nessa linha de análise que vimos seguindo vale a pena lembrar alguns dados biográficos. José Lino Coutinho, por exemplo, nasceu na Bahia, de pais portugueses donos de recursos limitados[20]. Assim mesmo, foi-lhe possível estudar em Portugal, estagiando na Inglaterra e na França. De regresso à Bahia em 1821, fez parte da Junta Provisória, da qual foi secretário. Eleito deputado junto às Cortes portuguesas, lá articulou-se segundo sua nota biográfica "em *club*", ou seja, em grupo, para impedir que uma expedição de 10 mil homens fosse enviada ao Brasil.

Há uma passagem sobre Lino Coutinho — ele mesmo a divulgaria com prazer —, contando que em Lisboa, no hostil ambiente das Cortes, o baiano retrucou a um deputado que ameaçava mandar vir "cão de fila ou leão tal" contra os rebeldes brasileiros: "Contra os cães atiraremos onças e tigres[21]".

Consta ainda da biografia de Lino Coutinho, que ele não compareceu para juramento da Constituição a 30 de setembro de 1822, mas na realidade aplicou sua assinatura ao documento, retratando-se mais tarde[22].

Seja qual for a verdade, Lino fez parte do grupo dos sete brasileiros que debandaram das Cortes tomando um navio para Falmouth, e dali para Pernambuco, cansados das injúrias dos portugueses. Dentre eles estavam elementos que constituíram a fina flor da oposição liberal atuante, a saber: Antônio Carlos de Andrada Machado, Antônio Manuel da Silva Bueno,

---

20. Estamos usando biografia ordinária do arquivo da Faculdade de Medicina da Bahia, repositório de informações. Cf. trabalho organizado pelo amanuense ANSELMO PIRES DE ALBUQUERQUE, Archivo da Faculdade de Medicina da Bahia, *Ligeiras notícias sobre a Faculdade, traços biográficos e bibliográficos*, Bahia, Livr. Catilina, 1919, vol. III, pp. 99-109.

21. Idem, p. 100.

22. Esta anotação é feita com a letra de A. J. Lacombe à cópia xerox da biografia que nos fez a gentileza de ceder, tendo sido ele o pesquisador que a recolheu na Bahia.

padre Diogo Antônio Feijó, José da Costa Aguiar, Francisco Agostinho Gomes e Cipriano José Barata de Almeida.

De volta à Bahia, Lino fez parte da comissão encarregada de manter a ordem na Província, perturbada com as notícias da dissolução da Constituinte. Nomeado, em 1824, lente de uma cadeira recém-criada na Faculdade de Medicina na Bahia, é candidato à primeira legislatura em 1826, sendo quase automaticamente eleito. Era considerado liberal, embora um exame detido de suas intervenções na Câmara e de seu comportamento revele um tipo de atitude prática e intermediária, que não se poderia definir, identificando claramente com as correntes políticas em voga, como bem o sugeriu o viajante Joel E. Mathews quando escreveu: "mal que contagia a humanidade ao qual chamamos Democracia, e que no Brasil chama-se Liberalismo[23] (...)". Havia sim um certo tipo de "democracia" surgindo no Brasil. Mas ela era *sui generis,* como vemos.

Lino era chamado de o *deputado das galerias* e, sempre na ribalta, seria eleito mil vezes hoje em dia, tal era a capacidade de captar no ar os impulsos e as aspirações modernizadoras populares, gerando polêmicas. É homem de campanhas ruidosas. Era abolicionista; pugnou pela melhoria da situação de humilhante analfabetismo em que vivia a mulher brasileira, propondo logo no seu primeiro ano na Câmara um projeto de lei para que se lhes ensinasse a ler, contar, escrever e que se abrissem aulas para moças. É sugestivo anotar que este projeto foi enviado em apêndice ao Governo americano pelo seu diplomata no Rio, Ethan Allan Brown, pois na época de Jackson iniciavam-se nos Estados Unidos as primeiras escolas para mulheres e universidades mistas.

Pugnou ainda pela melhoria do professorado primário, que recebia, em 1827, 150$000 por ano. Já naquela época o deputado confessava não saber como poderia vestir-se e sustentar-se um homem, com ordenado tão irrisório.

Fez ainda o deputado inúmeras intervenções na Assembléia sobre a reorganização dos cursos de Me-

---

23. MATHEWS, Joel E., in Barbara STEIN, *Brazil Viewved from Selma,* Alabama, 1867. *The Princepton University Library Chronicle,* XXVII, n.º 2, 1966, p. 66. Este trecho já foi citado como abertura em nossa tese de doutoramento em 1970, publicada depois em forma de livro, aqui citado, *Desafio Americano,* p. 3.

dicina, sendo seu principal objeto derrubar as barreiras entre a Medicina e a Cirurgia, no que encontrou a resistência típica dos retrógrados.

Lino investiu contra os frades quando tocou na delicadíssima questão de bens de mão-morta, ao propor projeto proibindo a entrada destes no Brasil. Aliás esta investida reformadora também em direção às coisas da religião não estava em desacordo com o pensamento de outro seu colega de deputação junto às Cortes de Lisboa, o padre Diogo Antônio Feijó.

As tendências jansenistas de Feijó já foram objeto de cogitação por parte de muitos estudiosos, sendo que em artigo contundente Fernandes Pinheiro o acusa de "erros jansenistas", enquanto João Camilo de Oliveira Torres refere-se a Feijó como sendo não apenas liberal, mas também sujeito à influência das leituras do notório *Catecismo de Montpellier*[24]. Obras jansenistas são notadas em trabalho publicado na *Revista de História* sobre a "Primeira Biblioteca Pública Oficial de São Paulo[25]".

Não sabemos até que ponto Lino ter-se-ia deixado influenciar doutrinariamente em matéria religiosa pela postura reformuladora de fundo filosófico professada por Feijó, o antigo professor de Filosofia e membro do grupo dos chamados Padres do Patrocínio[26].

Devemos porém enfatizar que a poupança e o medo à dilapidação de recursos econômicos era verdadeiro catecismo para José Lino Coutinho. Até em suas atitudes pessoais, ele o demonstrava, preferindo andar a pé que de carruagem, tanto que dispensou, com a ordenança de luxo e tudo, quando já nomeado ministro do Império ("ministro pedestre"), em substituição a Manuel de Sousa França em 1831. É bem verdade que habitava próximo ao Paço, e assim a caminhada era curta, mas o gesto é eloqüente.

Eloqüentes o eram também suas tiradas de espírito, mas sempre repisando a mesma tecla. "O Brasil não é aurífero e diamantino, mas sim papelífero e impobríssimo", diria ele, talvez num misto de senso de humor e de tragédia, em 31 de agosto de 1828[27].

---

24. PINHEIRO, J. C. Fernandes. "Os padres do Patrocínio ou o Port-Royal de Itú." *Revista do Instituto Histórico e Geográfico Brasileiro 1888*, t. XXXIII, pp. 2-11.
25. ELLIS, Myriam. "Documento sobre a primeira Biblioteca Pública Oficial de São Paulo." *Revista de História*, 30, 1957, pp. 411-14.
26. TORRES, João Camilo de Oliveira. *História das idéias religiosas no Brasil.* São Paulo, Grijalbo, 1968, p. 120.
27. *Anaes do Parlamento 1828*, Rio de Janeiro, Tip. Parlamentar, t. IV, p. 81.

Esse mesmo zelo tê-lo-ia levado a inquirir e insistir irritantemente quanto aos problemas financeiros e orçamentários, provocando tanta celeuma na Câmara e na imprensa que haveria de irritar o Imperador. Este, também temperamental e lutador, não hesitou esgrimir a palavra com o baiano, igualmente passando à injúria, capaz de sacudir as galerias, assinando-se "O Verificador" e respondendo à altura. Citando uma quantidade enorme de informações publicadas no *Diário do Governo* e no *Diário Fluminense,* o fez com o propósito de responder às insinuações de Lino em 1829, de que o "Imperador recomendara quatro vezes negócios da Fazenda". A carta, manuscrita, da lavra do Imperador encontrada no Museu Imperial é explícita e legível[28].

Pode-se reconhecer, logo no início da missiva, escrita com a caligrafia do Imperador, o primeiro dos epítetos com que agracia Lino, chamando-o "Lino Coutinho" ou "Lino Kan". Segue depois fazendo variações sobre a palavra *Coutinho,* denominando-o "Coitadinho" "Kan Nolé" e outros ultrajes, para finalizar pedindo que Deus dê juízo ao deputado, e a ele (D. Pedro) paciência para aturá-lo.

Retornando à Bahia em 1833, Lino consegue ser eleito diretor da Faculdade; casa-se com mulher de família rica e ilustre, talvez um bálsamo ao fim de tantas lutas e de tantos sofrimentos físicos, cansado, além de tudo, por um renitente reumatismo gotoso, que sendo médico, não fora entretanto capaz de debelar.

Em 1836 fecha os olhos, deixando porém no Parlamento brasileiro, na Imprensa e nos documentos da época, a marca indelével do homem público, típico da Independência e da Regência. Do brasileiro prático pertencente a uma realidade muito mais significativa do que se tem cuidado até agora, na qual não atuam apenas grandes ricos proprietários em contraponto a uma enorme massa de trabalhadores livres ou escravos, entre os quais, autores consagrados, afirmavam ter existido apenas vácuo e a disparidade profunda, sem a menor contestação durante anos.

Até mesmo em épocas posteriores a apreensão de Lino Coutinho e homens de seu tipo quanto aos recursos do País seria justa, pois o "plantador" é aqui

---

28. Trata-se de carta que existe no Arquivo do Museu Imperial, da qual obtivemos cópia xerox por gentileza de seu diretor, sr. Lourenço Luís Lacombe, a quem agradecemos. (Documento D. 588. Arquivo do Museu Imperial de Petrópolis.)

descapitalizado, e muitas vezes ele se alia às evoluções da Regência, e se apega ao federalismo na esperança de redimir a situação econômica provincial. A propriedade de terras, em si, não foi necessariamente penhor de grande participação parlamentar em escala nacional ou indício de grandes posses, a menos que a ela o plantador aliasse a empresa comercial, o que os paulistas decerto fizeram ou tentaram fazer com substancial continuidade. Entretanto, é no recôndito dos municípios que ele exerce seu poder político, o que o inclina para a federação e o antagoniza com a centralização.

O professor Eul Soo Pang já havia chamado a atenção em 1970, para o fenômeno da participação no poder político da Bahia do fins do século XIX, de uma quantidade expressiva de burocratas e políticos profissionais, além dos padres. Suas pesquisas, feitas em autos de falência, escrituras de hipotecas e outros documentos, mostram senhores de engenho donos de imensos latifúndios, porém pobres, endividados, descontentes, e não raras vezes totalmente desvinculados da política do Governo central[29].

A realidade que nos referimos inclui deveras, e há mais tempo do que o imaginávamos, uma porção expressiva de homens do tipo de Lino Coutinho, homens a quem a política projeta, homens que a ela se dedicam quase que integralmente, sem no entanto interromper totalmente todas as suas atividades particulares; como também os que são políticos profissionais, e só vivem disso. Havia realmente muito do comportamento do político "democrata" que está na mira do povo na atitude desse homem, que embora representasse a moderação, é um homem que agrada a massa. Como veremos adiante, nos resultados obtidos com o computador, Lino é também um dos que mais cita os Estados Unidos, a propósito de quase tudo que debate, embora os assuntos que debate justifiquem tal atitude, por serem assuntos ligados à modernização e ao desenvolvimento.

É interessante registrar a esse respeito a atitude de Teófilo Otôni, o liberal puro e teórico de província, a quem pejava não dedicar-se aos negócios, dado ao

---

29. PANG, Eul Soo. *The politics of Coronelismo in Brazil: The case of Bahia 1889-1930*, California University Press, 1970. (Tese apresentada em Berkeley, 1970). Quanto à participação dos padres na política de 1889 a 1964, veja, do mesmo autor, "The Changing Roles of Priests in the politics of Northlast Brazil, 1889-1964". *The Americas*, XXX, n.º 3, jan.-1974, pp. 341-72.

fato de prover a subsistência da família, implicando com isso que a deputação, o cargo público, devessem ser obra cívica e não profissão. É por isso que esse sonhador americanófilo, que idealizou a "colonização" do vale do Mucuri e fundou uma cidade de nome Filadélfia em ponto estratégico do vale, achava que somente "uma situação comercial lhe garantiria a mais completa liberdade na vida pública[30]".

Igualmente voltadas para o progresso interior do País eram as soluções propostas por Raimundo José da Cunha Matos, militar de alta patente (marechal de campo), fundador do Instituto Histórico e Geográfico Brasileiro, em 1838.

Cunha Matos, apesar de monarquista, e de ter embarcado para Portugal quatro meses antes do Imperador, foi também alvo da ira do monarca, que sobre ele escreveu na imprensa, conforme atesta o próprio Cunha Matos. Essa outra carta, da lavra imperial, também existente no Museu de Petrópolis, é uma acusação em termos não menos ofensivos que a de Lino[31], pois o militar é nela acusado de ter-se apropriado indebitamente de uma baixela de prata tomada por empréstimo ao monsenhor Pedro Machado Miranda Malheiro[32].

A cópia da carta é claríssima, embora não haja nela subsídios específicos para que se descubra o motivo imediato da investida imperial contra Cunha Matos. Tendo sido escrita em 1828, terá certamente relação com as posições tomadas pelo militar, especialmente em seu apego à Constituição.

Em 9 de agosto de 1828, esse deputado por Goiás, que se dizia pobre e que vivia modestamente, referiu-se porém com veemência à sua submissão à "Constituição", dizendo-se "muito fiel ao código que nos rege" e clamando: "sou muito constitucional, não desejo senão a consolidação do sistema monárquico, representativo e constitucional[33]".

Português de nascimento, Cunha Matos sentia-se identificado com o Brasil, fazendo daqui a sua pátria verdadeira. Talvez por força da profissão conhecesse o País a ponto de sua *Chorographia histórica* constituir

---

30. CHAGAS, Paulo P. *Teófilo Otôni...*, p. 141.
31. Carta procedente do Arquivo Imperial de Petrópolis: Código D.3437 (cortesia do diretor do museu).
32. Tanto esta como a carta contra Lino são mencionadas por Helio VIANNA em um pequeno trecho que se estende em 2 páginas da *História do Brasil*, São Paulo, Melhoramentos, 1972, vol. II, pp. 375-76.
33. *Anais do Parlamento,* (Câmara dos Srs. Deputados, 1828). Rio de Janeiro, Tip. Parlamentar, 1887, p. 60. Sessão de 9/8/1828.

um dos mais importantes documentos sobre Goiás no início do século XIX, o que demonstra que a fez com devoção àquele interesse pela História Natural e pela Geografia do Brasil, tão típico dos homens da geração da Independência.

Tem biografia escrita por sua descendente, Gerusa Soares, que deve ter tido acesso a documentos preciosos[34]. Posto de lado o entusiasmo natural da sua biografia, a obra de Cunha Matos é da maior importância para o estudo da vida política e econômica do Brasil do período, sobretudo o *Itinerário do Rio de Janeiro ao Pará e Maranhão,* publicado em 1836[35].

Nesta obra, as descrições que faz são importantes não apenas pelo seu conteúdo (apesar de várias delas se encontrarem em Mawe), além da obra de outros famosos viajantes[36]. O que a obra revela de forma estupenda é o tipo de ação ali descrita. As revoltas de índios (principalmente os Xerentes, de Goiás, em 1829) são tônica importantíssima do trabalho de Matos, mostrando sua reação diante de um problema típico do Novo Mundo, por sinal enfrentado da mesma forma nos Estados Unidos no mesmo período: com o Exército.

É também interessante notar em seu trabalho a riqueza de informações, nele importando menos as acusações de plágio, e mais o fato de haver divulgado, por esse meio, conhecimentos essenciais sobre a realidade brasileira.

Isso é que transforma sua obra e sua ação num excelente depoimento da mentalidade de uma época, bem como de um militar de nível elevado, capaz de ocupar altos postos, como de fato ocupou, antes e depois da Independência.

Tendo servido na África, veremos o militar investir, na Assembléia, contra o que chama de hipocrisia britânica, na questão de tráfico, dizendo que

---

34. SOARES, Gerusa. *Cunha Mattos, 1776-1839,* Rio de Janeiro, Ed. Paulo, Pongetti, 1931.

35. MATOS, Cunha, *Itinerário do Rio de Janeiro ao Pará e Maranhão,* Rio de Janeiro, J. Villeneuve, 1836.

36. MAWE, John. *Viagens ao interior do Brasil,* Rio de Janeiro, Valverde, 1944. Dentre outros temos: DEBRET, Jean Baptiste. *Voyage pittoresque et historique au Brésil, depuis 1816 jusqu'en 1831 inclusivement,* Paris, F. Didot, 1834. BEYER, Gustav. *Ligeiras notas de viagem do Rio de Janeiro à Capitania de São Paulo,* Rio de Janeiro, Tip. do Diário Oficial, 1808. SAINT-HILAIRE, *Viagem à Província de São Paulo e resumo das viagens ao Brasil, província Cisplatina e missões do Paraguai,* (trad e pref. Rubens R. de Moraes), São Paulo, Martins, 1949. SAINT-HILAIRE, *Segunda viagem a São Paulo e quadro histórico da Província de São Paulo,* (trad. Afonso de E. Taunay), São Paulo, Martins, 1953.

fala com conhecimento de causa. Tinha estado na ilha de São Tomé em 1811, e sobre aquele posto escreveu "memórias estatísticas", o que revela seu espírito observador. Serviu em Pernambuco à testa das forças enviadas para sufocar a Rebelião de 1817. Foi mandado pelo Governo para Goiás, em 1823, para manter a situação após a dissolução da Constituinte, entrando em choque com o Conselho Administrativo e com a Magistratura local.

Entendendo o problema de Goiás como acima de tudo um problema de segurança, Cunha Matos procura organizar a guarnição militar local. Sofre áspera campanha na Província, especialmente a crítica contundente da *Matutina Meia-Pontense* e tem de se haver com os republicanos *Sentinela, Tamoio* e *Correio do Povo*, desancando impiedosamente.

Faz porém suficientes contatos com os homens que dominam a situação eleitoral em Goiás, e assim, embora ausente da Província a partir de 1825, é por ela eleito deputado para a primeira legislatura em 1826.

Chamamos a atenção para a maneira como se desdobra o comportamento parlamentar e a carreira política desse militar, interessado em Geografia, Estatística, História Natural e em Astronomia. Em certos aspectos, ele reflete a atitude intermediária que irá prevalecer no Segundo Reinado.

Toma Cunha Matos um tipo de atitude com os índios, bastante diversa de Teófilo Otôni, que para levar adiante o trabalho em sua famosa "Companhia do Mucuri", sonhava empregar o braço indígena catequisado e livre, além de favorecer a idéia de fazer vir o imigrante, tendo este último também produzido um importantíssimo trabalho antropológico sobre os índios da região de seu vale da promissão: os índios Nackenenukes, parte da nação dos Botocudos[37].

Cunha Matos, por seu turno, não tinha grandes esperanças no trabalho indígena, favorecia a escravidão e se opunha à cessação do tráfico, seguindo praxe usual entre os políticos brasileiros de então, que era condenar a escravidão como instituição, mas pugnar por ela por achar absolutamente *fatal* ao Brasil qualquer veleidade de acabar de chofre com o trabalho escravo, nos termos preconizados pela Inglaterra. Favorece a imigração, isso sim, mas também não se ilude, é um realista, acha que só o dinheiro, a riqueza e a oportunidade atrairão imigrantes, chegando mesmo a de-

37. CHAGAS, Paulo P. *Teófilo Otôni*..., pp. 191-218.

clarar mais de uma vez que esse era o segredo do desenvolvimento dos Estados Unidos: "... dar terras e dinheiro, fazendo uma proposta realista, direta, praticamente comercial aos imigrantes. As colônias inglesas regorgitam de população (...) os Estados Unidos têm desfrutado um crescimento de população superior a tudo que há na História", argumenta ele em discurso de 1827[38].

Essas atitudes surgem claramente em discurso que faz a propósito da proposta de cessação do tráfico (condição inglesa para reconhecer a Independência), como membro da Comissão, e da qual diz textualmente:

"A proposição feita por Charles Stuart ou pelo Hon. Robert Gordon é derrogatória da honra, dignidade, interesse e soberania da nação brasileira por sete motivos, a saber: prejudica o comércio Nacional; porque ataca a lei fundamental do Império do Brasil; porque arruína a agricultura (...); porque aniquila a navegação; porque dá cruel golpe nas rendas do Estado; porque é prematura e, finalmente, por atacar a lei do Império, ao atribuir ao Governo direito de legislar que só cabe à Assembléia (...)".

Homem de comissões, Cunha Matos faz parte da Comissão de Comércio e Indústria, motivo pelo qual temos a oportunidade de verificar sua atitude de defesa irrestrita da indústria brasileira, que acredita só poder desenvolver-se com apoio do Estado, e tão logo este consiga livrar-se da concorrência estrangeira, conforme se vê nos resultados computados por nós. Fala em seu discurso de fábricas de tecidos e galões na Província de Santa Catarina, fechados pelo Governo, e também da crise na fábrica de Sorocaba (Ipanema), onde lamenta não se produzirem armas, munições e outros apetrechos para o Exército, que tem de comprar no exterior. Lamenta o estado de penúria em que se encontram os estaleiros nacionais em Recife, em Alagoas e na Bahia. Enfim, toma posição objetiva contra aqueles que o acusam de desconhecer os grandes pensadores da Ciência Política, que aliás não cita, sendo homem de poucos floreios, porém de grande objetividade. Neste período os periódicos estavam informando com grande abundância de detalhes o que se passava em outras partes do mundo aos leitores das províncias que os aguardavam com interesse. Segundo o *Farol Paulistano,* edição de 29 de maio

---

38. *Anaes do Parlamento Brasileiro, 1827,* Rio de Janeiro, Tip. de Hipólito José Pinto, 1875. (Discurso de 16-jun.-1827.)

de 1830, "era costume" reunir-se muitos cidadãos para aguardar a chegada do Correio, já para lerem os periódicos da Corte e desta cidade, já para se comunicarem as notícias recebidas por cartas particulares[39].

É de se perguntar até que ponto este parlamentar representava ou não a mentalidade específica do período Independência-Regência, período este que forma um claro bloco mais facilmente identificado a partir de 1828, ano em que torna-se possível afinal aos Estados Unidos, a despeito de seu republicanismo, obter um tratado de comércio do Brasil.

Apesar de monarquista, vê com clareza e perfeitamente, ao que parece, os momentos ou as circunstâncias em que o Imperador se envolve em projetos e em situações nocivas ao País que o adotara.

Sua atuação reflete comportamento não muito diverso do deputado por São Paulo, Antônio de Paula Sousa, homem de ação e de projetos arrojados, num sentido nitidamente desenvolvimentista.

Vários desses homens afastam-se, ou morrem, por volta do final da década de 30. Durante o período em que estão atuando, mantêm em seus discursos e em suas atitudes, claramente presentes no espírito, seja a leitura, seja a notícia dos sucessos e dos norte-americanos, onde igualmente a Independência havia sido feita e os homens tudo faziam para que a prosperidade viesse a completá-la.

O tratadista J. B. Say, apontado pelo historiador do pensamento econômico Joseph Dorfman, como sendo o tratado de Economia Política mais divulgado e aceito nos Estados Unidos durante a era jacksoniana[40], também o é no Brasil. As colunas da *Aurora Fluminense,* de Evaristo da Veiga, estão pontilhadas de constantes menções a esta obra, que aliás era adotada na Faculdade de Direito de São Paulo. Apenas em uma consulta rápida verificamos que a *Aurora* do dia 15 de junho de 1835 cita J. B. Say, nada menos que sete vezes, enquanto que no dia 3 de junho, há nada menos que quatro citações[41].

Dentre os parlamentares do período em estudo que aludem mais freqüentemente a exemplos estrangeiros no recinto da Assembléia, destaca-se Bernardo Pereira

---

39. *O Farol Paulistano,* n.º 348, 29-mai.-1830.
40. DEORFMAN, Joseph. *The economic mind in American Civilization. (1606-1865),* Nova York, The Viking Press, 1946, pp. 566-699.
41. *Aurora Fluminense,* 15-jan.-1835, (1058) e 29-mai.-1935 (1052).

de Vasconcelos, filho de um suspeito de participação na Inconfidência Mineira, Diogo Pereira de Vasconcelos.

Fato digno de nota é a primeira nomeação do jovem Vasconcelos, que se formara em Direito em Coimbra, para Juiz de Fora de Guaratinguetá, em fins de 1820.

Demitido em 1822, e de regresso a Ouro Preto, inicia ali edição de *O Jornal Universal,* de clara orientação liberal. A partir de 1823 começa uma fulgurante carreira política, encerrada aos 55 anos com a sua morte prematura em 1850, vítima de terrível paralisia que o perseguiu durante anos.

Mencionado como o "Franklin do Brasil" por Walsh, e como o "Mirabeau" por Armitage, era um pouco de tudo isso, como a maioria de seus companheiros de geração, mas era acima de tudo um *homem prático* e versátil como outros, capaz de não se prender a rótulos partidários, já que estava atento a problema de maior importância, a sobrevivência do Brasil, principalmente no difícil período da Regência.

É em geral apontado como famoso trânsfuga do Partido Liberal, fato que se deu após 1833, quando também começa a se opor a Feijó. O risco da anarquia o assusta, e, no que diz no famoso discurso em que começa "Fui liberal", está muito mais do que a justificativa de um homem que mudou de partido.

A essência de seu pensamento pode ser analisada com vantagem através do importante subsídio para o estudo da evolução política do Brasil, que enfeixou em *Cartas aos eleitores da Província de Minas Gerais*[42].

Derrubado o Gabinete de 1839, volta à oposição e é nela que mais se projeta Vasconcelos[43]. Igualmente importantes para o estudo do pensamento político da época são a *Circular aos senhores eleitores,* de Teófilo Otôni, e o famoso panfleto de Justiniano José da Rocha, "Ação; Reação; Transação[44]", formando estes três documentos um fundo de quadro

---

42. VASCONCELOS, Bernardo Pereira de. *Cartas aos eleitores da Província de Minas Gerais,* 2. ed., Rio de Janeiro, Ed. Francisco Rodrigues de Paiva, 1899.
43. Maiores detalhes em SOUSA, Otávio Tarquínio de. *História dos fundadores do Império do Brasil,* Rio de Janeiro, J. Olímpio, 1957-1958, vol. V.
44. ROCHA, Martiniano José da. *"Ação; Reação; Transação. Duas Palavras acerca da atividade Política do Brasil",* Rio de Janeiro, Tip. Imperial e Constitucional de J. Villeneuve, 1855; OTÔNI, Teófilo B. *Circular aos senhores eleitores,* Rio de Janeiro, 1860 Cf. tb. "Circular aos eleitores de Minas Gerais." *Revista do Instituto Histórico e Geográfico Brasileiro,* t. 78, parte segunda, pp. 101-02.

fundamental para o estudo da evolução política do Brasil. Entre as realizações de Bernardo Pereira de Vasconcelos está a criação do Arquivo Público e do Colégio Pedro II.

Bernardo Pereira de Vasconcelos tentou, com grande empenho, organizar a Pasta da Fazenda, que assumiu durante a Regência Trina Permanente. Foi ainda o criador da Bolsa de Valores. É interessante observar que era um grande observador dos progressos dos Estados Unidos.

Como será visto em nossas conclusões, Bernardo de Vasconcelos tem papel destacado nas considerações a pronunciamentos referentes a bancos, moedas e finanças nos discursos parlamentares deste e de outro ilustre homem de Estado, Holanda Cavalcânti.

Outra figura que se destaca dentre os homens que irão compor nosso banco de biografias, Antônio Francisco de Paula e Holanda Cavalcânti de Albuquerque, foi deputado, senador e conselheiro do Império. Nasceu num engenho pernambucano e foi membro preeminente do Partido Liberal, tendo, por isso mesmo, entrado em conflito até com os próprios irmãos, conservadores ou "guabirus", que com ele foram eleitos para a Câmara dos Deputados. Holanda, que foi ministro da Fazenda e da Marinha, mais de uma vez declarou-se pobre na Assembléia da Câmara, condição que declinava com certo orgulho, como prova de correção moral no trato dos dinheiros públicos.

Correto e desconcertante, o concorrente de Feijó para o posto de Regente Único, era homem incomum, sendo sua presença claramente marcada na Assembléia. No período que estudamos, esse biografado de Nabuco é, sem sombra de dúvida, uma das maiores forças e das maiores personalidades de sua época. Chegou até a idealizar a transferência da Capital do Império para um local mais central, não muito distante de onde é hoje Brasília. Nossa análise computacional irá mostrar no teste "marinha" uma surpreendente gama de referências aos Estados Unidos, devida exatamente à admiração nutrida por ele ao País do Norte, onde o veloz Clipper era constantemente aperfeiçoado para singrar os mares cada vez em menor espaço de tempo.

Há vários outros, entre os deputados que se pronunciam sobre países estrangeiros, e mais particularmente sobre os Estados Unidos, cujas personalidades marcantes pedem um estudo. É o caso de

Sousa Martins, de quem nosso estudo revela ângulos inesperados. Não podemos porém deixar de mencionar o representante de Minas, padre José Custódio Dias, que junto com dois outros padres liberais, José Bento Leite Ferreira de Melo e Diogo Antônio Feijó, participou da chamada "Revolta dos 3 Padres" em 1832 para tentar o já aqui mencionado golpe da "Constituição de Pouso Alegre". Deste movimento, por sinal era adepto também Evaristo da Veiga. Conforme nos revela a freqüência de seu nome nos debates dos *Anais do Parlamento*, processados para combinar com determinadas palavras e países, eram todos eles francos admiradores dos Estados Unidos[45].

Não podemos encerrar estas ligeiras considerações de caráter biográfico, sem mencionar Miguel Calmon du Pin e Almeida, o Marquês de Abrantes, a quem as famosas *Cartas políticas* são atribuídas. Assinadas com o sugestivo pseudônimo *Americus*, foram publicadas em Londres, e constituem um excelente documento para o estudo do pensamento do Marquês, no qual se destaca o sentido pragmático e direto de sua maneira de ver as necessidades políticas do País[46], razão pela qual, nobre e monarquista, admira os feitos progressistas dos Estados Unidos.

Fizemos aqui um brevíssimo rol de personalidades cujos dados biográficos conhecemos, e cujos informes temos a intenção de armazenar em nosso banco de dados em esquema prioritário.

A escolha dos nomes aqui representados não foi casual. Embora haja outros mais, cremos que com isso será facilitado o correlacionamento de alguns destes dados biográficos com os testes realizados com os pronunciamentos feitos pelos mesmos na Câmara dos Deputados, encaminhando assim esse derradeiro capítulo para reforço de nossas conclusões com dados obtidos com o auxílio de alguns programas de computação, e com a análise feita com o nosso senso comum de historiador.

---

45. Maiores detalhes em S. A. SISSON. *Galeria dos brasileiros ilustres*, Rio de Janeiro, Tip. de S. A. Sisson, 1861, 2.º vol., pp. 101-02.

46. ALMEIDA, Miguel Calmon du Pin e. (Marquês de Abrantes). *Cartas Políticas*, 2. ed., Londres, R. Greenslaw, 1825.

CONCLUSÃO:

DIMENSIONANDO RESULTADOS

TAB. 3 — Menção dos países estrangeiros nos *Anais do Parlamento*, quantitativa por ano.

ANOS	EUA	I	F	OUTROS	TOTAL
1828	44	88	45	63	240
1829	4	11	4	3	22
1830	44	40	26	10	120
1831	13	11	10	3	37
1832	24	12	15	6	57
1834	30	9	8	6	53
1836	19	46	34	50	149
1837	10	30	23	5	68
OUTROS	—	4	3	4	11
TOTAL	188	251	168	150	757

EUA = Estados Unidos
I = Inglaterra
F = França

TAB. 4 — Menção aos países estrangeiros nos *Anais do Parlamento Brasileiro* (1828-1837), quantitativa por deputados.

PARLAMENTARES	EUA	I	F	OUTROS	TOTAL
CALMON (Bahia)	22	24	21	21	88
CARNEIRO DA CUNHA (Paraíba)	13	4	4	3	24
CARNEIRO LEÃO (Minas Gerais)	3	3	4	9	19
CUNHA MATOS (Goiás)	18	25	13	20	76
CUSTÓDIO DIAS (Minas Gerais)	4	5	1	5	15
EVARISTO DA VEIGA (Minas Gerais)	6	2	3	2	13
HOLANDA CAVALCANTI (Pernambuco)	17	19	6	3	45
LIMPO DE ABREU (Minas Gerais)	—	8	6	4	18
LINO COUTINHO (Bahia)	13	29	18	10	70
MACIEL MONTEIRO (Pernambuco)	1	6	5	5	17
PAULA SOUSA (São Paulo)	13	9	9	6	37
RODRIGUES TORRES (Rio de Janeiro)	1	6	6	—	13
SOUSA MARTINS (Piauí)	4	6	4	14	28
VASCONCELOS (Minas Gerais)	16	26	16	1	59
OUTROS	57	79	52	47	235
TOTAL	188	251	168	150	757

TAB. 5. — Reações positivas a países estrangeiros nos *Anais do Parlamento Brasileiro*, quantitativas por autor.

PARLAMENTARES	EUA	I	F	OUTROS	TOTAL
CALMON (Bahia)	17	12	13	12	54
CARNEIRO LEÃO (Minas Gerais)	2	2	2	8	14
CUNHA MATOS (Goiás)	16	14	8	7	45
HOLANDA CAVALCANTI (Pernambuco)	14	9	4	1	28
LINO COUTINHO (Bahia)	12	20	11	2	45
MACIEL MONTEIRO (Pernambuco)	—	2	3	4	9
PAULA SOUSA (São Paulo)	11	5	2	2	20
SOUSA MARTINS (São Paulo)	2	5	3	7	17
VASCONCELOS (Minas Gerais)	11	17	9	—	37
OUTROS	59	51	50	17	177
TOTAL	144	137	105	60	446

TAB. 6 — Reações negativas a países estrangeiros nos *Anais do Parlamento Brasileiro*, quantitativas por autor.

PARLAMENTARES	EUA	I	F	OUTROS	TOTAL
CALMON	4	11	8	5	28
CARNEIRO LEÃO	1	1	2	1	5
CUNHA MATOS	1	10	3	12	26
HOLANDA CAVALCANTI	2	8	1	—	11
LINO COUTINHO	1	8	5	7	21
MACIEL MONTEIRO	1	4	2	1	8
PAULA SOUSA	—	1	5	4	10
SOUSA MARTINS	1	—	—	7	8
VASCONCELOS	2	7	7	1	17
OUTROS	12	40	13	36	101
TOTAL	25	90	46	74	235

TAB. 7 — Menção aos países estrangeiros, porcentual por ano. (Vide tabela 3)

ANOS	EUA	I	F	OUTROS
1828	18%	37%	19%	26%
1829	18%	50%	18%	14%
1830	37%	33%	22%	8%
1831	35%	30%	27%	8%
1832	42%	21%	26%	11%
1834	57%	17%	15%	11%
1836	13%	31%	23%	33%
1837	15%	44%	34%	7%
TOTAL	25%	33%	22%	20%

TAB. 8 — Reação positiva a países estrangeiros, porcentual por ano.

ANOS	EUA	I	F	OUTROS
1828	32%	36%	17%	15%
1829	20%	40%	27%	13%
1830	48%	34%	18%	—
1831	39%	29%	32%	—
1832	54%	15%	23%	8%
1834	56%	12%	21%	11%
1836	14%	25%	28%	33%
1837	13%	47%	38%	2%
TOTAL	32%	31%	24%	13%

TAB. 9 — Reação negativa a países estrangeiros, porcentual por ano.

ANOS	EUA	I	F	OUTROS
1828	2%	40%	18%	40%
1829	20%	60%	—	20%
1830	17%	38%	24%	21%
1831	22%	33%	11%	34%
1832	21%	29%	29%	21%
1834	49%	17%	—	34%
1836	10%	36%	17%	37%
1837	19%	47%	34%	—
TOTAL	11%	38%	20%	31%

Até por uma questão de coerência com os objetivos de nosso trabalho, a simples proposição e análise da pesquisa-teste não seria suficiente. É que, as inferências deste teste crescem à medida que nos orientamos não apenas para o que elas possam acrescentar à compreensão de um momento da nossa realidade histórica, mas sobretudo porque abonam todo um método adotado.

Entendíamos que somente o duplo trabalho de, por um lado, coordenar um projeto de transmissão do mencionado método e, por outro, elaborar um caso-teste, poderia satisfazer ao historiador, que quer a compreensão dos fatos, e ao professor, cujo dever é mostrar e sugerir caminhos para a manipulação daqueles fatos. Assim dimensionada, esta dupla abordagem dos resultados obtidos se enquadra no espírito do *Leviathan* e, longe de ser a etapa final, é a base que buscávamos para o desenvolvimento de um trabalho, que hoje sabemos absolutamente viável.

Para o caso-teste as fontes utilizadas foram, dentre outras: manuscritos procedentes de arquivos nacionais e estrangeiros (principalmente relatos diplomáticos); fontes impressas procedentes de arquivos nacionais, tais como o Arquivo do Estado de São Paulo e os Arquivos do Município e da Câmara, além do da Assembléia Legislativa. O mesmo se dá com a Biblioteca Nacional do Rio de Janeiro e com a Municipal de São Paulo, onde foram arrolados periódicos, livros e artigos sobre o período, além do material obtido através de nosso banco de dados.

Concluímos ter sido plenamente justificada a eleição dos *Anais do Parlamento Brasileiro* como a fonte a ser trabalhada através do processamento eletrônico de dados. É que a própria diversificação dos temas debatidos, colocava os *Anais do Parlamento* em situação ideal para os trabalhos integrados a que nos propúnhamos, além das razões anteriormente mencionadas.

O critério de seleções de textos para a coleta, baseado na tabela de números aleatórios e usado na primeira fase de nosso banco de dados, não regeu os procedimentos adotados para o presente teste. Da preocupação em não perder informações, novo esquema de procedimento foi elaborado, a partir de um levantamento que precedeu a coleta propriamente dita. Cada volume foi objeto de uma triagem inicial, através da qual tornava-se possível conferir as menções a países estrangeiros, o que situaria o texto como próprio para nossos objetivos ou não.

Cada um destes levantamentos resultou em tabelas com dados referentes ao volume consultado: total de páginas, total de pronunciamentos gerais, total de falas com citação a países estrangeiros e total de sessões. Isto feito, nossa tarefa era iniciar a coleta, cujo universo a fase anterior definira.

A própria disposição do formulário de coleta possibilitou a "padronização" das informações referentes a descritores, anos, autores e reações. Esta padronização dos dados, ao lado de uma programação especificamente estruturada, permitiu a obtenção de uma primeira série de relações que nossa investigação solicitava. Obtivemos resultados vinculando "ano e país", "autor do pronunciamento e país", ano do "pronunciamento e assunto", "país mencionado e assunto".

A esta altura, ainda que coletados todos os anos previstos, sentíamos que alguns deles não seriam arrolados para as tabulações finais, já que o número de menções a países estrangeiros não atingia o limite mínimo previsto que havia sido convencionado para significância.

Entretanto, é preciso esclarecer que ainda assim tais documentos foram objeto de análise, e que em termos qualitativos muitos deles têm a utilidade de corroborar algumas das conclusões obtidas. Foi o que ocorreu com os anos 1833 e 1835, onde as menções a países estrangeiros são eventuais, e cujas razões os próprios assuntos debatidos denunciam: — é que tantas pendências internas eclodiam e abalavam o País, particularmente naqueles anos, que no mais das vezes os debates parlamentares a elas se reportaram, constituindo-se as questões de crimes políticos, tentativas de golpes parlamentares, sedição e suspensão de garantias provinciais, bem como anistia, os grandes temas das manifestações parlamentares, que muito pouco mencionavam os países estrangeiros adrede selecionados para aferição[1].

O estudo das relações inferidas baseou-se portanto nos anos de 1828 a 1832, 1834, 1836 e 1837.

Uma análise dos primeiros resultados, obtidos a partir de nosso banco de dados, prende-se, como se vê, a dois pontos de vista distintos: o primeiro, de conteúdo, o segundo, de crescimento.

Do ponto de vista do conteúdo, o nosso banco de dados pode ser usado, nesse momento, para sugerir todas as possíveis relações envolvendo anos, autores, assuntos e reações a países estrangeiros. Cada pronunciamento pode ser traduzido em números, indicando a ausência ou quantificando a presença de cada um dos itens acima citados. Essa transação entre dados não-numéricos e números é conseguida através da "padronização" dos primeiros; técnica que em sistemas orientados para o texto (que é o nosso caso), substitui a codificação sem perda de continuidade. Do ponto de vista do computador os programas manipulam os dados padronizados como se fossem códigos, e perfazem as tabulações necessárias, grupando documentos com características comuns. Através desse esquema foram gerados os relatórios fundamentais que sintetizam aspectos do banco de dados. Nesses relatórios, reação a países estrangeiros (por país, tendo por parâmetro o tipo: favorável, negativo ou neutro; e por tipo tendo por parâmetro o país) comparecem como variável que depende do orador ou da época.

Nem sempre é necessário estender a pesquisa a todo o banco de dados, tornando-se interessante limitá-la apenas aos textos que encerram determinadas

---

1. Veja, para ilustração, *Anais do Parlamento Brasileiro* (Câmara dos Senhores Deputados), 1835, t. II, pp. 52-55. (Documento arquivado em nosso banco de dados sob o código MT-documento-001.)

idéias. É nesse momento que o *assunto* intervém de maneira decisiva, parametrizando e barateando a pesquisa.

Os resultados obtidos limitaram-se por enquanto à análise parcial de comportamento individual e geral, a partir dos pronunciamentos no Parlamento. Tecnicamente esta análise se traduz em consultas simples ao banco de dados. A partir do fornecimento de um número de parâmetros pode-se obter uma saída rica em elementos capazes de sugerir novas consultas ao usuário do banco de dados e gerar os fundamentos básicos de novas teses em História. Este objetivo, consideramos praticamente atingido.

Do ponto de vista de crescimento, os resultados obtidos não representam senão o primeiro passo no *step-by-step* das nossas atividades. Esta análise parcial pode evoluir para uma análise completa do comportamento individual, grupal e geral, a partir dos elementos anteriores, aliados a características dos parlamentares, tais como origem, educação, profissão, filiação partidária, idade, tendências etc.

No que diz respeito à parte técnica, esta análise será viável através de consultas mais complexas ao banco de dados, tornando-se necessária a criação de um arquivo de informações biográficas e a manipulação dos dados obtidos segundo técnicas estatísticas elementares.

Objetivo último, certamente o mais difícil de ser atingido, mas provavelmente o mais fascinante de todos, é a análise da interação entre ambiente social e Parlamento. Esta análise consiste na investigação da influência ou não de fenômenos extraparlamentares (como guerras, crises, atuação da imprensa, etc.) sobre a atuação do Parlamento e vice-versa e traduz-se tecnicamente na *simulação,* ou seja, na formulação e manipulação de modelos históricos à luz de técnicas estatísticas elaboradas.

Dos primeiros resultados é evidente que a massa documental fixada em 350 documentos, ainda que válida do ponto de vista da adoção do método para o qual se justifica tratamento através de processamento eletrônico de dados a partir de 200 documentos, em havendo tempo disponível seria desejável um universo maior.

As mesmas ponderações talvez coubessem ao atentarmos para o fato de que tais documentos estão distribuídos entre cerca de 70 autores de pronunciamentos. Até porque os próprios textos dos volumes consultados constituem, por vezes, extratos talvez orientados dos debates parlamentares.

De toda forma, ainda que devamos mencioná-las no balanço geral deste trabalho, as considerações acima mencionadas não invalidam nosso *Projeto,* tornando-se antes razões a mais para prosseguirmos em nossa meta.

Se, com 350 documentos, foi possível inferir resultados no mínimo sugestivos além de consistentes; posteriores trabalhos serão subsidiados de maneira ainda mais efetiva, à medida que crescer nosso banco de dados, o que de resto é meta prioritária.

Quanto ao comportamento parlamentar, o que se pode concluir nesta primeira fase em termos de atuação individual? Certamente ela se dilui, lacerada pelo comportamento coletivo que contamina a época. Já nas primeiras votações abertas de 1832, identificam-se e definem-se os partidos que irão fragmentar a Câmara. No entanto, ao contrário talvez do que se espera, nem sempre são as vozes da liderança pessoal que se erguem de imediato na Assembléia.

Evaristo da Veiga, que em si próprio retrata o período da Regência, mantém uma atitude de permanente reserva, enfatizando a idéia que seu comportamento parlamentar se distribui menos no recinto da Assembléia e mais nas entrelinhas do *Aurora.*

A mesma discrição pode ser verificada no presidente Limpo de Abreu, que curiosamente parece ser um dos poucos que prima por ignorar o exemplo americano. Cumpre notar o papel importante da Oposição, uma Oposição ativa e brilhante que cria e mantém uma atmosfera tensa e rica em debates, insinuando já naquela data a linha política que prevaleceria durante o período em estudo.

Como característica geral do período da Regência, as menções significativas a países estrangeiros podem ser resumidas às referências à Inglaterra, Estados Unidos, França e Portugal. A presença de Portugal é bastante variável, com certeza condicionada à repercussão dos fatos portugueses em terras brasileiras, ao mesmo tempo que às aversões pessoais. O atraso de Portugal é citado de maneira alarmante, se nos prendermos à contundência das menções negativas, ainda que na realidade exista relativo equilíbrio entre reações positivas e negativas àquele País, conforme revelam as estatísticas computadas.

A Inglaterra é o país estrangeiro mais mencionado, embora nos anos de 1830 e 1834, ceda esta primazia aos Estados Unidos. No total das menções aos países estrangeiros, a Inglaterra se faz representar com um terço. Esta quantidade é contrabalançada pelo elevado número de reações negativas, fato que alcança seu clímax no ano de 1829.

Estas reações negativas à Grã-Bretanha são explicáveis por motivos históricos sobejamente conhecidos, tais como as dotações orçamentárias exigidas pelos revezes da Cisplatina em 1828, fato consumado em desfecho favorecido pela Inglaterra e por isso mesmo considerado lesivo ao Brasil, causticamente criticado nos meios políticos brasileiros.

Igualmente as gestões diplomáticas relativas ao casamento de D. Maria II com o tio traziam à baila a participação britânica neste episódio malvisto pelos brasileiros.

Ainda justificariam tais reações negativas as despesas com as indenizações feitas à Inglaterra e a Portugal a título de compensação para reconhecimento da Independência, conjugadas às dificuldades do erário público naquele mesmo momento.

Acima de tudo, as exigências britânicas sobre a cessação do tráfico, as imposições resultantes da convenção de 1826, a respeito da qual não fora consultada a Assembléia, constituíam motivo de exasperação contra a Inglaterra, além da impressão generalizada de que este país seria naquele momento sustentáculo da dinastia bragantina no Brasil.

Enquanto a atitude em relação a França não sofre bruscas oscilações com a época, as menções aos Estados Unidos se caracterizam por desvios mais violentos, entretanto mantendo constante um baixíssimo percentual de reações negativas. Este quadro geral pode ser estabelecido: para os Estados Unidos, a cada reação negativa correspondem seis positivas; esta proporção é de três para quatro no caso da Inglaterra; de três para sete no caso da França. Fato significativo este, que mostra representar os Estados Unidos, senão quantitativamente, pelo menos qualitativamente, um sério "desafio à preponderância britânica no Brasil".

Devemos ressaltar que as referências implícitas a países estrangeiros (no caso menções claramente pró-federalismo, que poderíamos identificar, sem medo, em sua maioria, como *reações positivas* ao modelo federalista americano), foram "arquivadas" em nosso banco, embora não tenham sido tabuladas para as conclusões demonstradas nas tabelas, para atendermos ao máximo a um critério de padronização dos informes analisados. Tais documentos foram também importantes para testar a validade de nossos resultados quantitativos pela coerência evidenciada entre uns e outros (informes quantitativos e qualitativos), sendo que no futuro análises mais apuradas possibilitarão máximo aproveitamento dos referidos textos.

As correlações país—assunto, quando esboçadas, confirmam a opinião estabelecida entre nós de serem França e Inglaterra, pela ordem, modelos de países estrangeiros no tocante à cultura, cabendo aos Estados Unidos o título "modelo de progresso".

A elaboração do Ato Adicional traz as marcas do exemplo norte-americano, que pode também ser notado nos debates que dizem respeito à Naturalização, Federação e Marinha. A primeira oferece interesse, por estar estritamente ligada a outros fenômenos como imigração e colonização. Já a terceira mostra tendência da época de seguir os modelos dos Estados Unidos, que deram maior ênfase a Marinha Mercante, sem que isso a houvesse prejudicado durante a guerra de 1812-15. A utilidade da Marinha Mercante é constantemente apontada como um objetivo a ser seguido no Brasil durante o período estudado.

Os resultados obtidos, referentes à Marinha, são perfeitamente explicáveis se levarmos em conta que o período de 1833 a 1855 representa o auge dos famosos *Clippers* americanos. Navios rasos e ligeiros fizeram a fama do comércio de transportes dos Estados Unidos, cortando velozmente as ondas. Estes navios, usados inicialmente no comércio, são rapidamente convertidos em navios de guerra quando a necessidade se apresentou durante a denominada Segunda Guerra de Independência Americana (1812-15).

Eram portanto "os navios do futuro" ao tempo da Regência. Se observarmos as menções aos problemas navais nos debates parlamentares da segunda metade do século, certamente a situação já teria mudado, uma vez que os Estados Unidos não acompanharam a Grã-Bretanha no equipamento de uma frota a vapor, premidos, entre outras razões, pela deficiência *de escalas* para reabastecimento e pelo interesse renovado dos Estados Unidos no seu mercado interior, principalmente após a descoberta de ouro na Califórnia em 1849.

Somente no final do século, após atingirem as costas do Pacífico e todos os pontos possíveis para a expansão territorial, é que os Estados Unidos voltaram suas vistas novamente para o mar, desta vez com poderosos navios mercantes a vapor, conduzindo as mercadorias já então industrializadas no país.

No Brasil, entre os oradores, algumas características merecem destaque especial. Os mais pródigos em exemplos estrangeiros são Calmon, Cunha Matos, Holanda Cavalcânti, Lino Coutinho e Vasconcelos. Este último parece não se preocupar com outros países distintos da França, Inglaterra, Estados Unidos, justificando a atitude de seus contemporâneos, ao compará-lo com Franklin e Mirabeau.

A análise do comportamento parlamentar do período enfocado demonstra que os irmãos França (Cornélio, Ernesto e Antônio Ferreira França), que em 1834 apresentaram um projeto incrível de federar o Brasil aos Estados Unidos, não aparecem como parlamentares que significativamente fizeram menções àquele país. Aliás, os referidos irmãos não citaram com significância nenhum dos países aqui considerados, tanto que seus nomes não se incluem na listagem dos autores selecionados.

Podemos concluir assim que aquela atitude resulta afinal em ato isolado, sem repercussão e sem impacto, não se justificando, por mera curiosidade, maiores análises, pelo menos em termos de "comportamento parlamentar — referências a nações estrangeiras", como num primeiro momento se poderia supor.

Note-se a marcante predominância dos mineiros na tabela dos deputados que mais se referem aos Estados Unidos a propósito de assuntos conotados a desenvolvimento. Poder-se-ia aventar a hipótese de que na mesma Minas Gerais, onde durante a Inconfidência circulou a Constituição americana entre os conspiradores, persistia ainda a conotação entre progresso e Estados Unidos. Um bom exemplo desta imagem é Teófilo Otôni, de quem já se disse ter exercido seu impacto na Província durante o período da Regência, para atuar na Corte somente mais tarde como famoso deputado liberal.

Na Província de São Paulo observamos fenômeno idêntico, embora não se tenha feito um levantamento destinado ao processamento de dados. Temos impressão de que provavelmente chegaríamos à mesma conclusão.

Desejamos apresentar como sugestão para reflexão a idéia de que o eixo Minas—São Paulo, com adesão mais discreta dos Estados de Pernambuco e Bahia, constituíram já na Regência o esquema revolucionário triunfante dentro de um clima de realização de progresso material.

Embora haja um sensível equilíbrio entre os números absolutos de reações positivas à Inglaterra e Estados Unidos, essa relação passa a ser de quatro para um se considerarmos apenas as reações negativas. Não existe, no entanto, nenhuma identificação completa de americanófilos; existe, isto sim, uma tendência geral em avaliar de maneira favorável os modelos dos países mais avançados, europeus e americanos, tendência generalizada que se acentua com estes últimos. É por este motivo que no contexto de nosso caso-estudo a expressão *americanófilo,* antes de rotular simpatias exclusivas, pretendeu identificar tendências mais acentuadas.

Tais conclusões se acham consubstanciadas nas listagens em apêndice, cujo resultado está figurativamente representado nas tabelas expostas no início desta conclusão.

Como vemos, nossas conclusões — vazadas em "relatórios" produzidos pelos computadores — confirmam, de maneira geral, achados que são logicamente plausíveis e historicamente comprovados, despertando ainda nosso interesse para inúmeras sugestões e redimensionamentos.

Nesse primeiro esforço, e nesta primeira apresentação de um teste para o *Leviathan,* vemos surgir com um embasamento de pesquisa séria e cuidadosa o posicionamento da presença dos Estados Unidos e de outros países no período escolhido, de maneira clara e precisa e, por isso mesmo, digna de confiança.

Acreditamos ser nosso trabalho, mesmo em sua modéstia, um penhor do que poderá ser produzido em termos de aprimoramento metodológico e, de treinamento em nível de Pós-graduação, onde o tempo gasto na busca e localização de informações básicas confiáveis e criteriosamente selecionadas poderá ser utilizado em análises mais elaboradas.

As tarefas aqui executadas, quase todas elas feitas com o apoio *total* do grupo de estudantes do *Leviathan,* o foram tendo em vista dar início ao funcionamento do banco de dados com um passo firme e com postura ereta, razão pela qual resolvemos testar parte do assunto relativo à presença dos Estados Unidos no Brasil, sobre o qual elaboramos alguns outros trabalho: sobre o mesmo dispomos de amplo material, de outro lado tendo suficiente vivência para averiguar e ponderar a justeza dos testes e a propriedade das conclusões aqui alcançadas.

Da presença americana nos debates parlamentares brasileiros no período eleito, resta-nos ainda dizer, que a análise desenvolvida para sua identificação levou-nos à percepção de que as reações que buscávamos não se fazem em termos de preferência ou de "influência" deste ou daquele país estrangeiro, mas do assunto em pauta. Certas aparentes aversões, quando examinadas em conjuntos documentais suficientemente expressivos, mascaram-se com as aversões ou simpatias do parlamentar por determinados assuntos. Tal é o caso, por exemplo, de José Lino Coutinho, cujo interesse pelo desenvolvimento industrial fá-lo-á reportar-se às realizações britânicas, o que concorre para contrabalançar sua porcentagem de referências negativas à Inglaterra, apesar de ser ele um entusiasta do progresso norte-americano em geral.

Somente quando dispusermos dos bancos biográficos e de arquivos de publicações na imprensa poderemos fazer as necessárias correlações, evitando distorções que para o presente trabalho tentamos impedir, coletando as biografias através de métodos convencionais, na esperança de poder dar uma idéia do tipo de análise possível, com os recursos que procuramos desenvolver através do *Projeto Leviathan*.

APÉNDICES

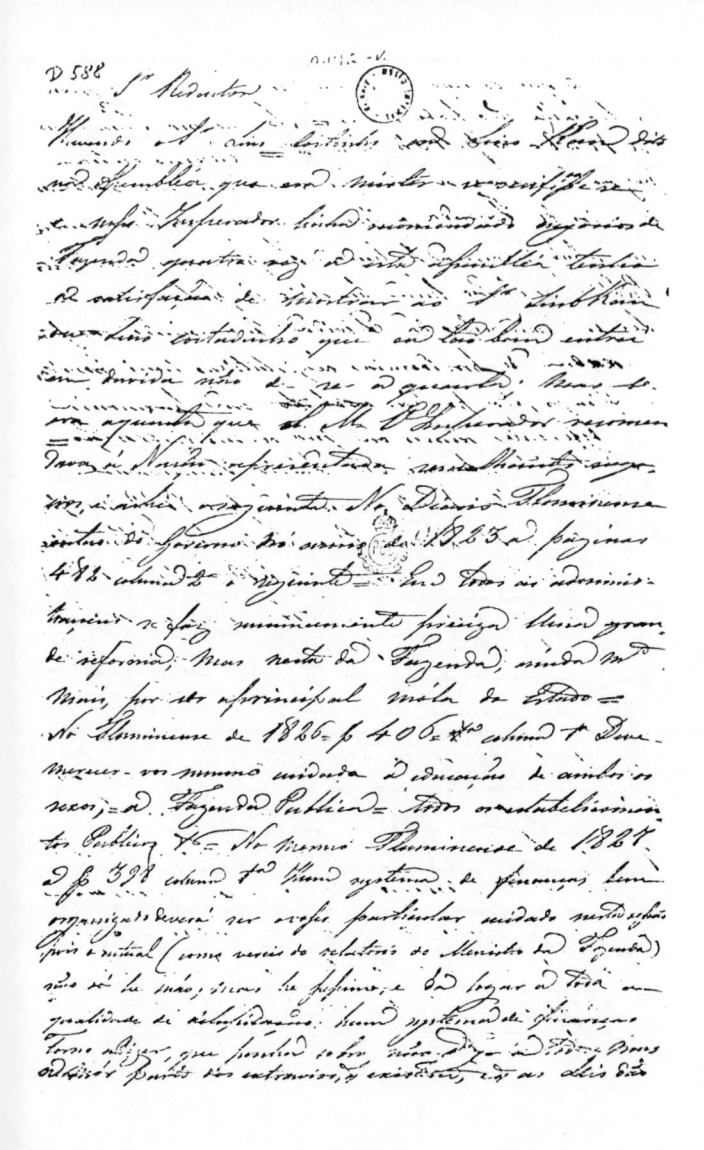

Carta da lavra de D. Pedro I (fonte: Museu Imperial, Petrópolis).

logar o que existião, e que por isso aforavam, por mais q' trabalhe não pode evitar = No mesmo Fluminense de 1828 - no p. 402 colum. 2ª = Chamei outra vez a attenção, a attenção dos Senadores sobre os negocios de Fazenda, e Justiça que tanto tem soffrido na sessão proxima passada. As finanças, e o credito Publico receberão hum beneficio impulso com a Lei da Consolidação da Divida; Mas ainda carecem de providencias legislativas mais promptas, e efficazes, e q' ponhão em um tudo em harmonia os differentes ramos da sua administração = Finalmente apparece no Diario Fluminense deste anno de 1829 (escripsi por 1829 mas q. n. o p. q. o Sr. Rodr. Lino Livio diz Setimb. Livre não duvido do anno) do p. 215 - colum. 1ª ponha seu discurso = Ora parece-me q' o Sr. Ran Nole se enganou ou nos quiz enganar cuidando q' tres Brazileiros como tres faltos. de memoria q. se não lembrem de terem coisas tão recommendaveis como os discursos da Coroa pois nisso que ha q' se lembre athe de coisinhas que a seu tempo vierão atordoar. P se lhe poderá perdoar o Amor da Patria não p. negar o q' o Sr. Continho affecta ter Deus lhe de juizo, e a nós paciencia p. o atturarmos á nossa custa = Sem responder peri Siguiterra

Carta da lavra de D. Pedro I (fonte: Museu Imperial, Petrópolis).

PROJETO LEVIATHAN

I - ESTRUTURA

  I.1 - OBJETIVOS
  - 'RECUPERAÇÃO' DE DOCUMENTOS
    - AUTOR
    - DATA
    - ASSUNTO
    - PALAVRA - CHAVE
  - ESTUDOS DE COMPORTAMENTO
    - HOMEM VS TEMPO
    - REGISTRO DE REAÇÕES

  I.2 - SOLUÇÃO:
  - 1 BANCO DE DADOS DE DOCUMENTOS EM FORMA DE TEXTO.
  - 1 BANCO DE DADOS DE BIOGRAFIAS 'PADRONIZADAS'.
  - RECUPERAÇÃO DE DOCUMENTOS E BIOGRAFIAS A PARTIR DE PALAVRAS.

  I.3 - ASPECTOS A CONSIDERAR:
  - PRESERVAÇÃO DO TEXTO ORIGINAL E DA INDIVIDUALIDADE DO AUTOR.
  - SUBJETIVIDADE DO COLETOR 'PERMITIDA' MAS 'CONTROLADA'.
  - CONVENIÊNCIA (OU NÃO) DA DUPLICIDADE DE INFORMAÇÕES.
  - DIFICULDADE DE ANÁLISES NUMÉRICAS A PARTIR DE TEXTOS.
  - NECESSIDADE DE CONTROLES.

  I.4 - CONSTRUÇÃO DO BANCO DE DADOS DE DOCUMENTOS:

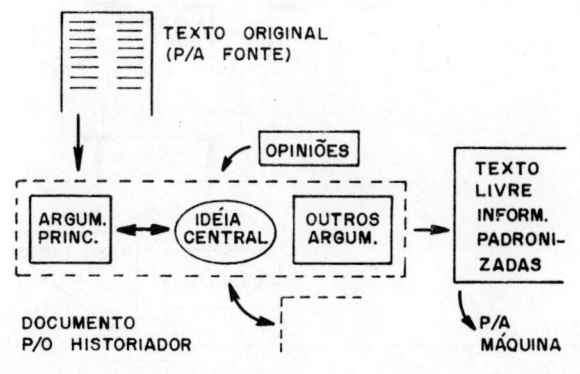

Gráfico-resumo do *Projeto Leviathan*.

2 - FASES

*** REALIZADOS
- DEFINIÇÃO DO BANCO DE DADOS DE DOCUMENTOS.
- DEFINIÇÃO DAS INFORMAÇÕES DE CONTROLE.
- CONSULTAS 'ON-LINE'.
- CONSULTAS EM 'BATCH'.

*** A REALIZAR
- DEFINIÇÃO DO BANCO DE DADOS DE BIOGRAFIAS.
- IMPLANTAÇÃO E INTEGRAÇÃO DOS BANCOS DE DADOS.
- IMPLANTAÇÃO DE UM DICIONÁRIO DE TERMOS TÉCNICOS PARA USO POR ESPECIALISTAS.
- ESTUDOS DE COMPORTAMENTO.
- COMPARAÇÕES / CORRELAÇÕES / SIMULAÇÕES.

*** OBJETIVO FINAL:

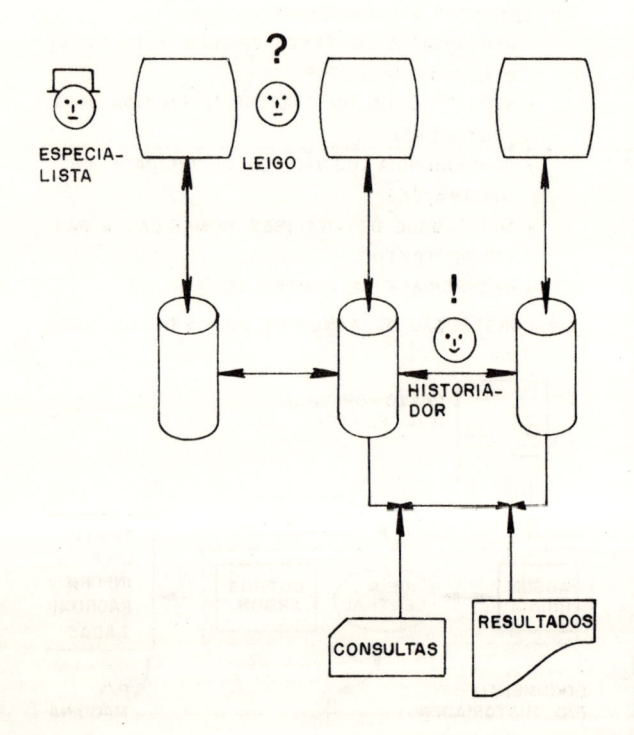

3 - BENEFÍCIOS

O PROJETO LEVIATHAN:

* PROPÕE UMA METODOLOGIA DE TRABALHO PARA A HISTÓRIA, ABERTA PARA (E INTEGRADA COM) OUTRAS CIÊNCIAS, ATRAVÉS DE BASES LÓGICAS COMUNS.

* FACILITA E PADRONIZA O ACESSO RÁPIDO A INFORMAÇÕES HISTÓRICAS.

* SUGERE UMA NOVA OPÇÃO DE MERCADO DE TRABALHO PARA ESTUDANTES DE CIÊNCIAS HUMANAS.

PRIMEIROS RESULTADOS COMPUTACIONAIS
DO *PROJETO LEVIATHAN*

PROJETO LEVIATHAN

REAÇÕES POSITIVAS A PAÍSES ESTRANGEIROS - QUANTITATIVO, POR AUTOR

LIMITE INFERIOR 5   ESTADOS UNIDOS *   INGLATERRA .   FRANÇA /   OUTROS PAÍSES +   FATOR DE ESCALA 1

```
ALVES BRANCO
ARAUJO RIBEIRO         **.//
CALMON                 *..///+
CARNEIRO DA CUNHA      ****************.........///////////+++++++++
CARNEIRO LEÃO          **.//++++++
CRUZ FERREIRA          *.//++
CUNHA MATTOS           *.
EVARISTO DA VEIGA      *************+.......///////+++++
HOLLANDA CAVALCANTI    ****..//
LIMPO DE ABREU         *****./////+++
LINO COUTINHO          ****.*****.*.........////////+++
LUIZ CAVALCANTI        **.o/
MACIEL MONTEIRO        ./////+++
MONTEZUMA              ..////
PAULA SOUZA            **.*+++***....//+
REBOUÇAS               *..//
RODRIGUES TORRES       *....///////
SOUZA MARTINS          *..../////++++++
VASCONCELLOS           ****.***.............///////
VISCONDE DE GOYANNA    ...//+
TOTAL                  ************************************* 445 ***********************************
```

PROJETO LEVIATHAN
MENÇÃO AOS PAÍSES ESTRANGEIROS - QUANTITATIVO, POR ANO

```
LIMITE INFERIOR   10    ESTADOS UNIDOS  *   INGLATERRA   .   FRANÇA   /   OUTROS PAÍSES   +   FATOR DE ESCALA   1

1828              ****++++++++******************************************************************240************************
1829              ****.........///+++
1830              **************************///////++++******************************************120******************************
1831              *************.oooooooo///////++++
1832              *********...ooooo///////++++
1834              ***************..******...*****++++*******************************************149*******************************
1836              ***********.ooooooooooo//////////+++++
1837              *************..*********.*************///////////////////*****************************757*************************
TOTAL
```

PROJETO LEVIATHAN

REACOES POSITIVAS A PAISES ESTRANGEIROS - PORCENTUAL, POR AUTOR

LIMITE INFERIOR 5	ESTADOS UNIDOS *	INGLATERRA .	FRANCA /	OUTROS PAISES +
ALVES BRANCO				
ARAUJO RIBEIRO				
CALMON				
CARNEIRO DA CUNHA				
CARNEIRO LEAO				
CRUZ FERREIRA				
CUNHA MATTOS				
EVARISTO DA VEIGA				
HOLLANDA CAVALCANTI				
LIMPO DE ABREU				
LINO COUTINHO				
LUIZ CAVALCANTI				
MACIEL MONTEIRO				
MONTEZUMA				
PAULA SOUZA				
REBOUCAS				
RODRIGUES TORRES				
SOUZA MARTINS				
VASCONCELLOS				
VISCONDE DE GOYANNA				
TOTAL				

PROJETO LEVIATHAN
REAÇÕES POSITIVAS A PAÍSES ESTRANGEIROS - PORCENTUAL, POR ANO

LIMITE INFERIOR	5	ESTADOS UNIDOS	*	INGLATERRA	.	FRANÇA	/	OUTROS PAÍSES	+
1828									
1829									
1830									
1831									
1832									
1834									
1836									
1837									
TOTAL									

194

```
                    PROJETO LEVIATHAN
        REACOES NEGATIVAS A PAISES ESTRANGEIROS - QUANTITATIVO, POR AUTOR

LIMITE INFERIOR   5    ESTADOS UNICOS  *  INGLATERRA  .  FRANCA  /  OUTROS PAISES  +  FATOR DE ESCALA  1

CALMON              ****............/////+++++
CARNEIRO LEAO       *.//+
CUNHA MATTOS        *.....,....///+++++++++++
CUSTODIO DIAS       ...+++
FEIJO               .//+
GONCALVES MARTINS   *./+++++
HOLLANDA CAVALCANTI *............/
LINO COUTINHO       *......////++++++
MACIEL MONTEIRO     *...//+
MONTEZUMA           *./+
PAULA SOUZA         .//////+++
SOUZA MARTINS       *.+++++++
VASCONCELLOS        *.*.**.*...*..../////+
        TOTAL       *******************************************235***********************
```

```
                    REAÇÕES NEGATIVAS A PAÍSES ESTRANGEIROS - QUANTITATIVO, POR ANO

                    ESTADOS UNIDOS  *   INGLATERRA   •   FRANÇA   /   OUTROS PAÍSES   +   FATOR DE ESCALA   1

LIMITE INFERIOR  5

     1828         **..••••••••••••••••••••••••••••////////////////////++++++++++++++++++
     1829         *...+
     1830         ****.••••••••./////+++++
     1831         **•..•/+++
     1832         **•...•///+++
     1834         **•.++
     1835         ..•/+
     1836         ******.••••••••••.•••••//////////+++++++++++++++
     1837         **.*.•••../////
     TOTAL        *************************************************235*******************************************
```

PROJETO LEVIATHAN

REAÇÕES NEGATIVAS A PAÍSES ESTRANGEIROS – PORCENTUAL, POR AUTOR

LIMITE INFERIOR 5	ESTADOS UNIDOS *	INGLATERRA •	FRANÇA /	OUTROS PAÍSES +
CALMON				
CARNEIRO LEÃO				
CUNHA MATTOS				
CUSTODIO DIAS				
FEIJÓ				
GONÇALVES MARTINS				
HOLLANDA CAVALCANTI				
LINO COUTINHO				
MACIEL MONTEIRO				
MONTEZUMA				
PAULA SOUZA				
SOUZA MARTINS				
VASCONCELLOS				
TOTAL				

PROJETO LEVIATHAN
REAÇÕES NEGATIVAS A PAÍSES ESTRANGEIROS - PORCENTUAL, POR ANO

LIMITE INFERIOR	5	ESTADOS UNIDOS *	INGLATERRA .	FRANÇA /	OUTROS PAÍSES +
1828					
1829					
1830					
1831					
1832					
1834					
1835					
1836					
1837					
TOTAL					

198

PROJETO LEVIATHAN
MENÇÃO AOS PAISES ESTRANGEIROS - QUANTITATIVO, POR AUTOR

```
LIMITE INFERIOR     10    ESTADOS UNIDOS *   INGLATERRA   .   FRANÇA   /   OUTROS PAISES   +   FATOR DE ESCALA   1

ARAUJO RIBEIRO           **...///+
CALMON                   ********************////+
CARNEIRO DA_CUNHA        **********...///+++
CARNEIRO LEÃO            ****..///+++++++
COSTA FERREIRA           ****..///+
CUNHA MATTOS             **********************................//////////+++++++++++++++
CUSTODIO DIAS            *****...../++++
EVARISTO CA VEIGA        *****..//+++
GONÇALVES MARTINS        **.//+++++
HOLLANCA CAVALCANTI      ***********............//////+++
LIMPO DE ABREU           .....///////+++
LINO COUTINHO            *********....................////////////+++++++++++++
MACIEL MONTEIRO          *.....////+++
MONTEZUMA                *....////+
PAULA SOUZA              ***********........///////++++++
REBOUÇAS                 **.....///
RODRIGUES TORRES         *....//////
SOUZA MARTINS            *************.*.......///////////+
VASCONCELLOS             ..//+++++
VISCONDE DE GOYANNA      
TOTAL                    *****************************************757*********************************************
```

199

PROJETO LEVIATHAN
REAÇÕES POSITIVAS A PAÍSES ESTRANGEIROS – QUANTITATIVO, POR ANO

| LIMITE INFERIOR | 5 | ESTADOS UNIDOS | * | INGLATERRA | . | FRANÇA | / | OUTROS PAÍSES | + | FATOR DE ESCALA | 1 |

```
1828   ****************************************126*******************************
1829   ***.....////++
1830   *************.........///////
1831   ***************....////////
1832   ****************........////////++++
1833   *****************.....////////////////++++++++++
1834   ***********....////////////////////++++++++++++++
1836   ******....../////////////////////////++
1837   **************************************445************************************
TOTAL
```

PROJETO LEVIATHAN

MENÇÃO AOS PAÍSES ESTRANGEIROS - PORCENTUAL, POR AUTOR

LIMITE INFERIOR 10	ESTADOS UNIDOS *	INGLATERRA •	FRANÇA /	OUTROS PAÍSES +
ARAUJO RIBEIRO				
CALMON				
CARNEIRO DA CUNHA				
CARNEIRO LEÃO				
COSTA FERREIRA				
CUNHA MATTOS				
CUSTODIO DIAS				
EVARISTO DA VEIGA				
GONÇALVES MARTINS				
HOLLANDA CAVALCANTI				
LIMPO DE ABREU				
LINO COUTINHO				
MACIEL MONTEIRO				
MONTEZUMA				
PAULA SOUZA				
REBOUÇAS				
RODRIGUES TORRES				
SOUZA MARTINS				
VASCONCELLOS				
VISCONDE DE GOYANNA				
TOTAL				

PROJETO LEVIATHAN
MENÇÃO AOS PAÍSES ESTRANGEIROS - PORCENTUAL, POR ANO

LIMITE INFERIOR	10	ESTADOS UNIDOS	*	INGLATERRA	.	FRANÇA	/	OUTROS PAÍSES	+
1828									
1829									
1830									
1831									
1832									
1834									
1836									
1837									
TOTAL									

MARINHA

PROJETO LEVIATHAN

PALAVRAS SELECIONADAS

MARINHA

PROJETO LEVIATHAN

REAÇÕES POSITIVAS A PAÍSES ESTRANGEIROS - PORCENTUAL, POR AUTOR

LIMITE INFERIOR 5   ESTADOS UNIDOS *   INGLATERRA .   FRANÇA /   OUTROS PAÍSES +

CALMON
CARNEIRO DA CUNHA
CUNHA MATTOS
LINO COUTINHO
PAULA-SOUZA
RODRIGUES TORRES
TOTAL

PROJETO LEVIATHAN

MENÇÃO AOS PAISES ESTRANGEIROS - QUANTITATIVO, POR ANO

| LIMITE INFERIOR | 10 | ESTADOS UNIDOS | * | INGLATERRA | . | FRANÇA | / | OUTROS PAISES | + | FATOR DE ESCALA | 1 |

```
1828.   ****......///+++++
1830.   *****........://///
1832.   ***.....///+++++.+
1836.   *...............////////+
TOTAL   ******************************************108***********************************************
```

FEDERAÇÃO

PROJETO LEVIATHAN

PALAVRAS SELECIONADAS

FEDERAÇÃO

PROJETO LEVIATHAN

REAÇÕES AOS ESTADOS UNIDOS - QUANTITATIVO, POR ANO

LIMITE INFERIOR 5	REAÇÕES POSITIVAS +	REAÇÕES NEUTRAS 0	REAÇÕES NEGATIVAS -	FATOR DE ESCALA 1
1830	+++0			
1834	+++++00-			
TOTAL	++++++++000-			

P R O J E T O L E V I A T H A N

REAÇÕES POSITIVAS A PAÍSES ESTRANGEIROS - QUANTITATIVO, POR ANO

LIMITE INFERIOR   5   ESTADOS UNIDOS *   INGLATERRA .   FRANÇA   /   OUTROS PAÍSES   +   FATOR DE ESCALA   1

```
1834    *****./
TOTAL   *********../
```

MOEDA E BANCO

PROJETO LEVIATHAN

PALAVRAS SELECIONADAS

MOEDA
BANCO

PROJETO LEVIATHAN

ANO OU AUTOR	REAÇÕES	EEUU	INGL	FRANÇA	PORTUGAL	ESPANHA	HOLANDA	ALEMANHA	AUSTRIA	ARGENT.	URUGUAI
*1828	*POSITIVAS*	*	*	*	*	*	*	*	*	*	*
*1828	*NEUTRAS*		1*	*	*	*	*	*	*	*	*
*1828	*NEGATIVAS*	*	*	*	*	*	*	*	*	*	*
*1829	*POSITIVAS*	3*	4*	1*	*	*	*	*	1*	*	*
*1829	*NEUTRAS*	*	2*	*	*	*	*	*	*	*	*
*1829	*NEGATIVAS*	*	2*	*	*	*	*	*	*	*	*
*1830	*POSITIVAS*	2*	1*	*	*	*	*	*	*	*	*
*1830	*NEUTRAS*	*	*	*	*	*	*	*	*	*	*
*1830	*NEGATIVAS*	*	3*	1*	*	*	*	*	*	*	*
*1831	*POSITIVAS*	*	*	*	*	*	*	*	*	*	*
*1831	*NEUTRAS*	*	*	*	*	*	*	*	*	*	*
*1831	*NEGATIVAS*	*	*	*	*	*	*	*	*	1*	*
*1832	*POSITIVAS*	*	*	*	1*	*	*	*	*	*	*
*1832	*NEUTRAS*	*	*	*	*	*	*	*	*	*	*
*1832	*NEGATIVAS*	1*	2*	*	*	*	*	*	*	*	*
*1834	*POSITIVAS*	1*	1*	1*	*	*	*	*	*	*	*
*1834	*NEUTRAS*	*	*	*	*	*	*	*	*	*	*
*1834	*NEGATIVAS*	*	*	*	*	*	*	*	*	*	*
*1836	*POSITIVAS*	*	*	*	*	*	*	*	*	*	*
*1836	*NEUTRAS*	*	1*	*	*	*	*	*	*	*	*
*1836	*NEGATIVAS*	*	*	2*	*	*	*	*	*	*	*
*1837	*POSITIVAS*	1*	7*	7*	*	*	*	*	*	*	*
*1837	*NEUTRAS*	*	*	*	*	*	*	*	*	*	*
*1837	*NEGATIVAS*	1*	*	*	*	*	*	*	*	*	*

214

PROJETO LEVIATHAN

REAÇÕES AOS PAISES ESTRANGEIROS - QUANTITATIVO, POR ANO

LIMITE INFERIOR 10   REAÇÕES POSITIVAS +   REAÇÕES NEUTRAS O   REAÇÕES NEGATIVAS -   FATOR DE ESCALA 1

```
1829         ++++++++00--
1837         ++++++++++++-
TOTAL        ++++++++++++++++++++++++.00CO------------
```

PROJETO LEVIATHAN

REAÇÕES POSITIVAS A PAISES ESTRANGEIROS - QUANTITATIVO, POR AUTOR

LIMITE INFERIOR 5   ESTADOS UNIDOS *   INGLATERRA .   FRANÇA /   OUTROS PAISES +   FATOR DE ESCALA 1

```
ALVES BRANCO     *..//
CALMCN           *..//+
VASCONCELLOS     *../
TOTAL            ******..........////////++
```

NATURALIZAÇÃO, IMIGRAÇÃO, COLONIZAÇÃO

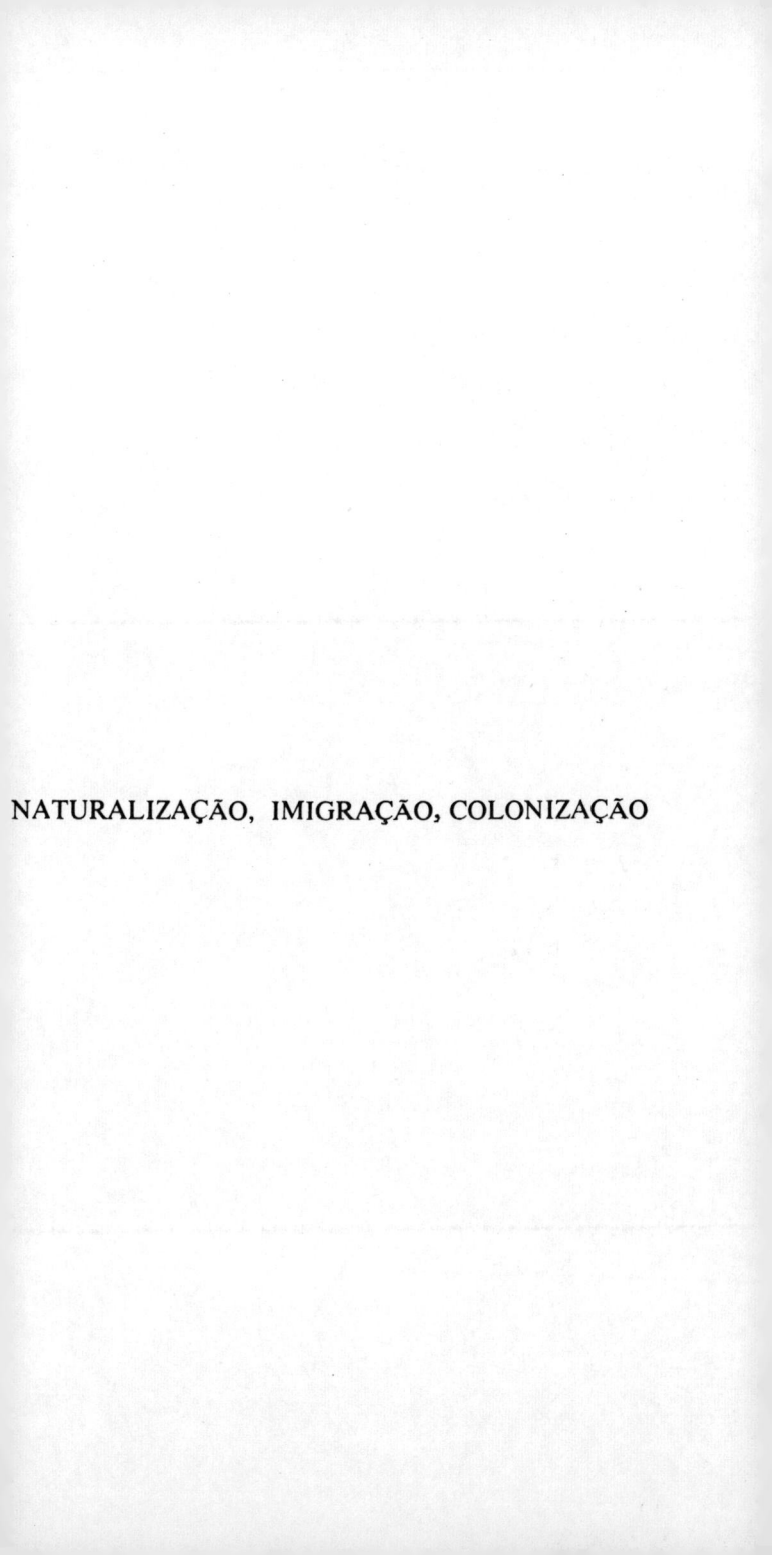

PROJETO LEVIATHAN

PALAVRAS SELECIONADAS

NATURALIZACAO
IMIGRACAO
COLONIZACAO

PROJETO LEVIATHAN

ANO OU AUTOR	REACÕES	EEUU	INGL	FRANÇA	PORTUGAL	ESPANHA	HOLANDA	ALEMANHA	AUSTRIA	ARGENT.	URUGUAI
*CAETANO DE ALMEIDA	*POSITIVAS*	1*	*	*	*	*	*	*	*	*	*
*CAETANO DE ALMEIDA	* NEUTRAS *	*	*	*	*	*	*	*	*	*	*
*CAETANO DE ALMEIDA	*NEGATIVAS*	*	*	*	*	*	*	*	*	*	*
*CALMON	*POSITIVAS*	4*	1*	3*	*	*	*	*	*	*	*
*CALMON	* NEUTRAS *	1*	1*	*	*	*	*	*	*	*	*
*CALMON	*NEGATIVAS*	1*	*	*	*	*	*	*	*	*	*
*CARNEIRO DA CUNHA	*POSITIVAS*	5*	*	*	*	*	*	*	*	*	*
*CARNEIRO DA CUNHA	* NEUTRAS *	*	*	*	*	*	*	*	*	*	*
*CARNEIRO DA CUNHA	*NEGATIVAS*	*	*	*	*	*	*	*	*	*	*
*CASTRO ALVES	*POSITIVAS*	1*	*	*	*	*	*	*	*	*	*
*CASTRO ALVES	* NEUTRAS *	*	*	*	*	*	*	*	*	*	*
*CASTRO ALVES	*NEGATIVAS*	*	1*	*	*	*	*	*	*	*	*
*COSTA FERREIRA	*POSITIVAS*	1*	*	*	1*	*	*	*	*	*	*
*COSTA FERREIRA	* NEUTRAS *	*	*	*	1*	*	*	*	*	*	*
*COSTA FERREIRA	*NEGATIVAS*	1*	*	*	*	*	*	*	*	*	*
*HOLLANDA CAVALCANTI	*POSITIVAS*	2*	*	*	*	*	*	*	*	*	*
*HOLLANDA CAVALCANTI	* NEUTRAS *	*	*	*	*	*	*	*	*	*	*
*HOLLANDA CAVALCANTI	*NEGATIVAS*	*	*	*	*	*	*	*	*	*	*
*LINO COUTINHO	*POSITIVAS*	1*	*	*	*	*	*	*	*	*	*
*LINO COUTINHO	* NEUTRAS *	*	*	*	*	*	*	*	*	*	*
*LINO COUTINHO	*NEGATIVAS*	*	*	*	1*	*	*	*	*	*	*
*MARTIM FRANCISCO	*POSITIVAS*	1*	*	*	*	*	*	*	*	*	*
*MARTIM FRANCISCO	* NEUTRAS *	*	*	*	*	*	*	*	*	*	*
*MARTIM FRANCISCO	*NEGATIVAS*	*	*	*	1*	*	*	*	*	*	*
*MONTEZUMA	*POSITIVAS*	*	*	1*	*	*	*	*	*	*	*
*MONTEZUMA	* NEUTRAS *	*	*	*	*	*	*	*	*	*	*
*MONTEZUMA	*NEGATIVAS*	1*	*	*	*	*	*	*	*	*	*

PROJETO LEVIATHAN

ANO OU AUTOR	REACOES	EEUU	INGL	FRANÇA	PORTUGAL	ESPANHA	HOLANDA	ALEMANHA	AUSTRIA	ARGENT.	URUGUAI
*1828	*POSITIVAS*	2*	*	*	*	*	*	*	*	*	*
*1828	*NEUTRAS*	*	*	*	*	*	*	*	*	*	*
*1828	*NEGATIVAS*	*	*	*	*	*	*	*	*	*	*
*1830	*POSITIVAS*	4*	*	*	*	*	*	*	*	*	*
*1830	*NEUTRAS*	1*	*	*	*	*	*	*	*	*	*
*1830	*NEGATIVAS*	*	*	1*	2*	*	*	*	*	*	*
*1831	*POSITIVAS*	*	*	*	*	*	*	*	*	*	*
*1831	*NEUTRAS*	*	*	*	*	*	*	*	*	*	*
*1831	*NEGATIVAS*	1*	1*	*	*	*	*	*	*	*	*
*1832	*POSITIVAS*	10*	1*	5*	*	*	*	*	*	*	*
*1832	*NEUTRAS*	*	1*	1*	*	*	*	*	*	*	*
*1832	*NEGATIVAS*	2*	*	*	*	*	*	*	*	*	*

PROJETO LEVIATHAN

REAÇÕES POSITIVAS A PAÍSES ESTRANGEIROS - QUANTITATIVO, POR AUTOR

LIMITE INFERIOR	5	ESTADOS UNIDOS *	INGLATERRA .	FRANÇA /	OUTROS PAÍSES +	FATOR DE ESCALA 1
CALMON		****.//				
CARNEIRO DA CUNHA		*****				
TOTAL		*****&**&&*****./////				

ESCRAVIDÃO

PROJETO LEVIATHAN

PALAVRAS SELECIONADAS

ESCRAVIDÃO

PROJETO LEVIATHAN

REAÇÕES AOS PAÍSES ESTRANGEIROS - QUANTITATIVO, POR ANO

LIMITE INFERIOR   10   REACÕES POSITIVAS   +   REAÇÕES NEUTRAS   0   REACÕES NEGATIVAS   -   FATOR DE ESCALA   1

```
1828     +++++++---------
1830     ++++0-----
1836     +++++++++----
1837     +++0000-----
TOTAL    ++++++++++++++++++0C000-------------------
```

PROJETO LEVIATHAN

MENÇÃO AOS PAISES ESTRANGEIROS - QUANTITATIVO, POR ANO

LIMITE INFERIOR   10   ESTADOS UNIDOS *   INGLATERRA   .   FRANÇA   /   OUTROS PAISES +   FATOR DE ESCALA   1

```
1828     **+..........///+++++++
1830     ***../ /+++
1836     *..././/+++++++++++++
1837     **..//++++
TCTAL    ****..****..////////+++++++++++++++++++++
```

PROJETO LEVIATHAN

REAÇÕES AOS PAISES ESTRANGEIROS - QUANTITATIVO, POR AUTOR

LIMITE INFERIOR   10   REAÇÕES POSITIVAS +   REAÇÕES NEUTRAS   0   REAÇÕES NEGATIVAS -   FATOR DE ESCALA   1

```
CARNEIRO LEAO     ++++++++++---
CUNHA MATTOS      ++++------
    TOTAL         +++++++++++++++++++++00000---------
```

PROJETO LEVIATHAN

ANO OU AUTOR	REACOES	EEUU	INGL	FRANCA	PORTUGAL	ESPANHA	HOLANDA	ALEMANHA	AUSTRIA	ARGENT.	URUGUAI
*1828	*POSITIVAS*	3*	1*	2*	1*	2*	*	*	*	*	*
*1828	*NEUTRAS*	*	*	*	*	*	*	*	*	*	*
*1828	*NEGATIVAS*	*	12*	1*	1*	*	*	2*	*	*	*
*1830	*POSITIVAS*	4*	1*	1*	*	*	*	*	*	*	*
*1830	*NEUTRAS*	*	*	*	*	*	*	*	*	*	*
*1830	*NEGATIVAS*	*	*	1*	3*	*	*	*	*	*	*
*1831	*POSITIVAS*	*	*	*	*	*	*	*	*	*	*
*1831	*NEUTRAS*	*	*	*	*	*	*	*	*	*	*
*1831	*NEGATIVAS*	1*	*	*	*	*	*	*	*	*	*
*1835	*POSITIVAS*	*	*	*	*	*	*	*	*	*	*
*1835	*NEUTRAS*	*	*	*	*	*	*	*	*	*	*
*1835	*NEGATIVAS*	*	1*	*	*	*	*	*	*	*	*
*1836	*POSITIVAS*	1*	1*	2*	7*	*	*	1*	*	*	*
*1836	*NEUTRAS*	*	*	*	*	*	*	*	*	*	*
*1836	*NEGATIVAS*	*	2*	1*	5*	*	*	*	*	*	*
*1837	*POSITIVAS*	1*	1*	1*	*	*	*	*	*	*	*
*1837	*NEUTRAS*	*	*	*	1*	*	1*	*	*	1*	*
*1837	*NEGATIVAS*	1*	2*	1*	*	*	*	1*	*	*	1*

BREVE NOTA BIOGRÁFICA

A Dra. Fernanda Wright nasceu em Salvador, Bahia, e após estudar no colégio alemão Olinda Deutsch Schule e no Mackenzie College, ingressou na Universidade de São Paulo onde cursou Geografia e História especializando-se em História da América, do Brasil e Medieval. Posteriormente viajou para Europa, África e Estados Unidos onde realizou pesquisas e estudos, além de ministrar cursos e conferências universitárias. Dedica-se atualmente ao ensino da História Comparada (Brasil-Estados Unidos) na Universidade de São Paulo onde é Livre Docente. Contribuiu com capítulos para os volumes I e IV da *História Geral da Civilização Brasileira* (São Paulo, 1960-1971, respectivamente, Difusão Européia do Livro, organização de Sérgio Buarque de Holanda) e publicou em 1972 *Desafio Americano à Preponderância Britânica no Brasil: 1808-1850* pelo Conselho Federal de Cultura e o Instituto Histórico e Geográfico Brasileiro como parte de um programa editorial do Sesquicentenário da Independência. Com esse livro foi premiada pelo Pen Club na categoria de ensaio histórico em 1973. Em 1975 foi convidada pelo governo norte-americano a participar da New World Conference onde apresentou trabalho na sessão de abertura. No mesmo ano representou a Universidade de São Paulo no 1.º Congresso Mundial de Ensino e Computação em Marseille, tendo, ao retornar, defendido sua tese de Livre Docência, origem desta publicação, onde usou técnicas de computação elaboradas em trabalho de equipe no curso de Pós-graduação da Universidade de São Paulo (*Projeto Leviathan*). Autora de vários artigos e conferências publicadas em revistas especializadas, desempenha atualmente na Universidade de São Paulo a coordenação dos trabalhos de ordenação e síntese dos *Anais do Parlamento Brasileiro* resultante de Convênio com o Senado Federal. Faz parte de agremiações científicas nacionais e internacionais.

BIBLIOGRAFIA

Abreviaturas

DDNA — Diplomatic Dispatches, National Archives, Washington.
DINA — Diplomatic Instructions, National Archives, Washington.

Fontes

ARQUIVOS:

Arquivo da Assembléia Legislativa de São Paulo.
Arquivo da Câmara Municipal.
Arquivo do Estado de São Paulo.
Arquivo da Faculdade de Medicina da Bahia (correspondência).
Arquivo Municipal de São Paulo.

Arquivo do Museu Imperial de Petrópolis (correspondência).
Arquivo Nacional.
Arquivo Nacional de Washington.

DOCUMENTAÇÃO MANUSCRITA:

Carta do Imperador D. Pedro I sobre Cunha Matos (D. 3437).
Carta do Imperador D. Pedro I sobre Lino Coutinho (D. 588).
Diplomatic Dispatches from United States Ministers to Brazil, 1809-1906. Séries 52, National Archives, ms. utilizados: 1809-1840.
Dispatches to Consuls, 1822-1827, National Archives.
Diplomatic Instructions from the Department of State to Ministers. Brazil: 1830-1840.
BIRCKEHEAD, James. "Quesitos e respostas à Assembléia Legislativa. Apêndice nº 2 ao despacho de William Hunter a John Forsyth, DDNA.
"Maços de População de Santos de 1823 a 1846". Nº 154, Cx. 154 — Arquivo do Estado de São Paulo.
Robert Smith a Thomas Sumter Jr., 1-ago.-1809. "Diplomatic Instructions from the Department of State to Ministers". Brazil: 1809-1855 (séries I, II, III, IV, V, VI), DINA.
William Hunter a Forsyth, 6-jun.-1839 e 31-jul.-1840, DDNA.
William Tudor a Henry Clay, 23-jun.-1828 e 5-dez.-1828, DDNA.
Idem a Martin Van Buren, 11-set.-1829, DDNA.
William Wright a Martin Van Buren, 12-fev.-1831; 10-nov.-1830 e 14-out.-1830, DDNA.
Henry Clay a William Tudor, 29-jan.-1829, DINA.

DOCUMENTAÇÃO IMPRESSA:

Jornais:

Aurora Fluminense, 15-jun.-1835 e 29-mai.-1835.
Correio Braziliense, abr.-jun.-1822.
Farol Paulistano, 29-mai.-1830; 21, 26-abr.-1831; 29-out.-1831; 9, 16 e 23-nov.-1831; 21-dez.-1831 e 18-jan.-1832.
Nova Luz Brasileira, 26-out.-1830.
Novo Farol Paulistano, 19-out.-1831.
Revérbero Constitucional Fluminense, 1-jan.-1822; 28-abr.-1822; 28-mai.-1822; 10-jun.-1822; 3-ago.-1822 e 10-set.-1822.
Voz Fluminense, 23-set.-1830 e 29-nov.-1830.

Anais:

Anais do Parlamento Brasileiro, (Câmara dos Deputados, 1826), Rio de Janeiro, Tip. do Imperial Instituto Artístico, 1874.
Anais do Parlamento Brasileiro, (Câmara dos Deputados, 1827), Rio de Janeiro, Tip. Hipólito José Pinto, 1875.
Anais do Parlamento Brasileiro, (Câmara dos Deputados, 1828), Rio de Janeiro, Tip. Parlamentar, 1886 e 1887.
Anais do Parlamento Brasileiro, (Câmara dos Deputados, 1829, 1830, 1831, 1832, 1834), Rio de Janeiro, Tip. H. J. Pinto, 1877, 1878, 1879.

Anais do Parlamento Brasileiro, (Câmara dos Deputados, 1833, 1835, 1836, 1837, 1839), Rio de Janeiro, Tip. de Viúva Pinto e Filho, 1887.

Anais da Assembléia Provincial de São Paulo, 1838, São Paulo, Tip. Imperial de Silva Sobral, 1926, 30 vols.

Viajantes:

BEYER, Gustav. *Ligeiras notas de viagem do Rio de Janeiro à Capitania de São Paulo.* Rio de Janeiro, Tip. do Diário Oficial, 1808.

DEBRET, Jean Baptiste. *Voyage pittoresque et historique au Brésil, depuis 1816 jusqu'en 1831 inclusivement.* Paris, F. Didot, 1834.

KIDDER, Daniel Parish. *São Paulo in 1839 — Original Sketches of Residence and Travels in Brazil — Historical and Geographical Notices of The Empire — and its several Provinces.* Londres, Wilev & Putman, 1845; São Paulo, Sociedade Brasileira de Cultura Inglesa, 1969.

KIDDER, D. P. & FLETCHER, J. C. *O Brasil e os brasileiros.* São Paulo, Ed. Nacional, 1941, Brasiliana 205, vols. 1 e 2.

MAWE, John. *Viagens ao interior do Brasil.* Rio de Janeiro, Valverde, 1944.

SAINT-HILLAIRE, Auguste. *Duas viagens a São Paulo e Quadro histórico da Província de São Paulo.* São Paulo, Martins, 1953, (trad. de Afonso de E. Taunay.)

——— . *Viagem à Província de São Paulo e Resumo das viagens ao Brasil, Província Cisplatina e Missão do Paraguai.* São Paulo, Martins, 1940. (Trad. e Prefácio de Rubens Moraes.)

——— . *Voyage dans les provinces de Rio de Janeiro et de Minas Gerais.* Paris, Grimbert et Dorez, 1830.

——— . *Voyage dans les provinces de Saint Paul et de Sainte Catherine.* Paris, A. Berthrand, 1851.

SEILDER, Karl. *História das Guerras e Revoluções do Brasil, 1825-1835.* São Paulo, Ed. Nacional, 1939.

SPIX, Johann Baptist von. *Travels in Brazil in the years 1817-1820.* Londres, Longmans, Hurts, Rees, 1824.

Outros Documentos:

ABRANTES, Marquês de (Miguel Calmon du Pin e Almeida). *Cartas Políticas.* 2ª ed., Londres, R. Greenslaw, 1825.

AMERICAN STATE PAPPERS, Chicago, William Benton, 1952.

ARQUIVO DA FACULDADE DE MEDICINA DA BAHIA. *Ligeiras notícias sobre a Faculdade, traços biográficos e bibliográficos.* Bahia, Liv. Catilina, 1919, V. III. (Organizado pelo amanuense Anselmo Pires de Albuquerque.)

COSTA, Hipólito José da. *Diário de minha viagem a Filadélfia.* Rio de Janeiro, Academia Brasileira de Letras, 1955.

CUNHA MATOS, R. *Itinerário do Rio de Janeiro ao Pará e Maranhão.* Rio de Janeiro, J. Villeneuve, 1836.

O Federalista. Ouro Preto, Imprensa Oficial de Minas, 1896. (Trad. anônimo.)

MULLER, Daniel Pedro. *Ensaio d'um quadro estatístico da Província de São Paulo*. São Paulo, Secção de Obras de O Estado de São Paulo, 1927.

OTÔNI, Teófilo. Circular aos Eleitores de Minas Gerais. *Revista do I.H.G.B.* Rio de Janeiro, 1916, t. 78, parte II.

VASCONCELOS, Bernardo Pereira. *Cartas aos eleitores da Província de Minas Gerais*. 2 ed., Rio de Janeiro, Francisco Rodrigues de Paiva, 1899.

Livros e Artigos:

AGOR, Weston H. *The Chilean Senate Internal Distribution of Influence*. Austin, University of Texas Press, 1971.

———. *Latin American Legislative Systems: Their Role and Influence*. Nova York, Praeger, 1974.

ANDRADA NETO, Martim Francisco Ribeiro de. *Os precursores da Independência*. São Paulo, Tip. Alemã, 1874.

ARMITAGE, John. *História do Brasil*. (Desde o período da chegada da família de Bragança em 1808 até a abdicação de Dom Pedro I, em 1831). Rio de Janeiro, Tecnoprint (Ed. de Ouro), 1955.

ARRINGTON, W. Russel & DUNN, Richard E. Government Evolution and the Response of State Legislatures. *State Government*, XLIII, nº 3, verão, 1970.

AYDELOTTE, William O. *American Historical Review*, nº 71.

———. The Country Gentlemen and the Repeal of the Corn Laws. *English Historical Review*, LXXXI, CCXXII, 1967.

———. The Conservative and Radical Interpretations of Early Victorian Social Legislation. *Victorian Studies*, XI, 2, 1967.

———. "The Business Interests of the Gentry in the Parliament of 1841-1847". In: KITSON CLARK. *The Making of Victorian England*, Londres, 1962.

———. The House of Commons in the 1840. *History (New Series)*, XXXIX, 137, out.-1954.

———. "Patterns of National Development: Introduction." In: MADEN, William A. & WOLF, Michael, *1859: Entering an Age of Crisis*, Bloomington (Indiana), 1959, pp. 115-30.

———. *Quantification in History*. Addeson (Mass.), Weslwy Publisher, 1971.

———. Voting Patterns in the British House of Commons in the 1840 "s". *Comparative Studies in Society and History*, 5, 1962-1963.

AYISI, Eric O. Ghana and the Return to Parliamentary Government. *The Political Quartely*, 41, nº 4, out.-dez.-1970, pp. 442-43.

AZAR, Edward E. Analysis of International Events. *Peace Research Review*, nov.-1970.

BARBER, James D. *The Lawmakers: Recruitment and Adaptation to Legislative Life*. Nova Haven, Yale University Press, 1965.

BARMAN, R. J. Justiniano José da Rocha e a Época da Conciliação, como se escreveu; "Ação"; "Reação"; "Transação". *Revista do Instituto Histórico e Geográfico Brasileiro*, vol. 301. Out.-dez.-1973.

BARROSO, Gustavo. *História secreta do Brasil.* 2ª ed., São Paulo, Ed. Nacional, 1973. Brasiliana 76. Vol. II: *Da Abdicação de Dom Pedro I à maioridade de Dom Pedro II.*

BENSON, Lee. *The concept of Jacksonian Democracy. New York as a test case.* Princeton, 1961.

———. "Research Problems in American Political Historiagraphy." In: *Cammon Frontiers of the social sciences.* Glencoe, (Ill.), Mina Komarosky, 1957.

BLOCH, Marc. "The Historian's Craft." In: HUGNES, H. Stuart. "The Historian and the Social Scientist." *American Historical Review,* LXVI, 1960.

BLUM, John M. *et al. The National Experience.* 2ª ed., Nova York, Hartcourt Brace and World, 1968.

BONHAM, G. Matthes. Scandinavian Parliamentarians: Attitudes Toward Political Integration. *Cooperation and Conflict,* IV, nº 3, 1969.

BOUDON, Raymond. *Para que serve a noção de estrutura* (trad. de Luis Costa Lima), Petrópolis, Ed. Vozes, 1974.

BOWLES, Edmund A. *Computers in Humanistic Research (Readings and Perspectives).* Nova Jersey, Prentice Hall, 1967.

BOYNTON, G. R., PATTERSON, S. C. & HEDLUND, R. D. The Structure of Public Support for Legislative Institutions. *Midwest, Journal of Political Science,* XII, 1968.

———. The Missing Links in Legislative Politics: Attentive Constituents. *Journal of Politics,* XXXI, ago. 1969.

———. Perceptions and Expectations of the Legislature and Support for It. *American Journal of Sociology,* 75, 76, jul.-1969.

BRADY, David & EDMONDS, Douglas. *The Effects of Mallapportionment on Policy Output in the American States.* Iowa, University of Iowa Press, 1966.

BRAUDEL, Fernand. História e Sociologia. *Revista de História,* nº 61, São Paulo, USP, 1965, vol. 30.

BRETT, Cecil C. "The Japanese Prefectural Legislature: Western Models Oriental Adaptations Parliamentary Affairs". XI, 1957-58.

CALAHAN, J. M. *American Foreign Policy in Mexican Relations.* Nova York, Mac Millan, 1932.

CALMON MUNIS DE BITTENCOURT, Pedro. *A vida de D. Pedro I: O Rei Cavaleiro.* São Paulo, Ed. Nacional, 1943.

CAMPBELL, D. T. Common Fate, Similarity and Other Indices of the Status of Agregates of Persons as Social Entities. *Behavioral Science,* 3, 1959.

CAMPOS, Pedro Dias de. *O espírito militar paulista: na Colônia, no Império, na República.* São Paulo, Rossetti & Rocco, 1923.

CARVALHO, M. E. Gomes de. *Os Deputados Brasileiros nas Cortes Gerais de 1821.* Porto, Chardon, 1912.

CASTRO, L. A. de Azevedo. *Galeria dos conservadores da Província de São Paulo I: O Barão de Iguape.* Rio de Janeiro, Tip. da Constitucional, 1863.

CASTRO, Paulo Pereira. "A Experiência Republicana, 1831-1840". In: HOLANDA, Sérgio Buarque de. *História Geral da Civilização Brasileira.* 2ª ed., São Paulo, Dif. Europ.

do Livro, 1965, tomo II: *O Brasil Monárquico*, vol. II: *Dispersão e Unidade*, pp. 9-67.

CHAGAS, Paulo Pinheiro. *Teófilo Otôni — Ministro do Povo*. Rio de Janeiro, Zelio Valverde, 1943.

CLUBB, Jerome & ALLEN, Howard. Computers and Historical Studies. *Journal American History*, nº 3, dez.-1967, vol. 54.

CLUBOK, Alfred B. et. al. Family Relationships, Congressional Recruitment, Political Modernation. *The Journal of Politics*, 31, nº 4, nov.-1969, pp. 1035-1062.

COHEN, S., CROUZET, M., CHATELET, F., TODOROV, T. "Aspecte nouveau de l'analyse litteraire." In: *Annales*, 2º ano, nº 3, mai.-juin., p. 503.

COHRAN, Thomaz C. "The Inner Revolution — Essays on the Social Sciences." In: *History Hasper Torchbooks*, Nova York e Londres, Academy Livrary, 1964.

COLLINGWOOD, R. G. *The Idea of History*. Oxford, Claredon Press, 1946.

CONRAD, Alfredo H. & MEYER, John. "The Economics of Slavery and Other Studies." In: *Econometric History*, Chicago, 1964.

COSTA, Emília Viotti da. "Introdução ao estudo da emancipação política". In: MOTA, Carlos Guilherme (org.). *Brasil em perspectiva*, 3ª ed., São Paulo, Dif. Europ. do Livro, 1971, coleção Corpo e Alma do Brasil, vol. 23, 3ª ed.

COSTA, João Cruz. As novas idéias. In: HOLANDA, Sérgio Buarque de. *História Geral da Civilização Brasileira*. 3ª ed., Rio de Janeiro, Dif. Europ. do Livro, 1970, t. II: *O Brasil Monárquico*, vol. I: *O Processo de Emancipação*.

———. *Contribuição à História das Idéias no Brasil*, 2ª ed., Rio de Janeiro, Civilização Brasileira, 1967. Coleção Retratos do Brasil, vol. 56.

COUCH, Arthur S. *The Data-Text System: a Computer Language for Social Science Research*. Harvard, jun.-1969.

COUTURIER, Marcel. "Vers une Nouvelle Méthodologie mecanographique." In: *Annales*, nº 4, Armand Colin, jul.-ago.-1966, p. 769.

CUNHA, Pedro Octavio Carneiro da. "A fundação de um império liberal." In: HOLANDA, Sérgio Buarque de. *História Geral da Civilização Brasileira*, 3ª ed., São Paulo, Dif. Europ. do Livro, 1970, t. II: *O Brasil monárquico*, vol. I: *O processo da emancipação*.

CURTI, Merle. *The Growth of American Trought*. Nova York, Harper & Row, 1964.

———. *The Making of an American Comunity: A case Study of a Democracy in a Frontier Country*. Stanford, Stanford University Press, 1959.

CZUDNOWSKI, Moshe M. Socio cultural, Variables and Legislative Recruitment. *Comparative Politics*, IV, nº 4, jul.-1972.

DEWEY, John (org.). *Thomas Jefferson: The living Thoughts of Thomas Jefferson*. Nova York, 1940.

DIENES, C. Thomas. Judges, Legislators, and Social Change. *American Behavioral Scientist*, XII, nº 4, mar.-abr.-1970.

DOLLAR, Charles & JENSEN, Richard. *Historian's Guide to Statistics (Quantitative Analysis and Historical Researches)*. Nova York, Rinehart and Winston, 1971.

DORFMAN, Joseph. *The economic mind in America Civilization — (1606-1865)*. Nova York, Viking Press, 1946.

DOUGHERTY, James & PFALTZGRAFF Jr., Robert L. *Contending Theories of International Relations.* Filadélfia, J. B. Lippincott, 1971.

DOYLE, Lauren B. *Information Retrieval and Processing.* Los Angeles, Awiley-Becker & Hayes Series Book, 1975.

EASTON, David. *Uma teoria de Análise Política.* Rio de Janeiro, Zahar, 1968.

EGAS, Eugênio. *Diogo Antônio Feijó.* São Paulo, 1912, 2 vols.

ELLIS, Myriam. Documento sobre a Primeira Biblioteca Pública Oficial de São Paulo. *Revista de História,* n? 30, 1957.

ENGHOLM, G. F. & MAZRUI, Ali A. Crossing the floor and the tensions of Representation in east Africa. *Parliamentary Affairs,* XXI, n? 2, primavera, 1968.

ENGHOLM, G. F. The Westminster Model in Uganda. *International Journal,* XVIII, n? 4, outono, 1963.

ERICKSON, Robert S. The Electoral Impact of Congressional Roll Call Voting. *American Political Science Review,* LXV, n? 4, 1971.

EULAU, Heniz. Changing Views of Representation. *Contemporary Political Science; Toward Empirical Theory.* Nova York, 1968.

FAORO, Raymondo. *Os donos do poder: formação do Patronato Brasileiro.* Porto Alegre, Globo, 1958.

FENNO Jr., Richard F. *The Power of the Purse: Appropiations Politics in Congress.* Boston, Little Brown, 1966.

FERREIRA REIS, Arthur Cesar. *Épocas e visões regionais do Brasil.* Manaus, Ed. do Governo do Amazonas, 1966.

FERREIRA, Waldemar. "A Congregação da Faculdade de Direito de São Paulo na centúria de 1827-1927." Separata da *Revista da Faculdade de Direito de São Paulo.* São Paulo, Tip. Siqueira, 1928.

FIELLIN, Alan. Recruitment and Legislative Role Conceptions: A Conceptual Scheme and a Case Study. *Western Political Quartely,* 20, jun.-1967.

FLEIUSS, Max. *História administrativa do Brasil.* Rio de Janeiro, Tip. Nacional, 1923.

FONSECA, Manuel Gondim da. *Biografia do jornalismo carioca: 1808-1908.* Rio de Janeiro, Quaresma, 1941.

FREITAS, Afonso A. de. *A imprensa periódica de São Paulo desde os seus primórdios em 1823 até 1914.* São Paulo, Tip. do Diário Oficial, 1915.

FREY, Frederick W. *Fiji Goes to the Polls.* Honolulu, 1968.

GERTZEL, Cherry. Parliament in Independent Kenya. *Parliamentary Affairs,* XIX, n? 4, outono, 1966.

GROZHOLTZ, Jean. Integrative Factors in the Malaysian and Phillipine Legislatures. *Comparative Politcs,* III, n? 1, out.-1970.

HANDLIN, Oscar. *The American People: a new History.* Londres, Hutchinson, 1963.

HANHARDT Jr., Arthur M. & CRVIKSHANKS, Randal L. Legislative Representatives and Social Change: Reichstag, Bundestag and Volks-Kammer. *Political Science Review,* VII, n? 2, abr.-jun.-1969.

HIGGONNET, Patrick e Trevor. Class, Corruption and Politics in the French Chamber of Deputies, 1846-1848. *French Historical Studies,* 5, 1967.

HIRSCH, Herbert & HANCOCK, N, Donald. *Comparative Legislative Systems.* Nova York, Free Press, 1971.

HOBBES, Thomas. *Leviathan*. In: BENTON, William, *Great Books of the Western World*. Chicago, Encyclopaedia Britannica, 1952, vol. 23.

HOLANDA, Sérgio Buarque de. *Raízes do Brasil*, 5. ed., Rio de Janeiro, J. Olympio, 1967.

HOPKINS, Raymond. Constituency ties and Devious Expectations Among Tanzanian Legislators. *Comparative Political Studies*, IV, nº 2, 1971.

———. The Role of the M. P. in Tanzanian. *American Politicall Science Review*, LXIV, nº 3, set.-1970.

HUITT, Ralph K. & PEABODY, Robert L. *Congress: Two Decades of Analysis*. Nova York, Harper and Row, 1969.

JAMES, Marquis. *Andrew Jackson, Portrait of a President*. Indianápolis, Bob Merril, 1937.

JEFFREYS, M. C. V. *Educação: sua natureza e seu propósito*. São Paulo, 1975.

JENKS, Carl. "The problem of reality coverage", artigo inédito. *Department of Political Sciences*. Duke University, 1973.

JEWELL, Malcolm & PATTERSON, Samuel C. *The Legislative Process in the United States*. Nova York, Randon House, 1966.

KAPUR, Narinda S. Problems of Parliamentary reform in India. *Political Science Review*, 9, nºs 1-2, 1970.

KARDINER, Abrham & PREBLE, Edward. *The Studied Man*. Nova York, New American Library, 1963.

KORNBERG, Allan. *Canadian Legislative Behavior: A Study of the 25th Parliament*. Nova York, 1967.

———. *Legislatures in Comparative Perspective*. Nova York, 1972.

KORNBERG, Allan & MUSOLF, Lloyd. *Legislatures in Development Perspective*. Durham (N. C.), Duke University Press, 1970.

KORNBERG, Allan & WINSBOROUGH, Hal H. The Recruitment of Candidates for the Canadian House of Commons. *American Political Science Review*, 62, dez.-1968.

LACOMBE, Américo Jacobina. Alfredo Valladão e a obra da Aclamação à Maioridade. *Revista do Instituto Histórico e Geográfico Brasileiro*. Rio de Janeiro, Imprensa Nacional, 1974, vol. 302.

———. A Constituinte de 1823. *Revista do Instituto Histórico e Geográfico Brasileiro*, vol. 248.

LACOMBE, Paul. "De l'histoire considerée come science". Paris, 1894. In: BRAUDEL, Fernand. *História e Sociologia*, nº 61, 1965, vol. 30.

LANCASTER, F. Wilfrid. *Information Retrieval Systems*. Nova York, John Wiley & Sons, 1968.

LEAL, Aureliano. *Do Ato Adicional à maioridade de Dom Pedro II*. Rio de Janeiro, Garnier, 1915.

LEE, J. M. Parliament in Republican Ghana. *Parliamentary Affairs*, XVI, nº 4, outono, 1963.

LIMA, José Inácio de Abreu e. *Compêndio da História do Brasil*. Rio de Janeiro, Laemmert, 1852.

LIMA, Manoel de Oliveira. *O movimento da Independência, 1821-1822*. São Paulo, Melhoramentos, 1922.

LINDBERG, Leon N. *Parliament in the German Political System*. Nova York, University of Cornell Press, 1967.

———. "The Role of the European Parliament in an Emerging European Community." In: *Lawmakers in a Changing World*. Nova Jersey, Prentice Hall, 1966.

LOEWENBERG, Gerhard. The Influence of Parliamentary Stability. *Comparative Politics*, III, jan.-1971.

LUZ, Nícia Vilela. *A luta pela industrialização no Brasil (1808-1930)*. São Paulo, Dif. Europ. do Livro, 1961.

———. "A monarquia brasileira em face das Repúblicas Americanas." In: *Anais do Museu Paulista*, XIX, São Paulo, 1965.

———. F. J. Turner e a tese da fronteira. *Revista de História*, nº 52.

MACARTNEY, W. J. A. African Westminster? The Parliament of Lesotho. *Parliamentary Affairs*, XXIII, nº 2, primavera, 1970.

MACKINTOSH, John P. The Nigerian Federal Parliament. *Public Law*, outono, 1964.

MAGALHÃES, Basílio de. "Introdução à Circular de T. Otôni. *Revista do Instituto Histórico e Geográfico Brasileiro*, t. 78, parte II, Rio de Janeiro, 1916.

MAGALHÃES, Teodoro. A administração na Regência. *Revista do Instituto Histórico Geográfico Brasileiro* (Congresso Internacional de História da América), Rio de Janeiro, 1928, t. especial.

MANAGEMENT REVIEW. "The Presidents Association". XXX — What Chief or Group Executive Cannot Delegate, Nova York, mai.-1975.

MATHEWS, Joel E. In: STEIN, Barbara. "Brazil Vieurd Grom Selma, Alabama, in 1867", *The Princeton University Library Chronicle*, XXVII, nº 2, inverno, 1966.

MATTHEWS, Donald R. *U. S. Senators and their world*. Nova York, Vintage Books, 1960.

MCRAE Jr., Duncan. *Parliament, Parties, and Society in France, 1946-1958*. Nova York, 1967.

MELLER, Norman. Legislative Behavior Research. *The Western Political Quarterly*, XII, 1960.

———. Legislative Behavior Research Revisited: A Review of Five Years Publications. *The Western Political Quarterly*, XVIII, 1965.

MENEZES, Paulo Braga. *As Constituições outorgadas ao Império e ao Reino de Portugal*. Rio de Janeiro, Ed. Ministério da Justiça, Arquivo Nacional, 1974.

MILL, John S. *Representative Government*. Chicago, William Benton, 1952.

MONTEIRO, Hamilton de Matos. "Da revolução de julho ao sete de abril o papel da imprensa na abdicação de D. Pedro I." In: *Mensário do Arquivo Nacional*, ano VI, 5-mai.-1975.

MOORE, Joseph William. *The Revolution of 1831 with notes by J. M. Harwey*. São Paulo, Sociedade Brasileira de Cultura Inglesa, 1962.

MORSE, Richard. *Formação histórica de São Paulo*. São Paulo, Dif. Europ. do Livro, 1970. Coleção Corpo e Alma do Brasil, vol. 30.

MYRDAL, Gunnar. *O valor em teoria social*. São Paulo, Pioneira, Ed. da Universidade de São Paulo, 1965.

NABUCO, Joaquim. *Um estadista do Império*. São Paulo, Editorial Progresso, 1945, 4 vols.

NOBRE, J. Freitas. *História da Imprensa de São Paulo*. São Paulo, Leia, 1950.

NOIA, John De. *A Guide to the Official Publications of the Other American Republics*. Washington, The Library of Congress, 1948.

NOVELLI Jr. *Feijó, um paulista velho*. Rio de Janeiro, G. R. D., 1963.

OLIVEIRA, José Feliciano. *José Bonifácio e a Independência: o homem do fico e o verdadeiro patriota*. São Paulo, Martins, 1953.

PANG, Eul Soo. The Changing Roles of Priests in the Politics of Northeast Brasil, 1889-1964. *The Americas*, XXX, nº 3, jan.-1974.

──────. *The Politics of coronelismo in Brazil: The case of Bahia 1889-1930*. Universidade da Califórnia. (Tese apresentada em Berkeley, 1970.)

PATTERSON, Samuel C. & WAHLKE, John C. Comparative Legislative Behavior: A Review Essay. *Midwest Journal of Political Science*, XII, nov.-1968.

──────. *Comparative Legislative Behavior: Frontiers of Research*. Nova York, John Wileyand Lans, 1972.

PATTERSON, Samuel C., WAHLKE, John C. & BOYNTON, G. R. Legislative Recruitment on a Civic Culture. *Social Science Quarterly*, 50, set.-1969.

PAULA, Eurípedes Simões de. "A organização do Exército Brasileiro." In: HOLANDA, Sérgio Buarque de. *História Geral da Civilização Brasileira*. 3ª ed., São Paulo, Dif. Europ. do Livro, 1970. T. II: *O Brasil Monárquico*, vol. I: *O Processo da Emancipação*.

PEABODY, Robert L. & POLSBY, Nelson W. *New Perspectives on the House of Representatives*. Chicago, Rand Mc Nallyand, 1963.

PETRONE, Maria Thereza Schoerer. *A Lavoura Canavieira em São Paulo*. São Paulo, Dif. Europ. do Livro, 1968. Coleção Corpo e Alma do Brasil, vol. 21.

PIAGET, Jean. *Epistemologie des sciences de l'Homme, Gallimard*. UNESCO, 1970.

──────. *Epistemologia Genética*. Petrópolis, Vozes, 1974.

PINHEIRO, J. C. Fernandes. Os Padres do Patrocínio ou Port-Royal de Itu. *Revista do Instituto Histórico e Geográfico Brasileiro*, t. XXXIII, 1888.

PINHEIRO, Vítor de Azevedo. *Feijó: vida, paixão e morte de um chimango*. São Paulo, Teixeira, 1942.

POULANTZAS, Nicos. *Poder Político e Classes Sociais do Estado Capitalista*. Porto, Portucalense, 1968, vols. I, II.

PRADO Jr., Caio. *Formação do Brasil Contemporâneo*. 9ª ed., São Paulo, Brasiliense, 1969.

──────. *História Econômica do Brasil*. 12ª ed., São Paulo, Brasiliense, 1970.

PROCTOR, J. H. The Role of the Senate in the Kenya Political System. *Parliamentary Affairs*, XVIII, nº 4, outono-1965.

QUEIROZ, Maria Isaura Pereira de. *O Mandonismo local na vida política brasileira*. São Paulo, IEB, 1969.

RIPPY, Fred. *Rivalry of the United States and Great Britain over Latin America (1808-1830)*. Baltimore, Johns Hopkins Press, 1929. (Trad. espanhola Edit. Universitária, Buenos Aires em 1967.)

ROCHA, Justiniano José da. *Ação, Reação, Transação*. Rio de Janeiro, Tip. J. Villeneuve, 1855.

RODRIGUES, José Honório. *Conciliação e reforma no Brasil*. Rio de Janeiro, Civilização Brasileira, 1965.

———. *O Parlamento e a evolução nacional — reformas constitucionais e a maioridade de D. Pedro II - 1832-1840*. Brasília, (DF), 1972, t. I, vol. 4.

———. *O Parlamento e a evolução nacional: introdução histórica — 1826/1840*, (Obra comemorativa ao sesquicentenário da Independência), Brasília, (DF), 1972.

SCHLESINGER Jr., Arthur. The Humanist at Empirical Social Research. *American Sociological Review*, XXVII, 1962.

SELVIAGE, Judith E. & KAPLAN, Theodore. "Data Text: a simple and flexible Programing System for Historians, Linguists and other Social Scientist." In: *Computer Studies in the Humanities and verbal Behavior*, 1968.

SESSON, Sebastian A. *Galeria dos brasileiros ilustres*. Rio de Janeiro, Tip. Sesson, 1861, vol. 2.

SHORTER, Edward. *The Historian and the Computer*. Nova Jersey, Englewood Cliffs, 1971.

SINGHVI, L. M. Legislative Process in India. *Journal of Constitucional and Parliamentary Studies*, IV, n° 1, jan.-mar.-1970.

SOARES, Gerusa. *Cunha Matos, 1776-1839*. Rio de Janeiro, Pongetti, 1931.

SODRÉ, Nelson Werneck. *As razões da Independência*. Rio de Janeiro, Civilização Brasileira, 1965.

———. *Formação Histórica do Brasil*. 4ª ed., S. Paulo, Brasiliense, 1967.

———. *História da Imprensa no Brasil*. São Paulo, Brasiliense, 1966. Coleção Retratos do Brasil, vol. 21.

SOUZA, Octávio Tarquinio de. *História dos fundadores do Império do Brasil*, Rio de Janeiro, Olympio, 1957, 10 vols.

Vol. I — *José Bonifácio*.
Vol. II — *A vida de Dom Pedro I* (1º tomo).
Vol. III — *A Vida de Dom Pedro I* (2º tomo).
Vol. IV — *A Vida de Dom Pedro I* (3º tomo).
Vol. V — *Bernardo Pereira de Vasconcelos*.
Vol. VI — *Evaristo da Veiga*.
Vol. VII — *Diogo Antônio Feijó*.
Vol. VIII — *Três golpes de Estado*.
Vol. IX — *Fatos e personagens em torno de um regime*.
Vol. X — *Índice geral remissivo*.

STAUFFER, Robert B. A Legislative Model of Political Development. *Phillipine Journal of Political Administration*, XI, jan.-1967.

STYSKAL, Richard A. Phillipine Legislators: Reception of Individuals and Interest Groups in the Legislative Process. *Comparative Politcs*, I, n° 3, abr.-1969.

SWIERENGA, Robert P. *Quantification in American History: Theory and Research*. Nova York, Atheneum, 1970.

TAYLOR, George Rogers. *The Transportation Revolution (1815-1860)*. Nova York, 1951.

TOCQUEVILLE, Alexis. *Democracia na América*. São Paulo, Ed. Nacional Ed. da Universidade de São Paulo, 1969. (Trad. de J. M. P. Albuquerque, revisão de Anísio Teixeira.)

TORDOFF, William. Parliament in Tanzania. *Journal of Commonwealth Political Studies*, III, n° 2, jul.-1965.

TORRES, João Camilo de Oliveira. *A Democracia Coroada: Teoria Política do Império do Brasil.* 2ª ed., Petrópolis, Vozes, 1964.

——. *A Formação do Federalismo no Brasil.* São Paulo, Ed. Nacional, 1961.

——. *História das Idéias Religiosas no Brasil.* São Paulo, Grijalbo, 1968.

VALLADÃO, Alfredo de Vilhena. *Da Aclamação à Maioridade (1822/1840).* 2ª ed., São Paulo, Ed. Nacional, 1939.

VARELA, Alfredo. *História da Grande Revolução: Ciclo Farroupilha no Brasil.* Porto Alegre, Globo, 1933, 6 vols.

VEIGA, Luís Francisco da. *A Revolução de 7 de abril de 1831 e Evaristo da Veiga, por um fluminense amante da Constituição.* Rio de Janeiro, Tip. J. Villeneuve, 1362.

VIANNA, Helio. *História do Brasil.* São Paulo, Melhoramentos, 1972, vol. II.

VIEIRA, Fazenda. Aspectos do período regencial. *Revista do Instituto Histórico e Geográfico Brasileiro.* Rio de Janeiro, 1915, t. 77.

WAHLKE, John C., et al. *The Legislative System: Explorations in Legislative Behavior.* Nova York, John Wiley & Sons, 1962.

WAHLKE, John C. & EULAU, Keinz. *Legislative Behavior: A Reader in Theory and Research.* Glencoe, 1959.

WASSERMAN, Paul & SILANDER, Fred. *Decision — Making: An Annotated Bibliography.* Ithaca, (N.Y.), Cornell University Press, 1958.

WERNETT, Augustin. *Uma associação política da época regencial: a Sociedade dos Defensores da Liberdade e Independência Nacional dos Santos.* (Tese de mestrado, inédita, USP, 1973.)

WRIGHT, Antonia Fernanda P.A. "Computador e História Política: Uma Experiência Metodológica em Nível de Pós-Graduação. *Revista do I.H.G.B.*, out.-1973.

——. *Desafio Americano a Preponderância Britânica no Brasil: 1808-1850.* Rio de Janeiro, Imprensa Nacional, 1972. (Publicação conjunta do Conselho Federal de Cultura e do Instituto Histórico e Geográfico Brasileiro.)

——. "Brasil—Estados Unidos 1831/1889." In: *O Brasil Monárquico: Declínio e Queda do Império.* In: HOLANDA, Sérgio Buarque de. *História Geral da Civilização Brasileira.* São Paulo, Dif. Europ. do Livro, 1971.

——. "A Posição dos Estados Unidos e a Independência Brasileira." In: *Anuário do Museu Imperial*, Petrópolis, Museu Imperial, 1974, (65 a 70).

——. Um programa de História Política em desenvolvimento na Pós-graduação da USP: Historiadores e Computadores, *Folha de São Paulo*, 11-mar.-1973.

WRIGHT, Antonia F. P. A., MELLO, M. Regina M. C. & BELLOTO, Heloisa L. Computador e História Política: uma experiência em nível de Pós-graduação. *Revista do Instituto Histórico Geográfico.* Rio de Janeiro, Imprensa Nacional, 1974.

ZINNES, Dina A. "The Expression and Perception of Hostility in Pre-War Crisis: 1914." In: SINGER, J. David. *Quantitative International Politics: Insights and Evidence.* Nova York, Free Press, 1968.

dispensado à instalação dos aparelhos que tornaram possível a realização de vários trabalhos.

Ao sr. Rômulo Ribeiro Pieroni, superintendente do Instituto de Energia Atômica, fique aqui registrada a minha gratidão pelo alto espírito de colaboração científico demonstrados, extensiva ao sr. Cibar C. Aguilera e à sra. Lúcia Faria.

À equipe de estudantes participantes do Projeto Leviathan os agradecimentos sinceros e o devido crédito especial para Daisy Fugiwara, Cezira Maria Alves Alegre, Julio Cesar de Assis Kuhl, Maria Alice Morais Ribeiro, Maria Lucia Moraes Coelho, Marta Elizabeth de Araujo, Maria Cecília Aymar, Maria Regina de Oliveira Andrade, Maria Therezinha Negrão de Mello, Ronei Bacelli, Rosa Maria de Lara Juodinis, Sandra Lopes Lima, Sueli Arradi, Sueli Assalin, todos alunos ou ex-alunos da USP.

A Carlo Bavagnoli, a Francisco Eduardo de Camargo, a Ladislau F. Leal, a Anita Leoni e tantos outros que foram além dos parâmetros dos deveres de funcionários da IBM do Brasil por acreditarem no Projeto Leviathan, a certeza de que compartilham do prazer de ver publicado este livro.

Enfim, o meu agradecimento à minha família que durante a elaboração deste trabalho deu o necessário e esperado apoio.

NOTA FINAL

Este livro tem sua origem na tese de Livre-docência por mim defendida na Universidade de São Paulo em 1975.

Ao término deste primeiro trabalho, resultante do *Projeto Leviathan,* desejo expressar os meus sinceros agradecimentos ao então magnífico vice-reitor da Universidade de São Paulo, prof. dr. Josué Camargo Mendes, pelo seu estímulo e apoio desde o primeiro momento em que o *Projeto* foi iniciado; ao falecido diretor da Faculdade de Filosofia, Letras e Ciências Humanas, dr. Eurípedes Simões de Paula, pela sua inestimável ajuda e entusiasmo nos momentos difíceis pelos quais passou o *Projeto;* à então chefe do Departamento de História, dra. Myriam Ellis, pelo pronto alojamento

COLEÇÃO DEBATES

1. *A Personagem de Ficção*, A. Rosenfeld, A. Candido, Décio de A. Prado, Paulo Emílio S. Gomes.
2. *Informação, Linguagem, Comunicação*, Décio Pignatari.
3. *O Balanço da Bossa e Outras Bossas*, Augusto de Campos.
4. *Obra Aberta*, Umberto Eco.
5. *Sexo e Temperamento*, Margaret Mead.
6. *Fim do Povo Judeu?*, Georges Friedmann.
7. *Texto/Contexto*, Anatol Rosenfeld.
8. *O Sentido e a Máscara*, Gerd A. Bornheim.
9. *Problemas de Física Moderna*, W. Heisenberg, E. Schrödinger, Max Born, Pierre Auger.
10. *Distúrbios Emocionais e Anti-Semitismo*, N. W. Ackerman e M. Jahoda.
11. *Barroco Mineiro*, Lourival Gomes Machado.
12. *Kafka: Pró e Contra*, Günther Anders.
13. *Nova História e Novo Mundo*, Frédéric Mauro.
14. *As Estruturas Narrativas*, Tzvetan Todorov.
15. *Sociologia do Esporte*, Georges Magnane.
16. *A Arte no Horizonte do Provável*, Haroldo de Campos

17. *O Dorso do Tigre*, Benedito Nunes.
18. *Quadro da Arquitetura no Brasil*, Nestor Goulart Reis Filho.
19. *Apocalípticos e Integrados*, Umberto Eco.
20. *Babel & Antibabel*, Paulo Rónai.
21. *Planejamento no Brasil*, Betty Mindlin Lafer.
22. *Lingüística, Poética, Cinema*, Roman Jakobson.
23. *LSD*, John Cashman.
24. *Crítica e Verdade*, Roland Barthes.
25. *Raça e Ciência I*, Juan Comas e outros.
26. *Shazam!*, Álvaro de Moya.
27. *Artes Plásticas na Semana de 22*, Aracy Amaral.
28. *História e Ideologia*, Francisco Iglésias.
29. *Peru: Da Oligarquia Econômica à Militar*, Arnaldo Pedroso D'Horta.
30. *Pequena Estética*, Max Bense.
31. *O Socialismo Utópico*, Martin Buber.
32. *A Tragédia Grega*, Albin Lesky.
33. *Filosofia em Nova Chave*, Susanne K. Langer.
34. *Tradição, Ciência do Povo*, Luís da Camara Cascudo.
35. *O Lúcido e as Projeções do Mundo Barroco*, Affonso Ávila.
36. *Sartre*, Gerd A. Bornheim.
37. *Planejamento Urbano*, Le Corbusier.
38. *A Religião e o Surgimento do Capitalismo*, R. H. Tawney.
39. *A Poética de Maiakóvski*, Bóris Schnaiderman.
40. *O Visível e o Invisível*, M. Merleau-Ponty.
41. *A Multidão Solitária*, David Riesman.
42. *Maiakóvski e o Teatro de Vanguarda*, A. M. Ripellino.
43. *A Grande Esperança do Século XX*, J. Fourastié.
44. *Contracomunicação*, Décio Pignatari.
45. *Unissexo*, Charles Winick.
46. *A Arte de Agora, Agora*, Herbert Read.
47. *Bauhaus — Novarquitetura*, Walter Gropius.
48. *Signos em Rotação*, Octavio Paz.
49. *A Escritura e a Diferença*, Jacques Derrida.
50. *Linguagem e Mito*, Ernst Cassirer.
51. *As Formas do Falso*, Walnice N. Galvão.
52. *Mito e Realidade*, Mircea Eliade.
53. *O Trabalho em Migalhas*, Georges Friedmann.
54. *A Significação no Cinema*, Christian Metz.
55. *A Música Hoje*, Pierre Boulez.
56. *Raça e Ciência II*, L. C. Dunn e outros.
57. *Figuras*, Gérard Genette.
58. *Rumos de uma Cultura Tecnológica*, Abraham Moles.
59. *A Linguagem do Espaço e do Tempo*, Hugh M. Lacey.
60. *Formalismo e Futurismo*, Krystyna Pomorska.
61. *O Crisântemo e a Espada*, Ruth Benedict.
62. *Estética e História*, Bernard Berenson.
63. *Morada Paulista*, Luís Saia.
64. *Entre o Passado e o Futuro*, Hannah Arendt.
65. *Política Científica*, Darcy F. de Almeida e outros.
66. *A Noite da Madrinha*, Sergio Miceli.
67. *1822: Dimensões*, Carlos Guilherme Mota e outros.
68. *O Kitsch*, Abraham Moles.

69. *Estética e Filosofia*, Mikel Dufrenne.
70. *Sistema dos Objetos*, Jean Baudrillard.
71. *A Arte na Era da Máquina*, Maxwell Fry.
72. *Teoria e Realidade*, Mario Bunge.
73. *A Nova Arte*, Gregory Battcock.
74. *O Cartaz*, Abraham Moles.
75. *A Prova de Gödel*, Ernest Nagel e James R. Newman.
76. *Psiquiatria e Antipsiquiatria*, David Cooper.
77. *A Caminho da Cidade*, Eunice Ribeiro Durhan.
78. *O Escorpião Encalacrado*, Davi Arrigucci Junior.
79. *O Caminho Crítico*, Northrop Frye.
80. *Economia Colonial*, J. R. Amaral Lapa.
81. *Falência da Crítica*, Leyla Perrone-Moisés.
82. *Lazer e Cultura Popular*, Joffre Dumazedier.
83. *Os Signos e a Crítica*, Cesare Segre.
84. *Introdução à Semanálise*, Julia Kristeva.
85. *Crises da República*, Hannah Arendt.
86. *Fórmula e Fábula*, Willi Bolle.
87. *Saída, Voz e Lealdade*, Albert Hirschman.
88. *Repensando a Antropologia*, E. R. Leach.
89. *Fenomenologia e Estruturalismo*, Andrea Bonomi.
90. *Limites do Crescimento*, Donella H. Meadows e outros.
91. *Manicômios, Prisões e Conventos*, Erving Goffman.
92. *Maneirismo: O Mundo como Labirinto*, Gustav R. Hocke.
93. *Semiótica e Literatura*, Décio Pignatari.
94. *Cozinhas, etc.*, Carlos A. C. Lemos.
95. *As Religiões dos Oprimidos*, Vittorio Lanternari.
96. *Os Três Estabelecimentos Humanos*, Le Corbusier.
97. *As Palavras sob as Palavras*, Jean Starobinski.
98. *Introdução à Literatura Fantástica*, Tzvetan Todorov.
99. *Significado nas Artes Visuais*, Erwin Panofsky.
100. *Vila Rica*, Sylvio de Vasconcellos.
101. *Tributação Indireta nas Economias em Desenvolvimento*, John F. Due.
102. *Metáfora e Montagem*, Modesto Carone Netto.
103. *Repertório*, Michel Butor.
104. *Valise de Cronópio*, Julio Cortázar.
105. *A Metáfora Crítica*, João Alexandre Barbosa.
106. *Mundo, Homem, Arte em Crise*, Mário Pedrosa.
107. *Ensaios Críticos e Filosóficos*, Ramón Xirau.
108. *Do Brasil à América*, Frédéric Mauro.
109. *O Jazz, do Rag ao Rock*, Joachim E. Berendt.
110. *Etc... Etc... (Um Livro 100% Brasileiro)*, Blaise Cendrars.
111. *Território da Arquitetura*, Vittorio Gregotti.
112. *A Crise Mundial da Educação*, Philip H. Coombs.
113. *Teoria e Projeto na Primeira Era da Máquina*, Reyner Banham.
114. *O Substantivo e o Adjetivo*, Jorge Wilheim.
115. *A Estrutura das Revoluções Científicas*, Thomas S. Kuhn.
116. *A Bela Época do Cinema Brasileiro*, Vicente de Paula Araújo.
117. *Crise Regional e Planejamento*, Amélia Cohn.
118. *O Sistema Político Brasileiro*, Celso Lafer.
119. *Êxtase Religioso*, Ioan M. Lewis.

120. *Pureza e Perigo*, Mary Douglas.
121. *História, Corpo do Tempo*, José Honório Rodrigues.
122. *Escrito sobre um Corpo*, Severo Sarduy.
123. *Linguagem e Cinema*, Christian Metz.
124. *O Discurso Engenhoso*, António José Saraiva.
125. *Psicanalisar*, Serge Leclaire.
126. *Magistrados e Feiticeiros na França do Século XVII*, R. Mandrou.
127. *O Teatro e sua Realidade*, Bernard Dort.
128. *A Cabala e seu Simbolismo*, Gershom G. Scholem.
129. *Sintaxe e Semântica na Gramática Transformacional*, A. Bonomi e G. Usberti.
130. *Conjunções e Disjunções*, Octavio Paz.
131. *Escritos Sobre a História*, Fernand Braudel.
132. *Escritos*, Jacques Lacan.
133. *De Anita ao Museu*, Paulo Mendes de Almeida.
134. *A Operação do Texto*, Haroldo de Campos.
135. *Arquitetura, Industrialização e Desenvolvimento*, Paulo J. V. Bruna.
136. *Poesia-Experiência*, Mario Faustino.
137. *Os Novos Realistas*, Pierre Restany.
138. *Semiologia do Teatro*, J. Guinsburg e J. Teixeira Coelho Netto.
139. *Arte-Educação no Brasil*, Ana Mae Barbosa.
140. *Borges: Uma Poética da Leitura*, Emir Rodríguez Monegal.
141. *O Fim de Uma Tradição*, Robert W. Shirley.
142. *Sétima Arte: Um Culto Moderno*, Ismail Xavier.
143. *A Estética do Objetivo*, Aldo Tagliaferri.
144. *A Construção do Sentido na Arquitetura*, J. Teixeira Coelho Netto.
145. *A Gramática do Decamerão*, Tzvetan Todorov.
146. *Escravidão, Reforma e Imperialismo*, R. Graham.
147. *História do Surrealismo*, M. Nadeau.
148. *Poder e Legitimidade*, José Eduardo de Oliveira Faria.
149. *Práxis do Cinema*, Noël Burch.
150. *As Estruturas e o Tempo*, Cesare Segre.
151. *A Poética do Silêncio*, Modesto Carone Netto.
152. *Planejamento e Bem-Estar Social*, Henrique Rattner.
153. *Teatro Moderno*, Anatol Rosenfeld.
154. *Desenvolvimento e Construção Nacional*, S. N. Eisenstadt.
155. *Uma Literatura nos Trópicos*, Silviano Santiago.
156. *Cobra de Vidro*, Sérgio Buarque de Holanda
157. *Testando o Leviathan*, Antonia Fernanda Pacca de Almeida Wright
158. *Do Diálogo e do Dialógico*, Martin Buber
159. *Ensaios Lingüísticos*, Louis Hjelmslev

Composto e impresso na Imprensa Metodista